로티의 철학과 아이러니

로티의 철학과 아이러니

김용준 · 이유선 · 황설중 · 임건태 · 이병철 지음

대우학술총서
610

아카넷

아이러니의 굴레, 그리고 로티

인류의 문명이 존재하는 한, 과연 인간이란 무엇인가, 정의란 무엇인가, 진리란 무엇인가, 종교란 무엇인가 등과 같은 근원적인 인간의 물음이 사라질 수 있을까? 물음의 방식은 시대에 따라 달라질 수 있겠지만 아마도 그런 물음 자체가 소멸해 버리지는 않을 것이다. 이 철학적 물음들은 아마도 그 물음 자체의 무게를 통해 인간을 다른 동물이나 컴퓨터와 구별시켜줄 것이다.

지금까지 진행된 철학적 사유의 역사를 되돌아보건대 이와 같은 물음이 계속해서 이어진다고 해서 앞으로 우리가 하나의 궁극적인 해답에 도달하리라고 예상하기는 힘들다. 그렇다면 명확한 답을 얻을 수 없는 물음을 우리는 왜 계속해서 묻는 것인가?

우리가 이 책에서 논구하고 있는 철학자 리처드 로티(Richard Mckay Rorty, 1931~2007)는 그런 물음에 대해 답하고 있다. 최종적인 해답을 얻을 수 없다는 것을 알지만 그와 같은 물음을 던지지 않을 수 없다는 점에서 인간은 아이러니의 굴레에서 벗어날 수 없다. 로티의 글쓰기가 지향하고 있는 지점이 이러한 메타철학적인 물음에 대한 답이라는 점을 고려하지 않을 때 그의 새로운 글쓰기 방식이 가진 함의는 폄하되고 오해된다. 철학함의 의미에 대해 묻는 그의 질문에 주목하지 않고 다만 그가 보여주고 있는 전통적인 철학에 대한 파괴적인 태도만을 보려고 하는 데서 그를 허무주의자, 상대주의자, 비합리주의자라는 한정되고 왜곡된 틀에 가두어 버리고 그를 통해 얻을 수 있는 새로운 전망과 깊이 있는 통찰을 간과하게 되는 것이다.

우리가 이 책을 쓰고자 한 이유는 상대주의나 허무주의라는 그릇된 딱지 때문에 가려져 있는 로티의 사상이 가지고 있는 의미를 드러내 보이고자 하는 것이다. 1장 〈로티의 정치철학〉은 로티의 사상에서 정치철학적인 견해를 정리했다. 그의 입장에서 가장 독특한 점이라면 아마도 이론과 실천의 체계적 통합을 의도적으로 부정한다는 것이다. 올바른 정치적 실천을 위해서 올바른 이론에 정초해야 한다는 철학자들의 오랜 믿음을 배신하는 것으로 보이는 이런 태도는 수많은 비판의 대상이 되었다. 1장에서는 그의 정치철학이 갖는 특징을 요약해서 보여주고 그가 왜 이론과 실천, 사적인 것과 공적인 것을 철저히 분리해서 생각하고자 하는지 그리고 그런 입장으로부터 어떤 실천적 제안이 귀결되고 있는지를 살펴보았다. 특히 '포스트모더니스트 부르주아 자유주의'라고 명명된 그의 민주주의에 대한 입장이 어떠한 것인지 서술하고 하버마스와 포스트모더니스트들과의 논쟁도 정리해보았다. 1장은 로티를 주제로 고려대학교에서 박사학위를 마치고 버지니아주립대학교에서 로티에게 박사후 과정을 밟은 이유선 박사가 맡았다. 2장 〈로티의 진리론〉에서는 서양철학의 인식론 전통을 비판하는 로티의 반표상주의를 서술했다. 언어의 우연성에 관한 논제를 토대로 전개되는 인식론적인 철학에 대한 로티의 비판적 관점을 상세하게 서술하였다. 언어가 객관적인 대상의 진리를 표상하는 매개물이 아니라 우연한 역사적 산물이라는 것을 받아들일 때 주객이원론의 도식 위에서 모든 사유를 진행했던 근대적인 인식론 및 20세기의 언어적 전회 이후 언어분석을 통해 세계의 진리에 도달하고자 한 분석철학적 시도는 재고되어야 할 것이다. 로티의 반표상주의적인 입장은 객관적인 혹은 절대적인 진리를 부정한다는 점에서 상대주의나 비합리주의로 귀결된다는 비판을 받아왔다. 이 비판에 대한 로티의 대응을, 헤겔을 주제로 고려대학교에서 박사학위를 받고 회의주의에 관한 연구논문을 발표해온 황설중 박사가 정리했다. 3장 〈로티의 예술적 세계관〉은 진리의 물음을 중심으로 해서가 아니라 하나의 예술작품으로서 세계와 인간을 바라본다는 점에서 니체와 로티의 사상이 가진 유사성을 비교하고 또 양자가 어떤 면에서 차이를 보이는지 서술했다. 예술적 세계관의 지형도를 그려 보이고 니체와 로티가 그 속에서 어떤 위상을 차지하는지 서술한 후, 로티의 사적인 자아창조의 개념이 니체의 시인에 관한 개념과 어떤 점에서 비교될 수 있는지 서술했다. 특히 로티가 불완전한 아이러니스트로서 니체를 비판하고 있는 점에 대해 니체의 입장에서는 어떠한 변론이 가능할지에 대해 논구했다. 3장은 고려대학교에서 니체에 관한 연구로 박사학위를 받고 지속적으로 니체에 관한 논문을 발표해온 임건태 박사가 맡았다. 4장 〈로티의 과학관〉은 반표상주의적인 관점에서 로티가 이해하고 있는 과학관을 서술하고 하이데거에 대한 그의 해석을 토대로 양자의 과학관을 비교해 보았다. 과학에서의 객관성을 과학자들의 연대성으로 받아들이는 로티는 쿤의 과학철학적 입장을 토대로 과학적 지식에 대한 실재론적, 본질주의적 관점을 부정한다. 4장은 고려대학교에서 하이데거에 관한 연구로 박사학위를 받은 이병철 박사가 맡았다. 5장 〈로티의 종교철학〉은 종교에 대한 로티의 독특한 견해를 서술했다. 다신론 혹은 무신론을 표방하는 로티의 종교에 대한 관점은 과연 과학과 종교 사이에 진정한 갈등이 존재하는가 하는 그의 물음 속에 잘 표현되어 있다. 로티는 종교 해석학자인 바티모와의 논쟁을 통해 독특한 종교적 견해를 보여준 적이 있다. 5장은 2009년 서강대학교 신학연구소의 학술지인 『신학과 철학』 제14호에 「종교와 프래그머티즘」이라는 제목으로 실은 나의 글을 대폭 수정·가필하여 실었다.

독자들께 다양한 세부 전공과 관심사를 가진 여러 저자가 어떻게 이 책을 내게 되었는지 설명할 필요가 있을 것 같다. 이 설명을 위해서는 30년 이상 매주 한 번씩 모여서 책을 읽어온 독회 모임에 대해 언급하지 않을 수가 없다. 이 독회 모임은 1976년 봉원동의 작은 교회 사무실에서 시작해 지금까지 이어오고 있다. 1장을 맡은 이유선 박사는 1983년 가다머의 『진리와 방법』을 독일어로 읽을 때부터 이 모임에 참여했으며 황설중, 이병철, 임건태 박사도 1980년대 말부터 합류했으니 저자들이 모두 25년에서 30년 정도 같이 책을 읽어온 독회 모임의 멤버인 셈이다. 기록을 남기지는 않았으나 이 모임에서 중요한 철학의 고전과 명저들 가운데 상당수를 함께 읽었다. 로티의 책들은 1996년 한국학술협의회에서 로티를 초청해서 학술대회를 하게 된 것을 계기로 하여 독회 모임에서 같이 읽기 시작하였다. 우리는 로티의 저서를 한 권도 빠짐없이 함께 읽고 토론했다. 그 독서의 과정은 매우 즐겁고 유익했다. 이화여자대학교에서 고전어를 가르치는 김선희 선생은 독일 유학을 가기 전부터 우리 모임의 멤버였다가 유학을 다녀와서 다시 합류했고, 우리의 원고를 꼼꼼히 읽고 조언해주었다.

이미 고인이 되셨지만 우리는 로티 교수에게 고마운 마음을 표하고 싶다. 로티 교수는 1996년 한국학술협의회의 특별강연 초청에 흔쾌히 응하여 한국을 처음으로 방문하였고, 2001년에도 한국을 방문하여 의미 있는 강연을 한 바 있다. 로티 교수는 2007년에 췌장암으로 투병 중인 상황에서도 서신을 통해 《지식의 지평》에 실을 대담 원고를 성심성의껏 보내주었다. 한국 독자들에 대한 그의 열정과 호의에 대해 감사의 뜻을 표한다.

우리가 그동안 들인 시간과 노력이 한 권의 책으로 나올 수 있게 된 것에 대해 기쁘게 생각한다. 이 책이 독자 여러분의 철학에 대한 이해의 지평을 조금이라도 확장시켜주었으면 하는 바람을 가져본다.

2014년 5월

김용준

제 4 장

로티의 과학관 | 이병철

제5 장

로티의 종교철학 | 김용준

일러두기

1. 원어는 한자, 로마자 순으로 밝혀 적었다.
2. 인물의 생몰년과 그리스어의 로마자 표기는 괄호 안에 적었다.
3. 글 · 그림 · 신문은 「 」로, 책은 『 』로 구분했다.

제1장

로티의 정치철학

이유선

1

로티 정치철학의 사상적 기원

1) 로티 정치철학의 특징

로티의 프래그머티즘(pragmatism)은 정치철학으로서는 매우 독특한 위상을 차지하고 있다. 듀이가 프래그머티즘을 정치철학, 사회철학, 도덕철학 등의 영역으로 확장시킨 이래로 프래그머티즘은 미국의 좌파와 우파 사상가들의 지속적인 공격을 받아왔다. 듀이는 세속주의적인 관점에서 링컨이 꿈꾸었던 자유롭고 평등한 개인들의 개성이 존중받는 민주주의 국가를 위한 정치적 프로젝트로서의 프래그머티즘을 제안했다. 그의 관점은 마르크스주의적인 좌파와 귀족주의적이며 근본주의적인 우파의 사상 모두와 거리를 두는 중도적인 실천론이었다고 할 수 있을 것이다.

로티는 『미국 만들기』[1]라는 저서를 통해서 듀이의 세속주의적인 실

---

1) 리처드 로티, 『미국 만들기』, 임옥희 옮김(동문선, 2003).

천철학으로서의 프래그머티즘을 부활시킨다. 그는 오늘날 미국의 강단을 점령하고 있는 반애국주의적 정서를 비판하는 한편, 실천적인 힘을 상실하고 있는 개혁주의 좌파의 한계에 대해 지적한다. 그가 제안하는 프래그머티즘적인 실천 강령은 오늘날 문화적 좌파라고 일컬어지는 강단 좌파가 이론적인 모라토리엄(moratorium)을 선언하고, 노동운동을 중심으로 이루어지고 있는 개혁적 좌파와 연대하라는 것이다. 이런 대안을 제시하면서도 로티는 교조적인 마르크스주의 및 공산주의를 공격하고, 또 다른 한편으로는 신자유주의적인 경제적 불평등의 상황을 비판한다. 그는 우파로부터는 퇴폐적인 데카당트라는 비난을, 좌파로부터는 여피(yuppie)적인 냉전 이데올로그라는 비난을 동시에 받고 있다. 그것은 그의 관점이 그만큼 기존의 틀로는 받아들이기 어려운 새로움을 담고 있음을 시사한다.

로티의 프래그머티즘에 대한 연구가 국내에서 없었던 것은 아니었으나 그의 정치철학적 관점에 대한 연구는 매우 미진한 상태이다. 로티가 자신의 마지막 논문집의 제목을 『문화정치로서의 철학』[2]이라고 붙인 것은 그의 프래그머티즘이 정치철학적인 내용들로 귀결된다는 것을 보여준다. 특히 그의 정치철학적 관점은 종교, 형이상학, 도덕적 교리들을 통해서 어떤 사회적 합의를 위한 근거를 마련하는 일이 더 이상 불가능해진 오늘날과 같은 상황에서 매우 설득력 있는 대안적 관점을 제시해준다는 점에서 주목할 필요가 있다.

로티의 정치철학적 관점은 그가 인간 공동체를 바라보는 관점을 해명하는 데서 출발해야 한다. 그는 인간의 공동체가 우연적인 역사적 결과물이며, 그 공동체의 미래가 어떻게 될 것인가 하는 문제는 전

---

2) Richard Rorty, *Philosophy as Cultural Politics*(Cambridge University Press, 2007).

적으로 우리의 실천에 달린 문제라고 보는 점에서 듀이와 휘트먼의
세속주의를 계승하고 있다. 이 장에서는 공동체의 우연성을 먼저 살
펴보고 사적인 영역과 공적인 영역을 구분하는 그의 관점에 대한 논
의를 고찰할 것이다.

로티의 정치철학의 모토는 '최선이 차선의 적이 될 수 있다.'는 명제
이다.[3] 이것은 그가 정치적인 실천과 연대의 공간이 진리를 탐구하는
이론적 영역과는 분명히 구별되어야 하며, 대화와 타협의 장소이어야
한다고 보는 관점과 밀접히 연관되어 있다. 대화와 타협, 그리고 자유
의 확장을 위한 연대를 이끌어내기 위한 실천은 원칙이나 원리에 대
한 보편적인 합의에서 출발할 수는 없다. 그런 실천은 언제나 구체적
인 문제의 해결을 위한 대안을 제시하고 끊임없이 오류를 수정해 나
가야 하는 공간에서 이루어져야 하기 때문이다.

로티에게 있어서 정치적 실천의 목표는 잔인성의 회피와 고통의 감
소이다. 이것은 달리 말하면 개인의 사적인 공간을 확보하게 해주는
자유의 확장이라고 볼 수 있다. 로티가 생각하는 민주주의 사회는 각
개인이 자신의 삶을 완성시키기 위한 노력을 하는 데 있어서 아무런
장애도 겪지 않는 사회이다. 모든 실천은 그런 자유를 확보하기 위한
노력이어야 한다. 그렇게 될 때 철학, 종교, 도덕과 관련된 다양한 교
리들이 숨 쉴 수 있게 될 것이며, 다양한 가치들이 공존하는 다원주의
적인 사회가 이루어질 것이다.

이 글에서는 로티의 정치철학의 내용을 고찰한 다음 그것이 갖는
사상사적 의의를 검토해볼 것이다. 로티의 정치철학이 갖는 위상을
드러내기 위해서는 그가 여러 철학자들과 벌였던 논쟁을 검토해볼 필

---

3) Richard Rorty, *Achieving Our Country: Leftist Thought in Twentieth-Century America*(Harvard University Press, 1998), p. 105. 참조.

요가 있다. 로티는 퍼트남과 상대주의에 대한 논쟁을 벌였으며, 하버마스와는 보편적인 진술의 타당성에 관한 논쟁을 벌인 적이 있다. 그의 프래그머티즘은 종종 상대주의라는 혐의를 받고 있으며, 이들과의 논쟁에서도 핵심적인 논제는 역사주의, 맥락주의, 상대주의 등의 문제였다. 이런 논쟁을 검토해봄으로써 논자는 로티의 프래그머티즘이 상대주의가 아니라는 것을 밝히고자 한다. 또한 로티는 샹탈 무페 등의 포스트모더니스트들과도 논쟁을 벌였다. 로티의 프래그머티즘은 인식론적인 문제에 있어서는 포스트모더니스트들의 로고스중심주의에 대한 비판 및 해체주의적 관점에 동의하지만 실천적인 문제에 있어서는 그와 같은 이론이 실천영역에 적용되는 것에 대해 반대하고 있다. 포스트모더니스트들과의 대조를 통해서 로티의 프래그머티즘이 가지고 있는 철학적 특징을 드러낼 수 있을 것이다.

2) 반표상주의

로티의 정치철학이 갖는 특징은 공적인 것과 사적인 것을 철저히 분리시키는 데서 출발한다는 점이다. 이것은 이론과 실천의 분리를 의미한다. 로티는 이론은 사적인 것이고, 실천은 공적인 것이라고 주장한다. 이론과 실천의 분리는 매우 간단한 테제인 듯 보이지만 사실상 그간의 모든 정치철학적 논의를 한마디로 평가절하한다는 점에서 실로 엄청난 주장이라고 할 수 있다. 플라톤이 이상적인 국가를 만들기 위한 청사진으로서『국가』를 저술한 이래로, 수많은 사상가들이 유토피아를 위한 이론을 펼쳤다. 특히 마르크스와 같은 경우에는 이론과 실천의 통일을 주장하기도 했다. 자본주의를 움직이는 근본적인 법칙적 질서를 파악하는 데서 자본주의를 무너뜨리고 새로운 사회를 건설할 수 있는 실천적 토대를 발견할 수 있다고 본 마르크스는 그런 점에서 플라톤의 계승자라고 할 수 있을 것이다.

'이론과 실천의 분리'라는 로티의 테제는 어떤 이론적인 논의도 실천을 위한 결정적인 토대를 마련해주지 못한다는 주장으로 해석할 수 있다. 그런데 로티의 주장을 이해할 때 늘 그렇듯이 그의 파격적인 주장 때문에 그 주장의 내용을 지나치게 확대해석할 가능성이 있다. 공적인 것과 사적인 것을 분리하고, 이론과 실천이 통합될 수 없다는 로티의 주장은 이론이 실천에 아무런 도움이 되지 않는다고 해석하는 것이 옳을까? 그렇게 생각할 경우 그것은 로티의 주장에 대한 확대해석이 될 가능성이 있다. 로티는 이론이 실천의 결정적인 토대를 마련해주지 못한다고 볼 뿐이지, 모든 이론이 실천적으로 쓸모가 없는 것이라고 주장하는 것 같지는 않다. 이론은 어떤 실천이 옳은지 판정할 기준을 제시하지는 못하겠지만, 더 나은 사회를 꿈꾸는 사람들에게 상상력을 제공해줄 수 있다. '이론과 실천의 분리'라는 테제를 통해서 로티가 말하고자 하는 것은 이론이 갖는 실천적 유용성의 평가에 대해 다른 기준이 필요하다는 것 정도가 아닐까 한다. 로티의 프래그머티즘의 관점에서 보자면 사회 정의에 관한 어떤 이론이 참이냐 아니냐 하는 물음은 의미가 없다. 한 이론의 참·거짓은 그 이론을 실천적으로 적용했을 때 일어날 수 있는 모든 결과를 고려한 다음에나 판단할 수 있을 것이다. 그러나 신이 아닌 이상 그 누구도 그런 판단을 할 수는 없다. 유한한 인간의 입장에서 말할 수 있는 것은 어떤 이론이 구체적인 문제를 해결할 수 있는 어떤 실천적 유용성을 가지고 있느냐 없느냐의 문제에 국한될 것이다.

로티가 공적인 것과 사적인 것을 구분하는 이유를 알기 위해서는 그의 기본적인 철학적 전제부터 설명할 필요가 있다. 그는 젊은 시절을 분석철학자로 활동하며 프린스턴대학교의 교수 직위도 얻고 철학계에서 명성을 얻기도 하였다. 그러던 그가 왜 스스로 분석철학이라는 주류철학의 무대를 마다하고, 안전하고 탄탄한 길에서 벗어나 험난한 길을 택했을까? 한 철학자의 사상을 이해하는 데 있어서 그의 전기가 언제나 결정적인 역할을 하는 것은 아니겠지만, 로티의 행보를 이해하는 데에는 그의 유년시절 이야기가 도움이 된다. 그는 「트로츠키와 야생란」이라는 자신의 자전적인 에세이에서 자신이 애초에 철학에 대해서 어떤 생각을 품고 있었는지를 술회하고 있다. 좌파 사회운동가였던 부모의 영향으로 로티는 어려서부터 사회정의에 대해서 각별한 관심을 갖게 되었으며, 다른 한편으로 어린 시절에 살았던 뉴저지주의 산악지대에 피어있는 야생란에 대해 독특한 호기심을 키워갔다. 로티는 아마도 자신의 삶에서 두 가지 관심, 즉 사회적이며 실천적인 문제에 대한 관심과 사적이며 소통불가능한 관심이 서로 존중되고 거기서 나오는 욕망들이 충족될 때 행복한 삶을 살 수 있다고 여긴 것 같다. 어린 로티는 한때 플라톤주의 철학에 심취하여 이 두 가지 관심과 두 가지 욕망을 중재시킬 방법을 찾기 위해 부단히 노력했다. 그러나 그는 끝내 철학적인 지식을 쌓는 것과 사회적 실천을 하는 것이 긴밀하게 연결되어 있는 것은 아니라는 생각을 하게 된다.

"내가 아는 한, 철학적 재능이란 대화에서 코너에 몰렸을 때 몸부림치면서 뚫고 나가는 데 필요한 만큼의 구분을 늘려나가는 문제이다. (……) 그러나 나는 이런 기술을 발전시키는 것이 나를 현명하거나 덕을 갖춘 사람으로 만들 것인지에 대해 점점 확신이 없어졌다.
최초로 각성을 한 이후(예일대학교에서 박사학위를 밟기 위해 시카고를 떠날 때가 최고조였는데) 나는 철학이 무엇을 위해 좋은 것인가에 대한 나의 걱정을 정식화하는 정합적이고 확실한 방법을 찾기 위해 40년을 보냈다. 나의 출발점은 헤겔의 정신현상학의 발견이었다."[4]

여기서 '철학적 재능'이란 분석철학적인 방법에 입각해서 사유하는 것을 말하고 있으며, '각성'이란 '실재'와 '정의'를 하나로 보는 플라톤주의적인 생각에서 벗어나는 것을 말하는 것이다. 헤겔의 정신현상학은 철학이 실재나 진리를 발견하는 것에 관해 글쓰기를 하는 장르가 아니라 지난 시대의 철학에 대해 재서술하는 장르라는 것을 보여주었다. 철학적인 글쓰기도 시대적인 한계를 벗어날 수 없는 것이라면 거기에 특별한 지위를 부여할 필요는 없을 것이다. 로티의 독특한 '철학적' 사유는 그가 어려서부터 시도했던 공적인 관심과 사적인 관심의 중재라는 문제를 포기하는 데서 출발한다고 할 수 있다. 그리고 그것은 반플라톤주의, 반본질주의의 입장에서 보편적 진리에 대한 철학적 갈망을 포기하는 것으로 볼 수 있다.

로티의 그런 입장을 '반표상주의'라고 부를 수 있다. 로티가 바라보는 서양철학사는 표상을 둘러싼 담론의 역사라고 할 수 있다. 사실 철학사를 어떻게 서술할 것인가 하는 것 자체가 하나의 철학적인 주제인데, 로티와 같은 프래그머티스트에게 있어서 철학의 역사는 역사적으로 존재했던 논쟁의 흐름을 있는 그대로 서술한 것이라고 할 수는 없다. 시대를 관통하는 공통의 주제가 있고 그 주제에 대해 연속적인 논의들이 이어져왔는지도 의심스럽다. 사상사도 역사라고 한다면 해석이 들어가지 않은 객관적인 사상사는 존재하지 않을 것이다.

---

4) Richard Rorty, *Philosophy and Social Hope* (Penguin Books, 1999), p. 11.

로티는 철학사를 우리가 물어야 할 질문들에 대해서 다양하게 대답을 시도했지만 성공하지는 못했던 많은 사람들의 역사로 볼 필요가 있다고 생각한다.[5] '철학사'보다는 '지성사'라는 어휘를 선호하는 로티에게 있어서 서양철학사가 표상주의의 역사였다고 하는 서술은 참·거짓을 따질 문제는 아니다. 로티 스스로 지성사에 대한 탐구의 목표는 우리가 물어야 할 물음을 둘러싼 대화를 더 풍부하게 만드는 데 있다고 말하기 때문이다. 그가 '표상'이라는 키워드로 철학사를 서술하는 것은 그것이 참이라서가 아니라, 아마도 그가 오늘날의 철학이 봉착한 문제 상황을 넘어서 대화의 지평을 넓히고자 할 때 그 단어가 적절하다고 생각했기 때문일 것이다.

그를 네오프래그머티스트로서 유명하게 만든 저서인 『철학과 자연의 거울』에서 그는 표상주의의 기본적인 아이디어를 다음과 같이 제시한다.

"1. 모든 언명은 인간의 내적 상태(거울 같은 본질, 그러나 더러워질 수 있는 거울)를 서술하거나 외적인 실재(자연)의 상태를 서술한다.

2. 우리는 우리가 그것을 봄으로써 어떻게 보편적인 합의에 도달할 수 있는지 알게 되는 그런 언명을 말할 수 있다.

3. 따라서 아무리 합리적인 논쟁으로 보여도, 영속적인 불일치의 가능성은 실제로는 그것에 관해 논쟁할 것이 없다는 것 — 왜냐하면 주관은 단지 내적인 상태일 수밖에 없기 때문에 — 을 말해줄 뿐이다."[6]

---

5) Richard Rorty, "The Historiography of Philosophy: Four Genres", *Truth and Progress*(Cambridge University Press, 1998), p. 273. 참조.

6) Richard Rorty, *Philosophy and the Mirror of Nature*(Princeton University Press, 1979), p. 336.

로티에 의하면 플라톤과 오늘날의 실증주의자들은 위의 생각을 공유하고 있다. 이것은 시대가 바뀌어도 영원불변의 진리를 추구하는 철학자들에 의해서 지속적으로 유지되고 있는 신념이다. 표상주의자들에 의하면 합리성에 대한 신뢰는 실재에 대한 대응을 통해서만 근거를 가질 수 있다. 실재를 표상하는 본질적인 능력으로서의 이성 혹은 마음이 존재할 때에만 인간은 비로소 인간일 수가 있다.

　　로티의 '반표상주의'는 다윈의 진화론적인 관점에서 그런 능력을 본질적으로 타고난 존재로서의 인간이라는 개념에 반대하는 것이다. 다른 동물은 가지고 있지 못한 실재를 표상하는 능력, 즉 이성, 마음, 보편적 언어와 같은 어떤 것이 인간에게만 존재한다고 하는 것은 인간을 신비화하는 것이며, 인간을 어떤 초자연적인 존재와 연결지으려고 노력하는 것이다. 자연주의자의 입장에서 보면 그런 신비화를 받아들일 어떤 근거도 존재하지 않는다.

　　인간이 본질을 알 수 있는 본질적인 능력을 가지고 있는 특별한 존재가 아니라 여전히 진화의 도상에 있는 존재라면, 인간이 자신의 삶의 환경을 개선시키고 더 나은 사회를 만드는 과제는 초자연적인 어떤 진리를 발견함으로써가 아니라 삶의 조건을 성찰하고 현재의 문제를 해결하기 위한 현실적인 여건을 고려함으로써 수행될 수 있을 것이다. 실재에 대한 대응으로서의 진리라는 개념을 부정하는 로티의 반표상주의는, 우리의 유토피아 건설이 진리에 입각해서 이루어질 수 있는 것이 아니라, 인간들 서로 간의 대화와 연대에 의해서 가능한 것이라는 그의 정치철학적 입장의 기본적인 전제이다.

3) 듀이와 휘트먼의 세속주의

로티의 네오프래그머티즘이 취하는 정치적 입장은 다음의 몇 마디로 가장 잘 요약할 수 있다.

"프래그머티스트에게 문제가 되는 것은 인간의 고통을 감소시키고, 평등을 증가시키며, 모든 아이들이 동등한 행복의 기회를 부여받은 상태에서 삶을 시작할 수 있는 가능성을 증가시킬 방법을 고안해내는 일이다. 이런 목표는 하늘의 별에 쓰여 있지도 않고, 더 이상 칸트가 '순수 실천 이성'이라고 부른 것으로 표현될 수도 없으며, 신의 의지의 표현이라고 할 수도 없다. 이 목표는 그것을 위해 죽을 만한 가치를 갖는 것이지만, 초자연적인 힘에 의해 지지될 필요는 없는 그런 것이다."[7]

인간의 고통을 감소시키고, 더 많은 사람들이 더 행복해지는 사회를 만드는 것이 바로 로티가 생각하는 자유주의 실천가의 목표이다. 그런데 이런 목표는 어떤 보편적인 원리나 천상의 진리에 입각해서 세워진 것이 아니다. 하이데거와 가다머를 깊이 있게 독해한 로티는 실천적인 제안을 할 때마다 인간의 유한한 역사성에 대한 성찰에서 출발한다. 로티에게 있어서 정치적 실천의 목표는 영원불변한 천상의 진리를 이 땅에 실현시키고자 하는 것이 아니라, 구체적이고 현실적인 맥락에서 어떻게 하면 현 상황을 좀 더 나은 방향으로 개선시킬 것인가 하는 관심과 관련되어 있다. 그는 잘못된 제도와 관습에 의해서 이루어지는 잔인성을 감소시키고 경제적 평등을 확산시켜 나가는 것

---

7) Richard Rorty, 앞의 책(1999), p. xxix.

이 오늘날 자유주의자들이 전념해야 할 실천적인 과제라고 생각한다.

칸트처럼 인간의 실천적인 과제를 보편적인 이성의 명령에 따르는 것으로도, 기독교에서처럼 전능한 신의 섭리를 실현시키는 것으로도, 플라톤처럼 마땅히 따라야 할 선의 이데아에 의한 것으로도 간주하지 않는 로티의 이런 실천적 제안은 이론적으로 어떻게 근거를 가질 수 있을까? 결론부터 말하자면 로티의 실천적 제안은 이론적으로 근거를 마련할 수 없다. 로티는 진리에 대한 우리의 앎이 실천의 기준이라고 생각하지 않는다. 무엇보다도 우리는 실천의 결과를 미리 알 수가 없다. 진리에 어긋나기 때문에 어떤 실천이 잘못된 것이라거나 정의가 승리한다거나 하는 식의 이야기는 우리의 실천이 낳은 결과를 평가할 때 따라붙는 수사에 불과한 것이다.

로티의 이런 생각은 보편적인 진리가 우리의 삶의 방식을 올바로 인도할 것이라는 전통적인 종교적, 형이상학적 상식을 배반하는 것이기 때문에 그다지 편하게 받아들여지지 않는다. 올바로 알아야 올바로 실천할 수 있다는 것은 좌파와 우파를 막론하고 거스를 수 없는 철칙으로 여겨졌기 때문에 앎과 실천의 문제를 분리시키는 로티의 주장은 매우 도발적인 것으로 보인다. 그렇다면 로티는 우리가 올바로 실천하기 위해 필요한 모든 지식이나 지혜를 부정하고 있는 것으로 보아야 하는가? 그렇게 본다면 그것은 또다시 로티에 대한 과도한 해석이 될 것이다. 우리는 일상적으로 옳은 행위와 그렇지 못한 행위를 잘 알고 있다. 사회의 도덕적, 법적 규범들은 사회구성원들의 암묵적이거나 명확한 동의에 입각해 있다. 이미 옳은 것으로 받아들여지고 있는 규범들 및 그것에 따라 행위하기 위한 지식이나 지혜를 로티가 부정하고 있다고 해석할 이유는 어디에서도 찾을 수 없다. 로티가 문제 삼는 것은 그 올바름이 보편적인 진리를 표방하는 한 우리의 행위는 틀에 갇히게 되고, 더 큰 자유를 위한 행위의 가능성을 제약할 수 있다는 것이다. 우리가 기존의 규범이나 제도, 관습에 의해서 자유를 제약당하거나 고통을 받고 있는 사람이 있을 수 있다는 생각을 하지 못하는 한, 자유의 경계는 확장되지 못할 것이다. 현재의 관점에서는 기존의 진리에 도전하는 것으로 보이는 실천이 결과적으로는 더 많은 사람들의 자유를 위해 필요한 것이었음으로 밝혀지는 경우가 있다. 그런데 어떤 실천이 그런 결과를 낳을 것인가 하는 것은 우리가 아무리 노력해도 미리 알 수는 없는 문제이다. 그런 점에서 앎이 실천의 기준이 될 수는 없다는 것이 로티의 입장이다.

로티에게 있어서 올바른 실천을 위해 중요한 것은 보편적 진리에 대한 앎이 아니라 상상력이다. 지금까지 존재하지 않았던 제도, 관습, 규범을 상상하는 것이야말로 우리가 평소에 인지하지 못했던 동료 인간들의 고통에 대해 눈뜨게 할 것이다. 이렇게 앎의 문제보다는 상상력의 문제를 실천과 결부시키는 로티의 입장은 듀이의 프래그머티즘에서 비롯된 것이다.

로티는 듀이의 정치철학적 입장을 세속주의라고 부른다. 듀이에게 있어서 철학은 오로지 인간의 삶의 조건을 개선시키기 위한 도구적 사유로서만 의미가 있다. 철학이 진리를 위한 진리를 탐구하는 학문이라는 전통적인 생각에 대해 듀이는 냉소를 보낸다. 1919년 일본을 방문해서 강연한 원고를 묶어 낸 듀이의 『철학의 재구성』은 20세기라는 새로운 삶의 조건에서 철학이 무엇을 해야 하는가에 대한 고민을 담고 있다.[8]

---

8) 듀이는 1948년에 쓴 이 책의 서문에서 다음과 같이 말한다. "이론은 가설 속으로 통합되었다. 이러한 사실들이 도덕에 대해 가지고 있는 언급되지 않은 의미를, 특수한 경우와 일반적인 경우에 있어서 지적해내는 일은 철학의 몫으로 남아 있다. 왜

듀이는 철학의 재구성이라는 시대적인 과제가 실천적인 문제를 포함하는 이론적인 기획으로서 특별한 전문가의 일이 아니라 평범한 인간의 일이라고 말하고 있다. 언뜻 보기에 이론과 실천의 통합을 이야기하는 듀이의 관점은 로티와는 다른 이야기를 하는 것으로 보인다. 그러나 듀이가 여기서 말하는 이론은 전통적인 철학자나 도덕가들이 이야기했던 영원불변의 진리에 대한 이론이 아니라, 과학적 가설 속에 통합된 실천적 도구를 일컫는다. 듀이에게 있어서 과학적 탐구는 진리를 위한 진리를 발견하기 위한 것도 아니고, 그 앎의 내용이 중요한 것도 아니다. 과학적 탐구의 의의는 모든 것을 실험과 실천을 통해 검증하고, 더 나은 가설을 찾아 나서게 하는 실제적인 효과에 있다. 거기서 이론은 실천과 분리될 수 없으며, 초인간적인 진리와 연결될 수도 없다. 로티가 실천을 위해서 앎의 역할을 축소시킬 때, 그 앎은 보편적인 진리에 대한 앎, 실천의 올바름에 대한 선험적 기준으로

냐하면 비록 도덕 이론가와 도덕적 제도적 독단주의자들은 어떤 목표, 기준, 원리가 불변적이며, 영원하고, 보편적으로 적용 가능한 것인지에 대해 철저하게 불일치를 보이고 있기는 하지만, 오늘날 도덕적인 것으로 여겨지는 것에 있어서는 고정되고, 불변적인 것이 여전히 지배적이기 때문이다. 과학에서 고정된 것의 질서는 진행 중인 관계들의 질서 속으로 되돌이킬 수 없게 편입되었다. 인간적인 혹은 도덕적인 사실에 대한 탐구를 위해 실행 가능한 도구를 개발하는 일과 관련하여 철학적 재구성의 가장 긴급한 의무 가운데 하나는 인간적인 과정을 체계적으로 다루는 것이다. (……) 문자적인 의미로 보면 개혁(re-form)과 재구성(re-construction)은 매우 밀접한 것이다. 그러나 여기서 사용된 재구성 혹은 개혁은 엄밀히 말하면, 철학을 구성할 정도로 그 범위가 포괄적인 유형의 이론을 재구성한 것이다. 재구성된 철학에서 착수되어야 할 작업 가운데 하나는 홈스(Justice Holmes) 판사 같은 사람이 이론이야말로 '좋든 나쁘든 이 세상에서 가장 실천적인 것'이라고 말할 수 있을 정도로 한때 이론과 실천 사이에 있었던 분리가 왜 더 이상 존재하지 않는가 하는 이유를 모아서 발표하는 것이다. 우리는 여기서 제시된 이론적인 기획이 실천적인 문제들을 포함하게 될 것이며 선을 위한 것임을 희망해도 좋을 것이다. 그러나 그런 성취는 특별한 전문적인 능력을 가진 인간이 아닌, 인간으로서 인간의 작업이다."(존 듀이, 『철학의 재구성』, 이유선 옮김(아카넷, 2010), 45~46쪽.)

서의 앎에 해당할 것이다. 듀이가 생각하는 과학적 탐구는 그런 앎과는 관련이 없으며, 듀이가 과학적 탐구의 방법을 통해 철학을 재구성하려고 할 때 그것이 '인간적인' 일임을 강조하는 이유는 듀이 역시 전통적인 형이상학적 진리가 우리의 실천을 인도할 수 없다는 것을 전제하기 때문이다.

과학적 탐구를 인간의 삶의 조건을 개선시켜 나갈 유일한 방법이라고 생각한 듀이의 정신은 로티의 개혁적 자유주의라는 정치철학적 입장에 반영되어 있다. 로티는 궁극적인 진리에 입각해서 우리 사회를 바꾸는 것이 아니라, 구체적인 문제의 해결을 통해 점진적으로 더 나은 사회를 만들어가는 것이 올바른 해결책이라고 믿는다. 점진적인 개선을 위한 실천은 과학적 탐구를 통해 그 방법론을 모색할 수 있는 문제이기도 하지만, 다른 한편에서는 그릇된 관습과 제도의 틀로부터 벗어나 끊임없이 성장을 모색하는 개인적인 삶의 태도가 필요한 문제이기도 하다. 그런 점에서 사회의 개선은 개인의 성장과 뗄 수 없는 관계에 놓여 있다. 듀이가 교육의 목표와 역할을 언급하면서 지속적으로 민주주의를 논하는 것은 그런 이유에서이다.[9]

듀이는 교육의 목표가 개인의 성장에 있다고 보고 있으며, 개인이

9) 듀이는 다음과 같이 말한다. "여러 가지 관심이 서로 침투해 있고, 진보, 즉 재적응이 고려해야 할 중요한 문제가 되는 그러한 사회생활을 실현하기 위해, 민주적 공동사회는 다른 공동사회보다도 계획적이고 조직적인 교육에 한층 깊은 관심을 보이게 된다는 것이다. 민주주의가 교육에 열의를 나타낸다는 것은 잘 알려진 사실이다. 자기들의 통치자를 직접 선출하는 국민이 교육을 받지 못한다면, 보통선거에 바탕을 두는 정치가 잘되어갈 리 없다는 것이 그 표면적 설명이다. 민주적 사회는 외적인 권위에 바탕을 둔 원리를 부정하므로, 그 자리를 메우는 것을 자발적인 성향이나 관심 안에서 발견해야만 한다. 이는 교육을 통해서만 만들어낼 수 있는 것이다. 그러나 우선, 민주주의는 공동생활의 한 양식, 연대적인 공동경험의 한 양식이다."(존 듀이, 『민주주의와 교육/철학의 개조』, 김성숙·이귀학 옮김 (동서문화사, 2008), 101쪽.)

지속적으로 성장할 수 있는 조건은 사회의 습관이나 제도를 개조하기 위한 충분한 준비가 되어 있는 경우, 즉 민주적인 사회라고 주장한다.[10] 듀이에 의하면 개인은 사는 동안 끊임없이 성장하는 삶을 지향해야 한다. 여기서 성장한다는 것은 경험의 재구성을 뜻하는 것으로서, 삶의 의미를 심화시키고 그 폭을 넓혀가는 것을 뜻한다. 그러한 경험의 재구성을 위해서는 그것을 제약하는 사회적 조건들을 변화시킬 필요가 있다. 여기에 민주주의 사회를 만들어야 하는 이유가 있다. 기꺼이 습관이나 제도를 개조할 준비가 되어 있는 사회가 민주주의 사회이기 때문이다. 듀이는 개인의 성장과 민주주의 사회라는 성장의 조건은 동전의 양면이라고 생각했다. 그래서 그는 개인을 성장시키는 교육이 곧 민주주의 사회를 만드는 실천이라고 여겼던 것이다.

로티가 말하는 자유주의 아이러니스트는 소통 불가능한 사적인 완성에 대한 추구를 보장하기 위해 민주주의 사회를 요구한다. 로티는 비록 사적인 완성의 과제를 민주주의적인 실천의 문제와 단절시키고 있기는 하지만 후자가 전자의 조건이라는 점에 있어서는 철저하게 듀이의 생각을 받아들이고 있다. 아이러니스트의 존재가 민주주의 사회를 가능하게 하지는 못하겠지만, 민주주의 사회는 다양한 아이러니스트를 가능하게 할 것이다. 듀이에게 있어서 개인의 성장은 민주주의 사회를 가능하게 할뿐더러 민주주의 사회는 다시 개인의 성장을 위한 조건이 된다. 로티는 듀이처럼 개인과 사회의 유기적 관계를 상정하지는 않지만, 자유주의와 아이러니스트는 같이 가야 하는 것으로 보고 있다. 이것은 아마도 공적인 철학자였던 듀이에 대한 로티식의 계승일 것이다. 로티는 듀이와 달리 공적으로 환원되지 않는 사적인 영

---

10) 같은 책, 115쪽.

역을 인정하고 있고, 그런 영역이 존재할 수 있는 것은 오로지 민주적인 다양성이 확보될 때에만 가능하다고 생각한다. 듀이의 '성장', '경험의 재구성'과 같은 어휘는 로티에게 개혁적인 점진주의의 내용으로 수용되고 있다고 보아도 좋을 것이다.

한편, 로티는 듀이의 세속주의에 대해 말하면서 기회가 있을 때마다 그것을 휘트먼의 낭만주의와 연결시킨다. 예컨대 다음과 같은 식이다.

> "미국의 좌파가 없이도 우리나라는 여전히 강하고 용감한 나라일 것이다. 그러나 누구도 우리가 선하다고 말하지는 않을 것이다. 우리가 기능하는 정치적 좌파를 가지고 있는 한, 우리는 여전히 우리의 나라를 만들어갈 기회, 우리나라를 휘트먼과 듀이가 꿈꾸었던 나라로 만들 기회를 가지고 있는 것이다."[11]

로티의 정치철학적 입장을 이해하는 데 있어서 휘트먼으로 대표되는 낭만주의적 관점, 혹은 정치적 낙관주의의 관점을 먼저 이해하는 것이 중요하다. 우리는 앞에서 이미 로티의 철학적 입장이 '반표상주의'로 요약된다고 밝혔다. 반표상주의는 본질주의에 대한 반대 입장으로서 실천적인 문제에만 국한시켜 말하자면 우리의 정치적 실천이 보편적인 진리를 토대로 이루어질 수 없다고 주장하는 것이다. 로티가 이해하는 듀이와 휘트먼의 낭만주의는 절대적이며 초월적인 진리, 혹은 신의 섭리에 입각해서 나라를 만들어야 한다는 관점을 부정하는 것이다. 그들은 형제애에 입각해서 나라의 구성원들이 서로 사랑의

---

11) Richard Rorty, 앞의 책(1998), 107쪽.

공동체를 만들어가는 일이 가능하다고 믿었다. 물론 이것은 근거가 없는 낙관주의이며, 실패할 위험성을 배제하지 않는 낭만주의이다.

로티가 그러한 낙관주의와 낭만주의에 기초해서 정치적 실천을 제안하고 있는 것이라면, 우리는 그에게서 어떻게 더 나은 사회에 대한 비전을 요구할 수 있을까? 그의 반표상주의는 보편적인 진리를 부정하고 있으므로, 한 사회가 다른 사회보다 더 낫다는 주장을 할 수 없는 것으로 보인다. 또한 낭만주의적 태도가 실천을 위한 토대로서의 이론적 지식을 부정하는 것이라면 우리의 실천은 어떻게 방향성을 얻을 수 있을지도 의문이다. 스스로 근거 없는 낙관주의를 표방하는 '이론'을 우리는 어떻게 실천의 근거로 삼을 수 있을 것인가?

이런 물음은 로티의 비판자들이 말하는 소위 '비합리적', '반이성적', '심미주의적' 입장에 늘 따라다니는 물음이다. 로티의 비판자들은 그를 상대주의자, 비합리주의자, 역사주의자라고 일컬으며, 거기서 어떤 유의미한 실천을 위한 함의도 발견할 수 없다고 힐난한다. 이런 비난에 대한 로티의 응답은 그다지 이론적이지 않다. 그는 객관주의와 상대주의, 본질주의와 반본질주의의 이론적 논의를 낳고 있는 사유의 틀을 벗어나고 싶어 한다. 실천적인 공간에서 보면 사실상 그 모든 이론적 논의들도 정치적인 내용들로 가득 차 있는 것이다.

로티의 세속주의, 낭만주의의 이론적 토대를 굳이 끌어오자면 다원적인 자연주의를 말할 수 있을 것이다. 주지하다시피 플라톤적인 본질주의에 대한 가장 강력한 반론은 다윈의 진화생물학이라고 할 수 있다. 인간에게 진리를 알 수 있는 고유한 본질로서의 이성 같은 것이 있다는 생각은 인간과 다른 종을 구별 짓는 명확한 경계가 존재하지 않는다는 관점에 의해 도전 받았다. 데닛 같은 진화생물학자는 심지어 추론적인 능력을 가진 로봇이 인간의 진화형태라고 말하기도 한다. 플라톤식의 본질주의는 도덕성에 대해 말하는 칸트에 계승되어 있다. 우리가 올바른 실천적 판단을 할 수 있는 근거를 칸트는 우리의 사려분별(prudence)력과 구분되는 도덕성(morality)에서 찾고 있다. 이런 구분이 가능할 때 인간은 보편적인 진리에 입각한 사회를 만들 수 있을 것이다. 로티는 그런 구분을 권위주의적 전통의 잔재라고 보고 있는 니체와 바이어의 생각에 동의하고 있다. 로티는 다음과 같이 말한다.

"니체는 칸트의 정언명법에는 좋지 않은 피 냄새와 채찍 자국이 있다고 말했다. 내가 가장 좋아하는 현대 도덕철학자인 아네트 바이어(Annette Baier)도 비슷한 냄새를 맡고 있다. 바이어가 생각하듯이, 무조건적인 의무라는 칸트식의 개념은 재구성되기보다는 폐기되었어야 할 권위주의적이고, 가부장적이고, 종교적인 전통에서 가지고 온 것이다. 흄의 충고를 따른다면, 우리는 사후의 고문에 대해 두려워하기를 그쳤을 때 무조건적인 의무에 대해 말하기를 그쳤어야 했다. 신이 존재하지 않는다면 모든 것이 허용될 것이라는 도스토예프스키에 대해 동의하기를 그쳤을 때, 우리는 도덕성과 사려분별의 구분을 버렸어야 했다. 우리는 '신'이라는 개념을 입법자라는 이름을 가진 '이성'이라는 개념으로 대체하지 말았어야 했다."[12]

로티가 여기서 말하듯이 '신'이나 '이성'과 같은 개념을 모두 버린다면 우리는 도대체 무엇에 의지해서 올바른 실천과 그렇지 못한 실천을 판단할 수 있을까? 로티는 무엇이 올바르냐 그렇지 않느냐의 문제가 보편적 진리로서 합당하냐 그렇지 않냐의 문제라기보다는 주어진 맥락에서 어떤 실천이 문제를 해결해줄 것인가의 문제로 보고 있

---

12) Richard Rorty, "Kant vs. Dewey; The current situation of moral philosophy", *Philosophy as Cultural Politics*(Cambridge University Press, 2007), p. 187.

다. 이것은 지식의 문제라기보다는 상상력의 문제이다. 우리는 여기서 로티의 정치철학이 목표로 하는 것이 고통과 잔인성을 감소시키고, 자유의 영역을 확장시키는 것임을 상기할 필요가 있다. 고통과 잔인성이 문제가 되는 상황에서 필요한 것은 바이어가 자신의 도덕철학의 토대로 삼고 있는 감수성이다. 로티는 타자의 고통에 대한 감수성이 실천적 판단의 토대가 되어야 한다는 데 동의하는 것으로 보인다. 예컨대 허클베리 핀이 노예인 짐을 도망가게 하기로 결심할 수 있었던 것은 인간으로 간주되지 않았던 노예의 고통을 자신의 고통으로 받아들이고, 스스로의 정체성을 새롭게 규정했기 때문이다. 그렇게 함으로써 허클베리 핀은 자유의 영역을 넓혔다.

고통이 감소하고 자유가 확장된 사회가 더 나은 사회라고 말할 수 있는 근거가 무엇이냐는 물음에 대해서 로티는 굳이 대답할 필요를 느끼지 않는다. 그런 물음을 던진 사람이 먼저 그것이 더 나은 사회가 아니라는 것을 밝혀야 한다고 생각하기 때문이다. 이런 태도에는 진리론이 잉여적인 것이라는 관점이 전제되어 있다. 로티가 보편적이고 본질적인 진리를 주장하는 본질주의에 반대한다고 해서 진리가 존재하지 않는다고 주장하는 것은 아니다. 그는 진리에 대한 담론이 불필요하다고 생각할 뿐이다. 그에 의하면 우리가 참이라고 여기는 것은 대부분 논의가 필요 없는 것들이다. 로티는 고통과 잔인성의 감소라는 실천적 목표가 그와 같은 참의 일종이라고 생각하는 것으로 보인다. 그리고 이것이 그의 자연주의적인 정치철학적 태도라고 할 수 있을 것이다.

우리는 이제 여기서 개관된 그의 반표상주의, 반본질주의, 세속주의, 낭만주의, 낙관주의, 자연주의가 구체적으로 어떤 내용을 가지고 전개되고 있는지 이하에서 살펴볼 것이다.

2

포스트모더니스트 부르주아 자유주의

1) 공동체의 우연성

로티의 가장 중요한 저작 중 하나인『우연성 아이러니 연대성』의 핵심 주장은 우리의 언어, 자아, 공동체가 모두 우연성의 산물이라는 것이다. 탐구의 목표를 진리의 발견이 아니라 문제의 해결로 간주했던 프래그머티즘의 관점에서 보자면, 정치철학적 탐구의 목표 역시 '역사의 최종 목표', '정의', '자유', '평등' 등과 같은 개념의 본질을 찾는 것이 아니라 우리가 오늘날 처하게 된 우연한 현실의 문제들을 어떻게 극복할 것인가의 문제가 될 것이다. 로티에게 있어서 민주주의를 위한 정치적 실천은 진리를 탐구하는 문제라기보다는 실천의 문제이다. 우리는 언제나 어떤 우연적인 맥락 속에 위치할 수밖에 없으므로, 무조건적이며 보편적인 진리를 탐구하여 실천의 지침으로 삼겠다는 철학적 의도는 부적합하다. 로티는 그와 같은 철학적 열망이 건강하지 못한 것이라고 말한다.

"물론, 라캉주의자들이 불가능하고, 정의할 수 없고, 숭고한 욕망의 대상이라고 부르는 것이 존재한다. 그러나 그런 대상에 대한 욕망은 민주주의 정치에 적합한 것이 될 수 없다. 나의 관점에서는 진리는 그런 대상이다. 말하자면 그것은 너무 숭고해서 인지(인정)되거나 목표로 삼을 수가 없다. 정당화는 단지 아름다운 것일 뿐이다. 그러나 그것은 인지가 능하고 체계적으로 추구할 수가 있다. 운이 좋으면 정당화가 이루어지는 경우도 있다. 그러나 그런 성취는 일시적일 뿐이다. (……) 무조건성에 대한 열망 – 철학자들로 하여금 '맥락주의' 및 '상대주의'를 피해야 한다고 주장하게 하는 – 은 진리의 개념에 의해 충족된다. 그러나 그런 열망은 건강하지 못한 것이다. 왜냐하면 무조건성의 대가는 실천에 부적합하기 때문이다."[13]

로티가 말하는 '무조건성에 대한 열망'은 절대적인 이데아를 발견하고자 하는 플라톤 이래의 형이상학적 진리에 대한 열망, 기독교의 근원적 구원에 대한 열망인 동시에 이론과 실천을 통합시키고자 하는 마르크스주의적 열망이기도 하다. 그런 열망을 가진 사람들은 '진리가 너희를 자유롭게 하리라.'는 신념을 포기하지 않는다. 이들은 '이러저러한 맥락에서 우리에게 좋은 것'과 '진리'를 명확히 구분하고자 하며, 우리가 언젠가는 초역사적이며 보편적인 '선'을 발견하고 그것을 통해 유토피아에 이르게 되리라고 생각한다.

로티가 공동체의 우연성에 대해 말할 때 일차적으로 배제시키고자 하는 생각은 바로 그와 같은 생각이다. 그것이 절대적인 보편성이건 아니면 포스트모더니스트들이 말하는 숭고한 어떤 것이건, 우리가 만

---

13) Richard Rorty, "Universality and Truth", *Rorty and his Critics*, ed. by R. Brandom, (Blackwell Publishers Ltd., 2000), p. 2.

들어야 할 사회를 그런 것 위에 '철학적으로 정초'할 수 있다는 생각 자체가 로티가 생각하는 자유주의 사회가 받아들여서는 안 되는 생각이다. 로티는 다음과 같이 말하고 있다.

"〈자유주의 사회란 그렇듯 자유롭고도 개방된 만남의 결과가 무엇이든 간에 그것을 '진리'라고 부르는 데에 만족하는 사회이다.〉 이것이 바로 왜 자유주의 사회에는 '철학적 정초들'을 제공하려는 노력이 그릇된 기여를 하는지의 이유이다. 왜냐하면 그러한 정초들을 제공하려는 노력은, 낡은 어휘와 새로운 어휘들 간의 만남보다 선행하며 그 만남에서 얻게 되는 결과보다 우선시되는, 쟁점과 논변에서의 어떤 자연적 질서를 전제로 하기 때문이다."[14]

로티는 우리의 실천을 통해서 만들어가야 할 사회가 공동체 구성원들 간의 자유롭고 개방된 만남을 통해서 이루어진다면 그 어떤 결과도 '진리'로서 받아들여야 한다고 주장하고 있다. 계절의 변화나 천체의 운행에는 우리가 미처 알지 못했던 어떤 법칙적 질서가 있었던 것과 마찬가지로 우리의 사회 역시 우리가 알지 못하고 있는 어떤 원리에 의해 구성되어야 한다고 믿는 사람들에게 이런 로티의 주장은 합리적인 이성에 의해서 사회를 만들어야 한다는 생각을 포기하고 있는 것으로 여겨질 것이다. 우리가 자연의 법칙을 발견하듯이, 정의로운 사회의 원리를 '철학적으로' 발견할 수 있다는 생각을 하는 사람들은 정치적으로 올바르지 못한 사람들을 비판할 수 있는 합리적이며, 보편적이며, 따라서 가치중립적인 이론적 기반을 마련할 수 있다고

---

14) 리처드 로티, 『우연성 아이러니 연대성』, 김동식·이유선 옮김(민음사, 1996), 112쪽.

생각할 것이다. 그런 사람들은 로티와 같이 공동체 구성원들 간의 합의가 진리로 여겨질 수 있다는 상황을 받아들이면, 예컨대 '나치가 득세하는 것을 어떤 근거로 비판할 수 있겠는가?'와 같은 의문을 가질 것이다. 로티에 대한 이런 식의 문제 제기는 로티가 공동체의 우연성을 주장할 때 늘 따라붙는 비판이라고 할 수 있는데, 문제는 바람직한 공동체에 대한 '철학적인 정초'를 포기하는 것이 곧 나치를 용인하는 비합리주의 및 상대주의에 편드는 것이냐 하는 것이다.

우리는 여러 가지 근거를 가지고 잘못된 것을 비판할 수 있다. 철수가 어떤 행위를 했을 때 그것이 나쁜 행위였다면, 우리는 철수의 행위를 비판하기 위해서 그가 행한 행위의 결과를 가지고 그를 비판할 수도 있고, 그 행위가 현재의 규범에 맞지 않는다고 지적할 수도 있고, 우리가 가진 도덕감정에 부합하지 않는다고 비판할 수도 있다. 또는 그가 절대적인 도덕률이나 신의 섭리를 어겼다고 비판할 수도 있다. 보편적인 합리성에 근거해서 그의 행위를 비판할 수 있어야 한다고 주장하는 철학자들은 아마도 이런 비판적 관점의 다양성을 고려하지 않고 있는 듯하다. 철수의 행위를 비판할 때 우리는 굳이 어떤 종교적 신념이나 철학적 원리를 공유하지 않아도 그의 행위를 비판할 수 있다. 로티는 타자에게 고통을 가하는 행위가 나쁜 것이라는 자유주의자의 관점에서 나치를 비판할 수 있을 것이다.

정의로운 사회가 '철학적으로 정초'되어야 한다고 믿는 사람들은 비판적 관점을 나치 스스로도 받아들일 수 있어야 비로소 만족할 것이다. 왜냐하면 그 비판은 보편적인 진리에 근거한 것이기 때문에 궁극적으로 잘못을 저지른 당사자도 받아들일 수밖에 없는 것이어야 하기 때문이다. 그러나 대화와 설득을 통해서 타자의 정치적인 신념을 바꿀 수 있는 '이상적인 대화 상황'이 현실적인 공간에서 구현되지 않는다는 것은 우리 모두가 일상의 경험을 통해서 알고 있는 사실이다. 로티의 관점에서 보자면 나치를 비판할 중립적인 위치를 찾는 것은 불가능하다. 우리는 자유주의자의 입장에서 나치의 전체주의적인 행태를 고발하고 비판할 수 있을 뿐이다. 우리가 취한 자유주의의 입장이 모든 사람이 받아들여야 할 보편적이며, 절대적이며, 가치중립적인 정치적 입장이라는 것을 '철학적으로 정초'할 수 있는 길은 없다. 로티가 원하는 것은 그런 철학적 원리를 발견하는 것이 아니라 정치적 견해가 다른 사람들 간의 '자유롭고 개방된 만남'이 보장되게 하는 것이다. 그렇다면 그런 자유로운 만남을 보장하는 것은 어떤 근거에서 정당한가 하는 물음을 제기할 수 있을 것이다. 이것은 마치 타자에게 가해지는 잔인성과 고통이 중지되어야 하는 이유가 무엇인가를 묻는 물음과 비슷하다. 로티는 단지 그것이 자신과 같은 자유주의자의 신념일 뿐, 그것에 대한 그 이상의 이론적 정당화는 그리 큰 의미가 없다고 생각하는 듯하다.

물론 로티의 이런 태도에는 '철학적 정초'를 통해서만 정신적인 안도감을 느끼는 보편적 합리성의 옹호자들에게는 납득하기가 어려운 허무주의적인 색채가 있다고 볼 수도 있다. 그러나 로티는 인간적인 우연성을 초월하는 탈역사적인 법칙, 초인간적인 절대성 등에 기대어 위안을 얻기보다는 그런 허무주의를 적극적으로 받아들이는 편이 더 낫다고 생각하는 것 같다. 로티는 초인간적인 어떤 것에 매달리는 것보다 근거가 없는 미래에 대한 '희망'을 갖는 편이 차라리 더 합리적이라고 생각하는 듯하다. 우연성에 대한 로티의 긍정은 따라서 허무주의로 귀착되기보다는 미래에 대한 희망으로 연결되고 있다고 보아야 할 것이다.

우리의 공동체가 절대자의 섭리에 기초한 것도 아니고, 어떤 철학적 원리에 따라서 발전해 나갈 수도 없는 것이라면, 민주주의를 위한 실천은 도대체 어디에서 출발해야 하고 무엇을 지향해야 하는 것일까? 로티는 자신의 정치철학을 자신이 옹호하고 있는 니체, 비트겐슈타인, 데이빗슨 등의 철학적 관점을 가지고 '철학적으로 정초'할 생각은 없다. 그는 '철학적으로 정초'한다는 생각 자체가 진부하게 보이는 새로운 문화적 대안을 마련하는 것이 '민주주의 사회의 유지와 발전'이라는 실천적인 목표를 이루는 데 훨씬 더 생산적이라고 생각한다. 진리, 합리성, 도덕적 의무 등의 관념이 모두 자유주의 공동체의 우연성을 받아들이지 않았던 낡은 관념이라는 것이다. 그는 그 자리에 메타포와 자아창조 등의 관념이 들어서기를 원한다. 그는 합리주의나 보편주의가 추구했던 '정초'와는 다른 방식으로 민주주의를 위한 실천적 제안이 이루어져야 한다고 믿는다. 그는 그것이 현행의 제도와 실행에 대한 재서술을 통해 이루어질 수 있다고 생각한다.[15] 여기서 그가 말하는 재서술은 메타포를 통해서 우리가 자신의 정체성을 새롭게 하는 것과 마찬가지로 우리가 이루어야 할 더 민주적인 사회를 위해서 지금까지 아무도 상상해보지 못한 제도와 규범을 만들어내는 것을 말한다. 낡은 언어로 말하며 변화를 원치 않는 사람들이 보기에 그러한 재서술은 보편적 합리성과 도덕성에서 벗어난 것으로 보일 수도 있을 것이다. 그러나 새로운 언어를 사용하고자 하는 사람들이 보기에는 그런 사람들이 더 비합리적으로 보일 수도 있다. 로티의 대안적인 자유주의 문화는 그런 재서술의 시도가 제한 없이 이루어질 수 있는 문화이다.

---

15) 같은 책, p. 100.

"자유주의 문화는 신격화된 세계나 신격화된 자아 등 신적인 것의 자국이라곤 하나도 남지 않은 문화가 될 것이다. 그러한 문화에는 인간들이 책임져야 할 어떤 비인간적인 힘이 존재한다는 관념이 들어설 여지라곤 없을 것이다. 그 문화는 신성하다는 관념뿐만 아니라 '진리에의 헌신'이나 '영혼의 가장 심오한 요구의 성취'란 관념도 폐기하거나 철저하게 재해석해 버릴 것이다."[16]

로티는 철학적 정초가 없이 민주적인 제도와 관행을 옹호하고자 하는 자신의 입장을 '포스트모더니스트 부르주아 자유주의'라고 부른 적이 있다.[17] 로티는 칸트가 생각하는 본질적인 인간의 존엄성이나 권리 같은 개념이 없이 "부유한 북대서양 민주주의의 제도와 실천을 옹호하고자 하는 헤겔주의적 시도"[18]를 그와 같은 명칭으로 부르고 있다. 로티가 여기서 굳이 '부르주아'라는 단어를 사용하는 이유는 그런 시도가 특정한 역사적·경제적 조건하에서만 가능하다는 마르크스주의자들의 입장을 긍정한 상태에서, 북대서양 부르주아들의 희망이 철학적으로 정당화 가능하다고 여기는 철학적 자유주의와 대결하기 위한 것이다. 로티는 더 나은 자유주의 공동체를 향한 희망이 우연한 역사의 산물이며, 그것을 철학적으로 정초할 수 있는 길은 없다고 생각한다. 한편 '포스트모던'이라는 명칭을 붙인 이유는 리오타르가 말하

---

16) 같은 책, p. 101.
17) Richard Rorty, "Postmodernist bourgeois liberalism", *Objectivity, Relativism, and Truth*(Cambridge University Press, 1991). 참조. 로티는 나중에 이 명칭을 두고 자신이 고의로 사용한 귀여운 모순어법이었는데, 아무도 이것을 농담으로 여기지 않아서 당황스러웠다는 식의 이야기를 하고 있다.(하버드 철학 리뷰 편집부 엮음, 『하버드 철학을 인터뷰하다』, 최봉실·강유원 옮김(돌베개, 2010), 42쪽 참조.)
18) Richard Rorty, ibid., p. 198.

는 '메타서사'에 대한 불신을 표현하기 위해서이다. 우리의 공동체는 본질적인 자아, 절대 정신, 프롤레타리아 등과 같은 어떤 실재의 행위를 서술하거나 예측하는 것을 통해서 설명될 수 없다.

　로티가 자신의 자유주의 공동체를 '포스트모더니스트 부르주아 자유주의'의 입장에서 서술함으로써 말하고자 하는 것은 자신이 생각하는 대안적 공동체가 어떤 철학적 기초를 가지고 있는지, 그것이 다른 대안들에 비해 어떤 점이 우월한지를 설명하고자 하는 것이 아니다. 로티는 우리가 우리 자신의 우연성을 받아들일 때 정치적 실천의 토대로 삼을 수 있는 것은 오로지 우리가 몸담고 있는 역사적이며 유한한 공동체의 제도와 관습이며, 공동체의 구성원들이 공유하고 있는 '우리'라는 의식밖에 없다는 것을 말하고자 하는 것이다. 물론 그런 제도와 관습, '우리'를 이루고 있는 정체성의 이미지는 모두 재서술되어야 하고, 그럼으로써 자유의 영역을 확장하는 새로운 틀로 바뀌어야 한다. 이런 관점은 여전히 철학적 정초를 중요하게 생각하는 철학자들에게는 상대주의적으로 보일 것이다. 로티는 이에 대해 다음과 같이 답한다.

　"상대주의는 분명히 자기모순적이다. 그러나 모든 공동체가 다른 공동체와 마찬가지로 좋다고 말하는 것과, 우리가 우리 자신인 바의 네트워크로부터, 우리가 현재 동일시하고 있는 공동체로부터 출발할 수밖에 없다고 말하는 것은 다른 것이다."[19]

　로티의 반본질주의적인 자유주의 공동체에 대한 서술은 예컨대 나

---

19) Ibid., p. 202.

치 통치하의 독일 같은 공동체를 포함해서 모든 공동체가 좋다고 말하는 것이 아니다. 로티는 '우리'라는 의식을 통해 공유하고 있는 자유주의 공동체의 정체성에서 출발할 수밖에 없다는 것을 말하고 있을 뿐이다. 이런 입장은 상대주의라고 하기보다는 '자문화중심주의'라고 하는 것이 더 옳다. 로티에게 있어서 그런 자문화중심주의적인 태도는 불가피하다. 그것이 로티가 가진 역사적 한계이기 때문이다. 그의 자문화중심주의를 비판하기 위해서는 다른 문화의 가치가 민주주의적 실천을 위해 더 우월하다는 것을 보여주어야 한다. 그러나 그것은 아마도 철학적 정초의 문제와는 다른 것이 될 것이다.

2) 사적인 자율성과 공적인 자유

언어, 자아, 공동체의 우연성을 인정한 상태에서 로티가 말할 수 있는 것이란 오로지 아이러니스트의 재서술일 수밖에 없다. 로티의 관점에서 보면 그것 이상의 것을 말하고자 시도하는 것은 아마도 비트겐슈타인이 말할 수 없는 것이라고 말했던 것을 말하려는 시도와 같다. 합리성에 근거해서 민주주의 사회의 모델을 제시하고자 하는 모든 이론적 시도 역시 하나의 재서술로 간주되어야 할 것이다. 우리의 사회를 더 나은 방향으로 나아가게 하는 힘은 역사의 발전 방향에 대한 통찰력을 가진 어떤 천재만의 전유물일 수는 없다. 그런 힘은 만화가나 극작가, 가수, 엔지니어, 사업가 등과 같은 다양한 분야의 사람들에 의해서 촉발될 수도 있을 것이다.

로티의 정치철학에서 미래 사회에 대한 유토피아적인 그림을 그려내기가 어려운 이유는 그가 아이러니스트의 태도를 고수하고자 하기 때문이다. 미래 사회에 대한 큰 그림을 그리고 현실을 그것에 맞추어 변혁시키고자 하는 시도는 리오타르가 말하는 '거대 서사'를 반복하는 일이 될 것이다. 로티는 그렇게 하지 않았다. 그는 듀이를 좇아서 사회를 민주적으로 개선시켜 나갈 수 있는 구체적인 실천을 강조하고 있다.

그렇다면 그가 말하는 더 나은 사회란 어떤 사회일까? 철학적으로 정초하지 않는다는 것을 전제한다면 그런 사회에 대해 말할 수 있는 것은 최소화될 수밖에 없을 것이다. 로티의 관점에서는 잔인성과 고통이 적을수록 더 나은 사회라고 말할 수 있다. 이런 막연한 대답은 그가 '마땅히 실현되어야 할 선'을 제시할 수 없는 입장이기 때문에 불가피한 것이기도 하다. 우리는 그가 진리에 대한 이론가로서가 아니라 한 사람의 자유주의 아이러니스트로서 이런 대답을 제시하고 있다는 점을 늘 상기할 필요가 있다. 그가 꿈꾸는 자유주의 유토피아에서 공적인 선의 문제는 언제나 열린 토론과 대화의 결과이어야 하기 때문이다. 로티의 자유주의 유토피아에서도 로티 자신의 입장이 특권화되어서는 안 된다. 이런 식의 독해는 로티의 관점을 이해하는 데 비생산적인 논의를 피해서 가게 한다는 점에서 중요하다. 그의 마지막 어휘인 잔인성과 고통을 보편성이나 진리의 기준에서 시비를 걸어서 더 얻을 만한 것은 없을 것이기 때문이다.

잔인성과 고통이 적다는 것은 로티에게 있어서 사회적으로 타자에 대한 관용과 배려가 더 많다는 것을 의미한다. 그렇다면 여기서 그가 말하는 것은 무엇에 대한 관용과 배려일까? 이 물음에 대한 답은 그가 대안적인 문화로 제시하고 있는 '문학적 문화'[20], 혹은 '시화된 문

---

20) 'literary culture'의 번역어인데, '문예 문화' 등으로 번역해도 좋을 것이다. 여기에는 자신의 개성을 마음껏 표현할 수 있는 영역으로서의 예술이 포함된다.

화(poeticized culture)'의 영웅이 자유주의 아이러니스트라는 데에서 찾아야 할 것이다. 로티가 꿈꾸는 이상적인 자유주의 사회란 대담한 시인과 혁명가가 영웅이 되는 사회이다.[21]

로티의 대담한 시인과 혁명가는 평범한 사람이 생각하지 못하는 새로운 정체성을 만들어내는 사람들이다. 그런 사람들이 자신들의 정체성을 마음껏 상상할 수 있는 사회야말로 로티가 꿈꾸는 자유주의 유토피아이다. 새로운 정체성을 만들어낸다는 것은 기존의 규범으로 정당화되지 않은 어떤 것을 창안해낸다는 것이므로 사회가 다양한 삶의 방식을 인정하지 않을 경우에는 그런 일을 했다는 것 자체가 비난의 대상이 될 것이다. 이런 점을 고려해볼 때 로티가 말하는 잔인성과 고통의 감소는 곧 다양한 삶의 방식에 대한 관용과 배려의 확장을 의미하는 것으로 간주할 수 있다. 로티의 자유주의자는 그런 관용과 배려의 폭을 확장시키고자 노력할 것이다.

한편, 로티에 의하면 아이러니스트는 자신만의 마지막 어휘를 통해 자신의 정체성을 형성하고자 하면서도 그 어휘에 대한 의심의 끈을 놓지 않는 인물이다. 그는 아이러니스트를 다음과 같이 규정한다.

---

21) "자유주의 사회란 힘이 아니라 설득에 의해서, 혁명이 아니라 개혁에 의해서 그리고 새로운 실행을 암시하는 다른 실행들과 현재의 언어적 실행 간의 자유롭고도 개방된 만남에 의해서 그 이념이 달성될 수 있는 사회이다. 하지만 이것은 이상적인 자유주의 사회란 자유 이외에는 어떠한 목적도 갖지 않는 사회이며, 그러한 만남이 어떻게 이뤄지는지 과연 결과를 이뤄내는지를 살펴보려는 열망 이외에는 어떤 목표도 갖지 않는 사회라고 말하는 것이다. (……) 그런 사회는 신의 의지나 인간의 본성에 근접한다는 이유 때문이 아니라, 과거에 특정한 시인과 혁명가들이 그렇게 말해주어서 지금의 그 사회가 되었고, 지금의 그 도덕성을 갖고 있으며, 지금의 그 언어를 말한다고 인지하고 있으므로, 대담한 시인과 혁명가가 영웅인 그런 사회이다."(리처드 로티, 앞의 책(1996), 127쪽.)

"(1) 그는 다른 어휘들에 의해서, 즉 자신이 마주친 사람이나 책을 통해 마지막이라고 간주되는 어휘들에 의해 각인되어왔기 때문에, 자신이 현재 사용하는 마지막 어휘에 대해 근본적이고도 지속적인 의심을 갖는다. (2) 그는 자신의 현재 어휘로 구성된 논변은 이와 같은 의심을 떠맡을 수도 해소할 수도 없다는 점을 깨닫고 있다. (3) 자신의 상황에 대해 철학함에서, 그는 자신의 어휘가 다른 것들보다 실재에 더 가깝다고, 달리 말해서 그것이 자기 자신이 아닌 어떤 파워와 접촉하고 있다고 생각하지 않는다."[22]

로티는 라르킨의 시를 인용하면서 그러한 시인이 두려워했던 것과 우연성의 문제를 연결시키고 있다. 그는 시인이 두려워하는 것은 나를 타자와 다르게 해주는 차이점이 상실되는 것이라고 말한다.[23] 로티에게 있어서 자신이 무엇인가의 복제품으로 살게 되지나 않을까 하는 '시인의 불안'을 언급하는 것은 매우 중요하다. 로티의 아이러니스트는 자아창조의 과제를 자신의 삶에서 가장 중요한 것으로 여기는 인물이다. 아이러니스트란 한마디로 자신의 삶의 우연성을 적극적으로 받아들임으로써 스스로 자신의 삶의 주인이 되고자 하는 인물이라고 할 수 있다. 비록 자신의 정체성이 우연한 '눈먼 각인'들에 의해 형성되어 있을지라도 거기서 출발해 자신의 삶을 타자의 삶과 구별 짓게 하는 어떤 차이를 만들어내고자 하는 것이 아이러니스트의 일차적인 과제이다. 그는 그래서 자신의 삶을 자신만의 어휘로 재서술해내야 한다. 이런 작업은 당사자의 힘만으로 이루어지는 것이므로 사적인 것일 수밖에 없다. 아이러니스트가 자신의 삶을 서술할 어휘를 다른 사람에게서 가져오는 순간 그는 더 이상 자율적인 인물이 될 수가

---

22) 같은 책, 146쪽.
23) 같은 책, 64쪽.

없기 때문이다. 그의 사적인 공간은 어쩌면 그만이 이해할 수 있는 공간일 것이며, 타자와 의사소통할 수 없는 은유적인 어휘들로 가득 차 있을 것이다.

자유주의자가 다양한 삶의 방식에 대한 관용과 배려를 확장시키는 것을 목표로 한다는 것은 아이러니스트의 자아창조 작업이 이루어질 수 있는 사적인 공간을 최대한 확보한다는 것을 의미한다고 볼 수 있다. 로티가 꿈꾸는 자유주의 유토피아에서는 인간의 삶의 문제를 어떤 비인간적인 힘을 통해 해결하려 하지 않을 것이다. '진리'나 '신성' 같은 것이 인간적인 삶의 기준을 제시하지도 않을 것이다. 자신의 유한한 어휘로 자신의 삶을 서술함으로써 각자가 삶의 주인이 되는 사회가 그가 꿈꾸는 자유주의 유토피아일 것이다. 따라서 그의 '자유주의 아이러니스트'는 사적인 자율성과 공적인 자유의 문제를 외적으로 결합시킨 상징적인 어휘라고 할 수 있다. 자유주의자는 아이러니스트의 사적인 자아창조를 위한 자유의 공간을 확보해야 한다. 반면 아이러니스트의 자아창조를 위한 사적인 은유들은 자유의 공간을 확장하기 위한 보편적인 준거가 될 수 없다. 그런 어휘들은 경우에 따라 우연히 새로운 정체성을 만들어냄으로써 공적인 역할을 수행할 수도 있을 것이다. 그러나 양자 간의 어떤 필연적인 메커니즘을 말할 수는 없다.

민주적인 자유주의 사회를 위한 이론적, 철학적 정초를 거부하는 로티의 태도는 이렇게 사적인 자율성의 공간과 공적인 자유를 위한 실천을 어떤 식으로도 체계적으로 통합시킬 수 없다는 판단에서 비롯된다. 공적인 것과 사적인 것의 영역을 이렇게 구분하는 로티의 관점을 이해하는 것이 그가 다른 철학자나 문학자들의 업적을 평가하는 관점을 이해하는 데 도움이 된다. 예컨대 그에게 있어서 니체, 프루스트, 하이데거, 데리다, 나보코프 등과 같은 인물들은 철저하게 사적인 자아창조의 작업에 몰두한 아이러니스트이다. 반면, 조지 오웰, 듀이, 하버마스와 같은 인물들은 민주주의와 자유의 문제에 몰두한 공적인 지성인들이다. 로티는 사적인 아이러니스트들로부터 정치적인 의미를 이끌어내는 일은 무의미하다고 주장한다.[24] 물론 사적인 아이러니스트의 어휘와 공적인 자유주의자의 어휘가 처음부터 본질적으로 구분되어 있는 것은 아니다. 우리의 언어는 기본적으로 공적인 것이며, 브랜덤의 말을 빌리자면, 개념의 의미는 사회적인 실천을 통해서 추론적으로 분절된다. 듀이는 공공성에 대해 이야기하면서 공적인 것과 사적인 것을 다음과 같이 구분한 적이 있다.

"어떤 행동의 결과가 주로 직접 거기에 관여한 사람들에게만 한정되거나, 한정된다고 생각될 때, 교류는 사적인 것이다. 갑과 을이 함께 대화를 할 때 그 행동은 교류-행위이다. 두 사람은 거기에 관여하고 있다. 말하자면 행위의 결과들이 한 사람에서 다른 사람에게로 이전된다. 한 사람 또는 다른 사람 또는 양자가 거기서 도움을 얻을 수도 해를 얻을 수도 있다. 그러나 아마도 이득과 손해의 결과들이 갑과 을을 넘어서 확대되지는 않는다. 행위는 그들 사이에 놓인다. 다시 말해 사적이다. 그러나 대화의 결과가 직접적으로 관여하는 두 사람을 넘어서 확장되고 또 많은 다른 사람들의 복리에 영향을 미친다는 것이 밝혀지면, 그 행위는 공적인 능력을 획득한다."[25]

아마도 로티 역시 이러한 듀이의 구분법을 따를 것이다. 행위의 결

---

24) 같은 책, p. 162.
25) John Dewey, *The Public and Its Problems*(Athens, Ohio: Swallow Press, 1954), p. 13.

과가 미치는 영향을 통해서만 공적인 것과 사적인 것을 구분할 수 있다는 관점을 받아들이면 "사적인 자아와 자아창조에서 그것이 만들고 있는 언어는 언제나 공적인 영역에 의해서 사회적으로 구성되고 구조화되어 있기 때문에"[26] 공적인 어휘와 사적인 어휘를 근원적으로 구분하고 있는 로티의 기획은 실패할 수밖에 없다는 슈스터만의 비판은 일종의 허수아비 논법으로 보인다. 로티는 이상적인 자유주의 사회에서 공적인 문제들에 대한 토론은 대체로 두 가지 논점을 중심으로 이루어질 것이라고 말한다.

> "(1) 평화, 부, 자유의 목표 중 어느 하나가 다른 것을 위해 희생되어야 할 상황에 이를 경우, 어떻게 균형을 잡을 것인가. (2) 어떻게 하면 자아창조를 위한 기회를 평등하게 하면서도 사람들로 하여금 자신들의 기회를 사용하거나 무시하게 내버려둘 것인가."[27]

로티는 이 두 문제에 대한 합의가 자유로운 대화와 연대를 바탕으로 이루어지는 사회가 자유주의 사회라고 보고 있다. 로티는 이어서 이런 제안에 대한 예상 반론에 대해 논의한다. 첫째는 공적인 레토릭에서 '철학적 정초'와 같은 어떤 형이상학적인 근거가 없이 아이러니즘이 그 자리를 대신할 경우 자유로운 대화와 연대가 약화되고 자유주의 사회가 붕괴할 것이라는 반론이다. 이에 대해 로티는 철학적 신념들에 의해 자유주의 사회가 결속될 것이라는 생각 자체가 우스운

---

26) Richard Schusterman, "Reason and Aesthetics between Modernity and Postmodernity: Habermas and Rorty", *Richard Rorty: Critical Dialogues*, ed. by Matthew Festenstein and Simon Thompson(Polity Press, 2001), p. 143.
27) 리처드 로티, 앞의 책(1996), 165쪽.

것이라고 조소하면서 사회를 결속시키는 것은 공통의 어휘와 공통의 희망이라고 주장한다.[28] 근대화가 진행되면서 종교적 신념을 갖지 않는 사람들이 늘어났지만 그것이 사회를 전체주의로 몰고 가지 않은 것처럼 보편적 진리에 대한 형이상학적 신념을 갖지 않는 사람들이 증가하는 것이 사회를 정치적으로 위험에 빠뜨리지는 않는다는 것이다. 자유주의 사회의 결속은 철학적 신념으로부터가 아니라 인간 스스로 공통의 희망을 성취할 수 있다는 신념으로부터 유래할 것이다.

두 번째 반론은 슈스터만이 비판하고 있는 공사구분의 문제와 관련이 있다. 슈스터만은 로티식의 공사구분이 불가능하다고 지적했다. 그것은 곧 우리가 한편으로는 니체적인 아이러니스트이면서 다른 한편으로는 밀과 같은 자유주의자가 되는 것이 원천적으로 불가능하다는 지적이다. 이에 답하기 위해 로티는 자유주의 아이러니스트와 자유주의 형이상학자를 구분한다. 자유주의 형이상학자는 공사구분이 불가능하기 때문에 내적인간과 외적인간이 하나가 되기를 원하며, 아이러니가 필요 없는 상황, 즉 보편적인 인간성과 같은 것을 발견함으로써 자유주의 사회의 실천적 규범을 도출할 수 있게 되기를 바란다. 반면 자유주의 아이러니스트는 "사적인 목적의 재서술과 공적인 목적의 재서술을 구분할 필요가 있다."고 말하면서, "나의 마지막 어휘 중에서 공적인 행위와 관련된 부분은, 나의 행위로 인해 다른 인간 존재들이 굴욕 받을 수도 있는 다양한 모든 방식들에 대해서 내가

---

28) 이런 로티의 관점은 민주주의의 성취를 인류 공통의 신앙이라고 말하는 듀이의 관점을 계승하고 있는 것으로 볼 수 있다.(John Dewey, *Common Faith*(Yale University Press, 1934). pp. 86-87. 참조).

알고 있을 것을 요구한다."[29] 자유주의 아이러니스트가 잔인성을 회피하기 위해서는 상상력을 동원하여 다른 마지막 어휘를 가능한 한 많이 익힐 필요가 있다. 여기서 필자가 강조할 부분은, 로티가 우리의 재서술이 어떤 '목적'을 위해 이루어진 것인가를 말하고 있는 대목이다. 프래그머티즘의 관점에서 보면 본질적으로 처음부터 공적인 부분과 사적인 부분이 구분되어 있다고 할 수도 없고, 그것의 구분이 불가능하다고 말할 수도 없다. 그런 두 가지 태도는 모두 현실을 무시한 극단적인 입장이다. 중요한 것은 우리의 재서술이 무엇을 목적으로 이루어졌으며 그것이 실제적으로 어떤 결과를 가져오는가에 주목하는 것이다.

결국 로티가 형이상학 없는 자유주의를 언급하면서 말하고자 하는 것은 "왜 내가 굴욕을 피해야 되는가?"에 대한 물음보다는 "무엇이 굴욕을 주는가?"하는 물음에 답하는 것이 중요하다는 것이다. 로티는 희생자들의 상황을 표현하는 일은 형이상학적 이론가의 몫이라기보다는 자유주의 소설가, 시인, 저널리스트의 역할이라고 생각한다. 그런데 여기서 주의할 것은 로티가 아이러니즘이 형이상학에 비해 자유주의에 도움이 되는 이론적 입장이라고 주장하고 있지는 않다는 점이다. 로티의 아이러니즘 역시 하나의 이론적 관점인 한에 있어서 그것은 일차적으로 로티라는 한 개인의 사적인 완성의 추구를 위한 철학적 관점으로 보는 것이 옳을 것이다. 그리고 이런 관점은 형이상학이나 여타의 철학적 관점이 자유주의 사회를 위한 특권적인 입장을 갖지 못한다고 말하기 위해 아이러니스트가 감수해야 할 한계이기도 하다.

---

29) 리처드 로티, 앞의 책(1996), 177쪽.

3) 연대성

아이러니즘과 자유주의가 어떤 필연성에 의해서 묶여 있는 것이 아니라면, 자유주의 아이러니스트들은 도대체 어떤 근거로 공적인 사회적 실천을 위한 연대를 제안할 수 있는 것일까? 특정한 사회적 실천의 당위성을 주장하는 것은 기존의 형이상학적 관점을 견지할 경우 그다지 어려운 작업이 아니다. 예컨대 어떤 실천은 그것이 이데아에 부합하기 때문에, 또는 신의 섭리에 맞는 것이기 때문에, 인간의 본성을 실현하는 것이기 때문에, 보편적인 도덕법칙에 맞는 것이기 때문에 행해야 하는 것이라고 주장하면 된다. 그러나 어떤 '철학적 정초'도 없는 상황에서 아이러니스트들은 어떻게 공적인 실천을 위한 연대를 주장할 수 있을 것인가?

로티는 "하나의 신념은 우연적인 역사적 상황 이상의 심오한 어떤 것에 의해서 야기되지 않는다는 것을 잘 알고 있는 사람들 사이에서도 여전히 그 신념이 행동을 규제할 수 있으며, 그 신념이 그것을 위해 죽을 만한 가치가 있는 것으로 여겨질 수 있다."[30]고 말한다. 아이러니스트는 비록 자신의 마지막 어휘가 보편적인 진리에 의해 보증될 수 있는 것이 아니라는 것을 알고 있을지라도 자신의 정체성을 걸고 그 마지막 어휘에 대한 신념을 위해 행동하고자 할 것이다. 문제는 정치적인 실천을 한다는 것은 불가피하게 자신의 마지막 어휘를 타자에게 제안 혹은 강요하는 것을 포함하게 되지 않느냐 하는 것이다. 그렇다면 아이러니스트 자유주의자는 도대체 다른 마지막 어휘를 가지고 있는 타자에게 어떤 식으로 연대를 제안할 수 있을까?

---

30) 같은 책, 344쪽.

로티는 일단 보편적인 인간 본성에 근거한 연대의 실효성을 부정하고 있다. '우리 인간 중의 하나'라는 개념을 가지고 타자를 동일한 정치적 실천에 끌어들이는 것은 별로 의미가 없을 것이다. 우리의 정치적 행위는 입장을 달리하는 타자를 전제한다. 그런데 우리가 좋지 않은 유의 인간을 지칭하는 '그들' 예컨대 나치나 인종주의자, 전체주의자들에게 당신들도 인간이므로 마땅히 잔인한 짓을 멈추어야 한다고 주장한다면 아마도 그들은 같은 이유로 우리들 또한 자신들의 행위에 동참해야 한다고 주장할 것이다. 세르비아 민병대가 무슬림을 상대로 인종청소를 하면서 생각했던 것은 '무슬림은 인간이 아니다.'라는 것이다. 이런 사례에서 사용된 보편적인 인간성의 기준은 '그들'에 대해 적대적인 행위를 하기 위해 '우리'를 결집시키는 레토릭이라고 할 수 있다. 이것은 곧 보편적 인간성에 대한 주장이 문제를 해결하기 위한 방안으로서 적절치 못하다는 것이다. 로티는 "'우리'라는 말이 인종보다는 더 작고 지역적인 것을 의미하는 곳에서, 우리의 연대성의 감각이 가장 강한 것이 된다."[31]고 주장한다.

로티는 이런 관점에서 2차대전 시기의 유태인들이 벨기에보다는 이탈리아나 덴마크에서 더 생존할 가능성이 높았던 이유를 설명한다. 이탈리아나 덴마크에서는 유태인에 대해 같은 지역 출신이라거나 같은 조합원 혹은 같은 처지의 부모라는 식으로 서술되었던 반면, 벨기에에서는 그런 서술의 기회가 상대적으로 더 적었다는 것이다. 로티는 결론적으로 "연대성의 느낌은 필연적으로 어떤 유사성과 비유사성이 우리에게 현저하게 느껴지느냐의 문제이고, 우리에게 그런 식으로 현저하게 느껴지느냐 그렇지 못하느냐 하는 것은 역사적이고 우연적

---

31) 같은 책, 347쪽.

인 마지막 어휘의 기능"이라고 말하면서 이런 주장이 '우리'라는 느낌을 '그들'에게 확장시키려 노력해야 한다는 주장과 양립불가능한 것은 아니라고 언급한다.[32] 그는 '인간의 연대성'이라는 말이 가진 레토릭으로서의 현실적 힘을 경감시키고자 하는 것이 아니라 다만 그 어휘를 그것의 철학적 전제라고 생각되어온 것들로부터 떼어내고자 한다.

이런 로티의 생각에 대해 인류 사회의 민주적인 진보의 문제가 진리와 관련이 있다고 믿는 사람들은 마치 어떤 순결성을 유린당하기라도 한 듯 불쾌감을 나타낸다. 가장 즉각적인 반응을 보인 철학자는 노먼 제라스(Norman Geras, 1943~2013)였다. 그의 반응은 한마디로 "만일 진리가 없으면, 부정의도 없다."[33]는 것이었다. 로티가 보편적인 진리가 없다고 주장하는 순간, 그는 현실의 부정의를 비판할 근거를 상실하며, 어떤 실천적인 연대도 이끌어낼 수 없다고 보는 것이다. 이런 제라스의 주장이 그럴듯하게 여겨진다는 것은 그만큼 우리가 알게 모르게 진리와 정의를 연결 짓는 본질주의에 의해 눈먼 각인을 마음속에 새기게 되었다는 것을 말해준다. 제라스는 특정 지역의 유럽인들이 유태인을 도울 때 인류애를 느낀 것이 아니라, 단지 주변의 칭찬이나 동정심 때문이었다고 말하는 것은 그들을 모욕하는 언사라고 주장한다.[34] 제라스는 로티가 말하는 자유주의 유토피아는 그의 끊임없는 부정에도 보편주의적 토대 없이는 가능하지 않으며, 로티 자신이 무의식적으로 인간 본성의 개념에 의존하고 있다고 주장한다. 제라스는 다음과 같이 말한다.

---

32) 같은 책, 348쪽.
33) Norman Geras, *Solidarity in the Conversation of Humankind*(Verso, 1995), p. 107.
34) Ibid., p. 15.

"사실 여기에는 공동체주의적인 것과는 다른 정체성의 양식이 있다. 로티 자신은 그것이 무엇인지 알고 있다. (……) 그것들은 고통, 모욕, 사랑하는 사람을 소중히 여기고 그들을 위해 비통해하는 것, 그리고 시나 그밖의 다른 것들이다. 그런 유사성들에 호소하면서 로티는 바로 공통적인 인간성이라는 개념에 호소하고 있는 셈이다."[35]

제라스의 의문은 인간 본성이라는 것을 꼭 비역사적이며 형이상학적인 어떤 것으로 볼 필요가 있느냐는 것이다. 그는 인간 본성을 인간에게서 공통적으로 찾아볼 수 있는, 역사적으로 형성되어온 어떤 것으로 여길 수 있다면, 로티의 입장에서도 그것을 굳이 부정할 필요는 없다고 여기는 것 같다. 그러나 이에 대해 로티는 다음과 같이 대답한다.

"'비인간적'이라는 용어는 '비합리적'이라는 용어와 마찬가지로 우리 종이나 우리 능력에 관한 대부분의 것 이상의 것을 철학자들이 알고 있음을 제시하는 식으로 사용되어왔다. 나는 그렇게 알려질 만한 것이 있다고 생각하지 않는다."[36]

제라스가 말하는 '공통적인 인간성'이란 '우리가 합리적인 인간인한 누구나 인정할 수 있는 어떤 것'을 의미하는 것이라고 생각해볼 수 있다. 로티는 여기서 전제되고 있는 인간의 근원적인 능력으로서의

---

35) Norman Geras, "Progress without Foundations?", *Richard Rorty, Critical Dialogues*, ed. by Matthew Festenstein and Simon Thompson(Polity, 2001), pp. 168-169.

36) Richard Rorty, "Response to Norman Geras", *Richard Rorty, Critical Dialogues*, ed. by Matthew Festenstein and Simon Thompson(Polity, 2001), p. 175.

합리성이라는 개념 자체가 분명하지 않다고 보는 것이다. 그 내용은 정치적인 입장에 따라서 달라질 수 있을 것이다. 보편적인 진리나 인간 본성 등과 같은 개념은 자신의 정치적 관점이 옳다고 설득하기 위한 레토릭이지 어떤 존재론적 근거를 가지고 있는 것이 아니다.

제라스의 관점에서는 로티가 인간이라면 누구나 고통에 대한 감수성이 있을 것이고, 잔인성이 감소되어야 한다고 생각할 것이기 때문에 자유주의적 실천에 나서야 한다고 주장하는 것으로 보일 것이다. 그러나 로티의 주장은 '인간이라면 누구나 이러저러할 것이다.'라는 가정에서 출발하는 것이 아니라, 오늘날과 같은 상황에서 그러한 생각을 하고 있는 자유민주주의자 혹은 사회민주주의자들의 연대를 촉구하는 것이다. 로티는 인류의 보편적 실천 과제를 제시하고 있다기보다는 자신과 정치적 입장을 같이 하고 있는 '자유주의자'들의 연대를 제안하고 있는 것으로 보아야 한다.[37]

로티는 서구의 사상가들이 아무리 인간의 공통적인 본성에 대해서 이야기하고 보편적인 인권에 대해서 주장한들 그것 또한 하나의 서구적 담론으로 간주될 수밖에 없다는 것을 지적하고 있는 셈이다. 로티는 자신의 프래그머티즘이 발을 딛고 있는 땅이 어디인지를 잘 알고 있는 것 같다. 로티는 저주받은 단어인 '자문화중심주의'를 자신의 한

---

37) 로티는 자신의 『우연성 아이러니 연대성』의 마지막 부분에서 다음과 같이 말하고 있다. "〈우리〉는 〈우리〉가 있는 장소에서 출발해야 한다. 이것은 우리가 동일시하는 공동체의 '우리-의식' 이외에 어떤 의무도 없다는 셀라즈의 주장이 갖는 힘의 일부이다. '인간성'이나 '모든 이성적 존재'라는 것이 그런 그룹 중 가장 큰 것이라고 주장하는 것이 이런 자문화중심주의의 저주를 벗겨주는 것은 아니다. 나는 그 누구도 〈그런〉 정체성을 이룰 〈수 없다〉고 주장해왔다. 오히려 자문화중심주의의 저주를 벗겨내는 것은 자기 자신을 확장시키고 더 크고 다양한 〈에트노스〉를 창조하는 데 헌신하는 '우리'('우리 자유주의자')의 자문화중심주의이다."(리처드 로티, 앞의 책(1996), 358쪽.)

계를 적극적으로 받아들이고 인정하고 있다는 점을 보여주기 위해 적극적으로 활용한다. 그가 말하는 자유주의 아이러니스트들은 고통과 잔인성에 관한 자신들의 마지막 어휘를 공유하는 사람들의 실천적 연대를 촉구할 수밖에 없다. 자유주의자들의 자문화중심주의를 받아들이되 그것의 외연을 최대한 확장시키자고 하는 것이 그들의 연대 방식이라고 할 수 있을 것이다.

3

미완의 프로젝트로서의 민주주의

1) 애국심과 국가

로티의 정치철학적 입장이 진보냐 보수냐, 좌파냐 우파냐, 혹은 자유주의냐 공동체주의냐 하는 물음을 던지는 것은 매우 비생산적이다. 그런 구분 자체가 현실적인 맥락에 따라서 가변적일 수 있으며, 그의 사상을 이해하는 데 있어서 별로 도움이 되는 구분법도 아니기 때문이다. 그는 인류가 더 나은 사회를 만들기 위해 노력해야 한다고 믿는다는 점에서, 또 경제적인 평등의 문제가 그런 사회를 만드는 데 있어서 가장 중요한 요소라고 생각하는 점에서 진보주의자라고 할 수 있다. 그러나 현실의 구조적 모순을 이론적으로 탐구함으로써 혁명을 위한 '과학적' 실천이 가능하다고 생각하지 않는 점에서 마르크스주의적인 진보주의자들은 그를 진보주의자로 보려고 하지 않을 것이다. 그는 현실적으로 노동운동이 활성화되고 경제적 양극화가 해소되어야 한다고 믿는 점에서 좌파라고 할 수 있지만, 그런 실천적 주장에 대한 어떤 이론적 근거를 댈 수 없다고 보는 점에서 데카당트하다고 평가받는다. 그는 듀이를 좇아서 민주주의에서 가장 중요한 것 가운데 하나가 개성이 마음껏 발휘될 수 있는 공간을 확보하는 것이라고 믿고 있고, 밀이 말하는 '소극적 자유'가 침해되지 않아야 한다고 생각하는 점에서 자유주의자라고 할 수 있지만, 자유주의적인 실천이 그가 몸담고 있는 공동체에서 출발할 수밖에 없다고 말함으로써 양자의 경계를 흐리게 만든다.

로티의 정치철학적 관점을 이해하기 위해서는 그의 사상적 스펙트럼이 어디에 위치하는가를 묻기보다는 구체적으로 어떤 실천적 제안을 하고 있는가를 물어야 할 것이다. 그는 일상적으로도 정치 에세이와 학술적인 에세이를 구분하곤 했다. 그의 정치적 관점을 비교적 포괄적으로 묶어 놓은 것이 그의 『미국 만들기』[38]라는 정치 에세이집이다. 이 책은 듀이와 휘트먼의 세속주의적 관점을 통해서 20세기 미국의 좌파사상을 개관하고 민주주의 프로젝트를 달성하기 위해서 미국의 좌파들은 무엇을 해야 하는가에 대한 견해를 제시한 책이다. 이 책은 그동안 좌파가 금기시하거나 반동적이라고 생각했던 애국심의 문제에 대한 도발적인 제안으로 시작한다.

"국가적인 자부심과 국가의 관계는 개인적인 자부심과 개인의 관계와 흡사하다. 말하자면 그것은 자기 개선의 필수 조건이다. 지나친 국가적 자부심이 호전성과 제국주의로 진행될 수 있는 것과 마찬가지로 지나친 개인적 자부심은 오만으로 나아갈 수 있다. 이와 마찬가지로 자부심이 지나치게 결여된 개인이 도덕적인 용기를 발휘하기 힘들 듯이 국가적인 자부

---

38) 리처드 로티, 앞의 책(2003).

심이 충분치 못한 나라가 국가 정책에 관해 열정적이고 효과적으로 대처할 수 있을 것 같지는 않다."[39]

베트남전쟁 이래 미국의 제국주의적 정책을 비판하고 반대해왔던 미국 대학의 좌파들에게 미국에 대한 애국심은 곧 미 제국주의에 대한 옹호와 같은 것이었다는 점을 상기하면 이런 제안은 매우 파격적이다. 그러나 로티의 이러한 입장은 미국이 그동안 저질러온 수많은 과오를 정당화하거나 제국주의 정책을 옹호하는 것과는 거리가 멀다. 로티가 생각하는 것은, 듀이와 휘트먼이 꿈꾸었으나 아직 실현되지 않은 민주주의적인 미국을 건설하는 것이다. 마르크스가 '만국의 노동자여 단결하라.'는 구호를 외친 이래 국가란 마르크스주의적 좌파들에게는 반민주적인 착취 기관 이상도 이하도 아니었다. 국가를 통해서 사회정의를 실현한다는 것은 형용모순이나 마찬가지였다. 더욱이 제국주의적인 전쟁과 착취를 일삼는 미국은 좌파들에게는 마땅히 없어져야할 국가였다. 로티는 이러한 좌파적인 시각에 문제를 제기하고 있는 셈이다. 이러한 문제 제기에는 점진적인 개혁을 통해서 민주주의 프로젝트를 실현해 나갈 수밖에 없으며, 모든 문제를 한 순간의 혁명과 같은 방식으로 해결할 수는 없다는 인식이 전제되어 있다고 볼 수 있다. 로티가 국가적 자부심을 가져야 한다고 주장하는 것은 국가를 통해 그의 자유주의적 유토피아가 실현될 수 있다고 생각해서가 아니다. 그것은 오늘날과 같은 상황에서 국가의 역할을 부정하는 것이 오히려 관념적이며 비현실적이라는 판단에서 비롯된다.

로티가 애국심의 문제를 들고나오는 것은 오늘날 미국의 강단을

---

39) 같은 책, 11쪽.

점령하고 있는 문화적 좌파의 냉소주의와 이론적 순수성을 비판하기 위한 것으로 볼 수 있다. 미국을 악의 축으로 규정하고 미국의 몰락을 위해 행동에 나서는 것이 과연 미국 및 제3세계의 노동자들을 위해서 바람직한 것이라고 할 수 있을까? 로티는 그렇지 않다고 생각한다. 그는 미국의 윤리적인 정체성이 여전히 성취되어야 할 과제라고 보고 있으며, 듀이와 휘트먼이 포기하지 않았던 희망을 이어가야 한다고 주장한다.

여기서 주목해야 할 것은 그가 좌파에게서 가장 중요한 요소로 생각하는 것이 바로 새로운 윤리적 정체성을 만들어낼 수 있다는 '희망'이라고 생각한다는 점이다. 로티가 '희망'에 대해서 말할 때 그 대립 쌍은 '지식'이다. 로티는 좌파의 민주주의 프로젝트가 지식을 통해서 달성될 수 있다고 생각하지 않는다. 역사의 발전 법칙을 발견하고 실천의 방향을 정해줄 만한 '신적인' 철학자나 지식인은 없을 것이기 때문이다.[40]

로티는 오늘날 미국에서 좌파가 실질적인 영향력을 행사하지 못하고, 미국이 윤리적 정당성을 되찾지 못하는 이유를 미국의 대학을 점령하고 있는 문화적 좌파의 지적인 강박증에서 찾고 있다. 로티가 재서술하고 있는 20세기 미국 좌파의 현 상황은 경제적인 불평등의 문제를 좌파의 우선적인 어젠다로 설정했던 개혁주의 좌파가 몰락하고

---

[40] "하지만 듀이나 휘트먼 중 누구도 모든 것이 미국에 필연적으로 잘 풀려나갈 것으로, 말하자면 자기 창조라는 미국의 실험이 필연적으로 성공하리라는 견해를 표명하지 않았다. 시간화의 대가는 우연성이다. 신의 섭리와 내재적 목적론이라는 어떤 생각도 거부했기 때문에 듀이와 휘트먼은 인류의 선봉이 길을 잃어버릴 수도 있고, 인류를 절벽으로 이끌고 나갈 수도 있다는 가능성을 인정하여야 했다. (……) 마르크스와 스펜서가 앞으로 무슨 일이 일어나야 하는지를 알고 있다고 주장했던 반면, 휘트먼과 듀이는 순수하고 즐거운 희망에 자리를 남겨주기 위해 그와 같은 지식을 부정했다."(같은 책, 33쪽.)

문화적 좌파가 대세가 됨으로서 정치적 실천 과제의 우선순위가 뒤바뀌어 있는 상태이다. 문화적 좌파는 경제적인 양극화의 문제보다 소수자의 문제에 초점을 맞춤으로써 소모적이며 관념적인 담론들을 재생산해내는 데 열중하고 있다. 이런 행태는 정작 미국의 약자들을 위한 정치적 헤게모니를 잡겠다는 것이 아니라 미국 대학 내에서 특정학과들의 헤게모니를 잡기 위한 것으로 보인다. 로티에 의하면 문화적 좌파는 "정치에 대한 철학의 중요성을 과장하면서, 현재 일어나고 있는 사건의 중요성을 정교하게 이론적으로 분석하는 데 에너지를 낭비"[41]하고 있다. 오늘날의 미국 좌파에 대한 로티의 제안은 다음과 같이 요약된다.

> "첫째, 좌파는 이론에 대한 모라토리엄을 선언하고, 철학화하는 습관을 내던져야 한다. 둘째, 좌파는 미국인으로서 느끼는 자부심의 잔해를 가동시키려고 노력해야 한다. 대중들에게 링컨과 휘트먼의 나라가 어떻게 성취될 수 있는지 곰곰이 생각해보라고 요구해야 한다."[42]

이러한 로티의 제안은 좌파가 국가 정치에 적극적으로 관여해야 하며, 국가적 정체성을 새롭게 하는 데 실천적으로 나서야 한다고 주장하는 것이다. 로티는 문화적 좌파가 국민 국가의 무용성을 말하면서 국가를 대체할 수 있는 것을 고안해야 한다고 말하는 것이 오늘날 세계화에 의해 극도로 궁핍해진 사람들에게는 아무런 위안도 되지 않는다고 지적한다. 로티는 강단 좌파가 강단 이외의 사람들, 예컨대 노동조합 등과 동맹 관계를 맺음으로써 미국의 법을 개정하는 데 나서야

---

41) 같은 책, 49쪽.
42) 같은 책, 111쪽.

하며, 그런 노력을 통해서 현실 세계의 사람들에게 가해지는 불필요한 고통을 조금이라도 줄이도록 해야 한다고 주장한다.[43]

이러한 로티의 제안에는 점진적인 개혁주의적 태도가 전제되어 있다고 볼 수 있다. 로티는 "우리는 추상적으로 서술된 최선책이 차선책의 적이 되게 해서는 안 된다. 우리는 총체적으로 변화된 시스템에 관한 사변, 인간의 삶과 인간사에 대한 총체적으로 다른 사유의 방식이 우리가 오늘날 가지고 있는 시스템의 점진적 개혁을 대체하게 해서는 안 된다."[44]라고 말한다. 그런 점에서 로티에게 있어서 애국심을 갖는 것은 좌파의 민주주의적 실천을 위해서 현실적으로 필요한 것이며, 그것을 우파의 전유물로 놓아두어서는 안 된다. 점진적인 개혁의 끝이 어떻게 될지는 말할 수 없을 것이다. 그러나 전면적으로 새로운 대안을 고대하면서 손을 놓고 있기보다는 현실의 구체적인 악을 제거하기 위해 실천에 나서야 한다는 것이 로티의 실천적 제안이라고 할 수 있다.

2) 좌파와 자유주의의 경계

오늘날 좌파에 관해서 말할 때 마르크스주의(Marxism)를 언급하지 않고서는 불가능하다. 마르크스주의는 자본주의가 전복되어야 한다고 믿는 자들만이 좌파로 간주될 수 있다고 보았기 때문에 그 부분에

---

43) 같은 책, 119쪽 참조.
44) Richard Rorty, 앞의 책(1998), 105쪽. 이 구절은 국내 번역본에서 "우리는 추상적으로 묘사된 최선의 것보다 나은 것이 적군이 되도록 허용해서는 안 될 터이다. 우리는 완전히 변화된 체계와 사람들의 삶과 상황에 대해 지금과 너무나 동떨어진 방식으로 사색하도록 해서는 안 되고, 현재 우리가 가지고 있는 체제를 점진적으로 대신해 나가야 한다."라고 오역되어 있어서 직접 옮겼다.

서 의견을 달리하는 한 아무리 급진적인 자유주의자라고 하더라도 자기 기만적인 부르주아 개혁론자에 머물고 만다. 로티는 좌파와 자유주의자 사이에 그어진 이러한 마르크스주의적 선긋기를 지워버리고 싶어 한다. 로티가 자신의 입장을 '포스트모더니스트 부르주아 자유주의'라고 부른 것도 그런 선긋기가 마르크스주의의 교언영색에 불과하다는 것을 드러내기 위한 농담이었다고 볼 수 있을 것이다.

그런 선긋기는 좌파 진영의 사람들로 하여금 마르크스주의적 교조주의에 시간을 낭비하도록 했을 뿐 민주주의를 진전시키는 데 도움이 되지 않았다. 로티는 좌파 진영의 사람들이 생산 수단의 국유화야말로 사회주의를 이룩하는 유일한 방법이라는 생각을 받아들이는 대신 "듀이가 장려했던 실용적이고 실험적인 정신으로 프롤레타리아 계급의 비참한 궁핍을 방지하자는 제의에 대해 나라마다 맞는 평가를 했어야 했다."[45]고 주장한다. 또한 로티는 미국인들이 "부의 재분배가 필요하다는 점을 보여주기 위해, 혹은 나라가 부자와 강자를 위한 집행위원회와 거의 다를 바가 없다는 점을 말해주기 위해 마르크스를 필요로 하지 않는다."[46]고 말한다. 이러한 로티의 언급들은 자본주의 사회를 비판하는 마르크스주의를 부정하는 것이라기보다는 지나치게 교조화되어 일종의 종교처럼 되어 버린 마르크스주의를 비판하는 것으로 보아야 한다.

로티가 점진주의적인 태도를 취한다고 해서 오늘날과 같은 자본주의 국가를 옹호한다고 볼 수는 없다. 로티는 세계화와 더불어 나타나는 온갖 자본주의의 폐해에 대해 지적하고 있으며, 경제적 양극화의 문제를 해결하지 못하는 한 미국은 새로운 윤리적 정체성을 확립하기

---

45) 같은 책, 57쪽.
46) 같은 책, 64쪽.

는커녕 폭동에 의해 붕괴될 것이라고 경고하고 있다. 로티는 미국이 경제적 양극화에 의해 붕괴되고 긴 시간을 거쳐 간신히 재건된 상황을 상상하며 다음과 같이 말하고 있다.

　　"암흑기(2014~2044)를 통해 무너진 민주주의 제도를 지난 오십 년 간 어렵고 고통스럽게 복구한 결과, 도덕적 질서와 경제적 질서의 관계에 대한 우리의 느낌뿐만 아니라 우리의 정치적 어휘도 바뀌었다. 20세기 미국인들이 남북전쟁 이전에 살았던 조상들이 어떻게 노예제를 감내했는지 상상하기 힘들었던 것과 마찬가지로, 21세기 말에 있는 우리는 우리 조상들이 가장 낮은 임금을 받는 노동자의 20배를 받는 CEO를 허용할 수 있었는지 상상하기 어렵다."[47]

이러한 로티의 상상은 오늘날 우리의 긴급한 실천적 과제가 문화적 좌파들이 어렵게 이야기하고 있는 소수자의 문제라기보다는 경제적 세습 계급의 출현을 막는 것이라는 사실을 강조하기 위한 것이다. 경제적 문제를 정치적 실천의 최우선 과제로 삼고 있다는 점에서 로티는 마르크스주의적인 생각을 하고 있다고 볼 수도 있을 것이다. 그런데 로티는 '사유 재산의 국유화'라는 마르크스적 대안이 현실에서 이미 실패했으며, 마르크스는 새로운 사회의 제도에 대해 그 이상 언급한 것이 없기 때문에 그의 이론이 현실적인 생명력을 다했다고 평가한다. 이런 관점에서 로티는 데리다(Jacques Derrida, 1930~2004)가 마르크스를 '정의'와 동의어로 간주하고 마르크스를 읽고 또 읽어야 한다고 주장하는 것에 대해 냉소적인 태도를 보이고 있다. 로티는 "데

---

47) Richard Rorty, "Looking Backwards from the Year 2096", *Philosophy and Social Hope*(Penguin Books, 1999), pp. 243-244.

리다는 정치·경제적 문제의 정식화를 더 유용하게 만드는 부정의에 대한 마르크스의 의미가 무엇인지, 그 유용성이 무엇으로 되어 있는지 자세히 설명하고 있지 않다."[48]고 지적하면서, 부자가 빈자를 강탈하지 못하게 해야 한다는 진부한 도덕적 명령 이상의 것을 마르크스로부터 이끌어내기 힘들다고 지적한다.

"이론에 의해 제공된 문맥은 변화를 야기하기 위한 도구이다. 새로운 문맥을 제공하는 이론은 대상에 대한 적합성을 통해서(로고스중심주의자들이 믿듯이)가 아니라 변화를 야기시키는 그것의 효율성에 의해서 평가되어야 한다. 더 간편하고 쉬운 도구가 발견되면, 어떤 도구든 교체될 수 있다. 현대의 문제를 다루는 데 있어서 '마르크스주의 전통에서 오는 문제'를 사용하려는 시도의 서투름이 마르크스를 읽고 또 읽어야 한다는 데리다의 주장을 의심하는 가장 설득력 있는 이유이다."[49]

로티는 현실을 변화시키는 도구로서의 이론이 마르크스와 같은 어떤 특정한 인물을 통해서만 만들어질 수 있다는 생각에 반대하고 있는 것이다. 유용한 도구는 엔지니어들에 의해 제안될 수도 있고, 극작가나 만화가의 상상력으로도 만들어질 수 있다. 물론 새로운 사회의 정체성을 상상하는 일은 철학자나 이론가들에 의해 주로 수행되고 있지만, 현실을 변화시킬 도구의 권위가 '진리'를 둘러싼 낡은 담론을 생산해내고 있는 철학자나 이론가들로부터만 온다고 생각할 필요가 없다는 것이다.

---

48) Richard Rorty, "A Spectre is Haunting the Intellectuals: Derrida on Marx", *Philosophy and Social Hope*(Penguin Books, 1999), p. 215.
49) Ibid., p. 221.

로티의 이러한 발상은 일종의 정치적 낭만주의라고 이름 붙일 수도 있을 것이다. 로티는 오늘날 국가의 역할에 대해 회의하면서 국가에 대해 분노와 경멸을 보내는 포스트마르크스주의자들을 원한(怨恨)학파라고 지칭하면서 제3세계에서 대안을 찾고 있는 카스토리아디스(Cornelius Castoriadis, 1922~)와 웅거(Robert Mangabeira Unger, 1947~)를 대안적인 이론가로 높이 평가하고 있다.[50]

로티가 보기에 이들을 칭찬할 만한 이유는 우리에게 용기와 희망이 없다고 꾸짖는 대신 스스로 구체적인 실험적 대안들을 상상하고 미래 사회에 대한 스케치를 그려내놓는 작업을 하고 있기 때문이다. 로티는 이들의 작업을 개관하면서 "사회적 희망이 존재한다면, 그것은 상상 속에 있을 것"[51]이라고 주장한다. 로티가 여기서 말하는 상상은 실현 불가능하거나 관념적인 어떤 것을 지칭하는 것이 아니라 새로운 미래를 만들어 나갈 수 있는 가능성이다. 그는 "과거에는 사용하지 않았던 용어를 통해 미래를 서술하는 사람들 속에"[52] 사회적 희망이 존재한다고 주장한다. 포스트마르크스주의자들과 달리 웅거와 카스토리아디스는 그런 작업을 수행하고 있는 정치적 낭만주의자들이라고 할 수 있다.

---

50) "카스토리아디스와 웅거는 오늘날 살아 있는 사람들에게 이미 어떤 것을 의미하고 있는 개념들을 해체하기보다는 기꺼이 그것을 가지고 작업을 하고자 한다. 그렇지만 그들은 '그들이 거주하는 역사 세계에 마지막 단어를 제공하지는' 않는다. 이것이 양자가 원한학파와 구별되는 또 다른 점이다. 원한학파는 우리가 가지고 있는 것을 건설하는 데 관심이 있는 것이 아니라 '이데올로기적인' 현상의 배후에 '억압된' 실재를 관통하는 데 관심이 있다."(Richard Rorty, "Unger, Castoriadis, and the romance of a national future," *Essays on Heidegger and Others*(Cambridge University Press, 1991). p. 185.)

51) Ibid., p. 186.

52) Ibid.

3) 문화정치로서의 철학

로티의 정치철학은 듀이의 세속주의를 계승하는 정치적 낭만주의로 귀착된다. 인간이 사회적으로 수행하고 있는 행위로부터 동떨어진 어떤 것에 호소하는 것이 실천적으로 이루어야 할 목표를 달성하는 데 도움이 되지 않는다는 그의 입장은 사회적인 것이 모든 것에 선행한다는 테제로 그를 이끌어간다. 그에게 있어서 모든 담론은 '문화정치(cultural politics)'로 간주되어야 한다. 로티는 이런 문화정치의 핵심 내용을 제임스(William James, 1842~1910)와 브랜덤(Robert Brandom, 1950~)의 공통 요소로부터 이끌어내고 있다. 로티에 의하면 제임스의 가장 핵심적인 테제는 "진리와 실재는 사회적 실천을 위한 것이지 그 반대를 위한 것이 아니라는 것"[53]이다. 추론주의를 토대로 분석적 프래그머티즘을 전개하고 있는 로버트 브랜덤은 사회적인 것의 권위를 초월하는 어떤 권위도 인정하지 않는다는 점에서 제임스의 정신을 계승한다. 브랜덤의 추론주의는 개념의 의미가 사회적 실천에 의해서 추론적으로 분절된다는 관점으로서 전통적으로 비인간적인 것에 귀속되어 있다고 여겨온 모든 개념의 의미, 즉 신, 실재, 진리 등의 의미를 사회적 실천의 맥락 속에서 설명해낼 수 있다고 주장한다. 그에게 있어서 신학이나 철학이 고유하게 요구해왔던 신비스러운 존재는 더 이상 필요 없다. 브랜덤의 이런 태도를 로티는 다음과 같이 정리한다.

"어떤 사람이 종교적인 신앙인이라는 이유에서 사회적인 것의 우선성을

---

53) Richard Rorty, 앞의 책(2007) 7쪽.

받아들이지 않고, 신이 다른 모든 것에 대해서뿐 아니라 인간 사회에 대해서도 우월한 권위를 가지고 있다고 믿는다고 가정해보자. 브랜덤의 관점에서 이것은 인간 사회가 '실재', '경험', '진리'의 권위에 종속된다고 믿는 것과 같다. 사회의 권위보다 우월한 권위에 이름을 붙이려는 모든 시도는 문화정치의 게임 속에서 이루어지는 속임수이다."[54]

진리나 정의에 관한 철학적 담론이 만약 초역사적인 어떤 권위에 호소할 경우 로티는 그것을 문화정치의 게임 속에서 이루어지는 속임수로 보겠다는 것이다. 모든 역사와 문화를 관통하는 어떤 보편적인 진리 혹은 인간 본성에 대한 탐구의 미련은 그리 간단히 떨쳐버리기 어려운 것이기 때문에 로티의 이런 주장은 매우 극단적인 것으로 여겨질 수밖에 없다. '문화의 혼성화'를 둘러싸고 이루어졌던 김우창 교수와 로티의 대담은 그의 '문화정치'에 대한 관점을 간략하게 보여준다. 김우창 교수는 세계화가 진척되면서 이루어지는 다양한 문화적 소통과 충돌의 상황에서 자기 수련과 반성의 중요성을 지적하면서, 로티에게 보편적인 진리에 관한 물음을 완전히 제쳐둔 채 지역적인 역사와 문화만을 말하는 것은 올바른 태도가 아니지 않은가 하는 질문을 던진다. 김 교수의 몇 가지 질문은 다음과 같다.

"전 지구적인 것과 지역적인 것을 하나로 합칠 수 있다는 생각들이 이야기된 일이 있습니다. 두 개의 결합이 비현실적이라고 하더라도, 그러한 생각을 살려두도록 노력하는 것이 문화의 영역에서 일하는 사람들의 의무가 아닐까요? (……) 자기 수련의 인간이 보다 완전한 삶을 추구하려면 자

---

54) Ibid., p. 8.

기 공동체의 테두리를 벗어나고 자신의 문화의 우리를 벗어나 다른 문화를 경험하여야 합니다. (……) 존재의 진리 그 드러남의 기이한 과정과 맞닥뜨리면, 그와 동시에 우리는 모든 것의 근본 바탕으로 열리고, 모든 진리의 가능성, 모든 문화의 가능성에 열리게 되고, 경계를 넘어 다른 진리, 다른 문화에 열리게 되는 준비가 되는 것이 아닐까요?"[55]

김 교수는 보편성에 대한 논의를 처음부터 포기하는 것은 바람직하지 않으며, 더 큰 공동체를 위한 어떤 보편적 기반을 마련하기 위해서도 그와 같은 철학자들의 성찰적인 노력이 필요하다고 주장한다. 이에 대한 로티의 대답은, 철학은 "보편성을 목표로 하는 일반 기구를 제안함으로써 정치적 도움을 줄 수" 없으며 파괴적인 역할을 통해 즉, "관습의 외피를 깨고 사회, 정치적 실험을 할 수 있도록 길을 열어줄 때"[56] 도움이 된다는 것이다. 로티는 철학자들이 성찰과 자기 수련을 통해 얻은 보편성을 통해서 문명충돌을 해결할 기구가 만들어질 수 있다는 생각에 동의하지 않는다. 비록 시행착오를 거쳐 충돌하는 문명들이 잠정적인 협정을 거쳐 어떤 공통의 원칙에 대한 언명을 제시하는 일이 일어난다 하더라도 이런 과정은 철학과는 무관하며 실제로 진행되는 문화적 혼성화의 결과일 것이라고 보는 것이다. 로티는 김 교수가 말하는 개별성에서 보편성으로 나아가는 '자기비판적 반성'의 과정이 정치·사회적 변화의 과정에 적용될 수는 없으며, 거기에는 강자에 대한 약자의 투쟁에 대한 함의는 포함되어 있지 않다고 비판

---

55) 김우창, 「자아의 기술, 전통의 의미, 되돌아오는 진리」, 《지식의 지평》 제5호, 한국 학술협의회 편(아카넷, 2008), 242~244쪽.

56) 리처드 로티, 「문화정치로서의 철학」, 《지식의 지평》 제5호, 한국학술협의회 편(아카넷, 2008), 247쪽.

적으로 언급하고 있다.[57] 로티는 보편성에 대한 논의 자체를 중단해야 한다고 반복해서 말한다.

> "편지를 통해 계속해서 이야기한 대로 나의 대답은 무엇이 보편적이고 무엇이 보편적이지 않은지에 대한 물음을 부적절한 것으로 간주하고, 그런 물음을 중단해야 한다는 것이다. 우리는 특정한 가치들이 보편적이라는 주장을 떨쳐버리고, 어떤 제도를 만들 것인지에 대한 실천적인 결정을 내려야 하는 거친 땅으로 되돌아가야 한다."[58]

이런 주장은 어떤 철학자나 지성인들의 보편성에 대한 담론도 실천적인 목표와 관련될 때에는 단지 수많은 문화정치적 담론 가운데 하나일 수밖에 없다는 생각을 전제하고 있다. 사람들이 공존의 방법을 터득한 후 제안하는 '공통의 원칙'이나, 자기 수련의 정도가 높은 철학자의 '보편적 진리'는 '사람들의 눈을 끌기 위한 장식'에 불과하다는 것이다. 그 모든 주장이나 제안은 사실은 구체적 현실 속에서 동의를 구하고 있는 문화정치적 담론이라고 할 수 있다.

로티는 자신의 정치철학 역시 그와 같은 문화정치의 일종으로 보아야 한다는 것에 대해 부정하지 않는다. 그가 마르크스의 이론이 현실적인 대안을 내놓고 있지 못하다는 점에서 실효성을 상실했다고 비판하는 대목은 아마도 그의 문화정치적 담론에 대해서도 되돌려줄 수 있을 것이다. 그러나 로티의 정치철학적 작업은 일종의 메타철학적 에세이로서 철학자들로 하여금 관습적인 사유의 틀을 깨뜨리도록 촉구하기 위한 것이라고 한다면 그런 비판으로부터 어느 정도 변명이

---

57) 같은 책, 248쪽.
58) 같은 책, 254쪽.

가능할 것이다. 오히려 어떤 보편성이나 필연성도 거부한 채 인간 공동체의 우연성을 직시하면서 미래에 대한 낙관적인 희망을 버리지 않고 있다는 것이 그의 낭만적인 정치철학이 가지고 있는 특징이라고 평가할 수 있을 것이다.

4

로티의 네오프래그머티즘을 둘러싼
정치철학적 논쟁

1) 로티와 하버마스

하버마스(Jürgen Habermas, 1929~)는 아마도 로티에 대한 가장 진지하면서도 우호적인 비판자라고 할 수 있을 것이다. 헤겔과 마르크스의 전통에서 근대성을 계승하고 있다고 주장하는 하버마스는 민주주의를 위해 철학이 고유하게 할 일이 있다고 믿고 있다. 의사소통적 합리성에 대한 그의 주장은 어떤 의미에서는 로티가 전세계적으로 확산되어야 한다고 믿는 자유민주주의 시스템에 대한 철학적 정당화라고 할 수 있다. 로티는 자유민주주의의 우월성을 강조하고 대화와 연대를 주장하는 하버마스의 철학이 다른 문화권에서도 각광받기를 희망한다. 그러나 그렇다고 해서 로티가 하버마스의 철학적 정초 작업에 동의하는 것은 아니다. 로티가 보기에는 하버마스의 민주주의론 역시 서구의 지성사를 배경으로 등장한 하나의 재서술일 뿐이다.

하버마스가 로티에게 동의하지 못하는 지점은 바로 그와 같은 평가와 관련이 있다. 하버마스는 우연적인 역사적 맥락을 모두 포괄하는 보편적인 합리성의 준거를 마련할 수 있다고 믿는다. 자신의 철학적 작업은 단지 하나의 관점에 머무는 것이 아니라 어떤 보편성을 건드리고 있다고 생각하는 것이다. 하버마스는 가다머(Hans-Georg Gadamer, 1900~2002)의 해석학을 신역사주의라고 비판한 적이 있다. 하버마스에 의하면 역사주의의 특징은 "스토리의 복권, 즉 설명에 대한 이론적 주장에 반대되는 것으로서의 사건에 대한 내러티브적 표현"[59]인데, 이러한 반이론적인 태도는 해석자의 전통에 대해 반성적 거리를 취하게 하는 데 실패하고 따라서 보수적으로 흐를 위험이 있다는 것이다. 다른 곳에서 하버마스는 가다머에게 향했던 비판의 칼날을 로티에게 돌리고 있다. 로티의 프래그머티즘에 대하여 "오늘날의 역사주의 가운데 가장 복잡한 버전"[60]이라고 평가하는 하버마스는 로티의 맥락주의가 다음과 같은 문제점을 갖는다고 지적한다.

"'무엇이 정당한가.'하는 것과 '나(혹은 우리)에게 적당한 것은 무엇인가.'를 어렵게 구별할 수 있는 수많은 사례들이 있기 때문에, 하나를 다른 하나에 어떻게 융합할 수 있다는 것인지 알 수 없으며, 로티가 올바르게 제안하고 있는 바로 그 규준, 즉 '인간의 고통을 감소시키고 평등을 증가시키자.'는 규준을 따라야 하는 이유를 알 수 없다. 프래그머티즘의 기준에 의하면 그런 것들은 과도한 요구이다. 우리가 도덕적인 관점에서 무엇이 옳은 것인가를 발견하는 대신 서로의 행복을 증진시킨다는 것에만 호

59) Jügen Habermas, "The Limits of Neo-historicism", interviewed by Jean-Marc Ferry, *Philosophy & Social Criticism, vol. 22 no. 3*(Chestnut Hill, 1996), p. 2.
60) Jügen Habermas, *Debating the State of Philosophy*, J. Niznik and J. T. Sanders, ed., (Praeger, 1996), p. 2.

소할 수 있다면 사람들로 하여금 어떻게 이런 규준을 실행해야 한다고 확신시킬 수가 있겠는가? 도덕적 관점은 우리에게 또 다른 이상화를 수행할 것을, 즉 당신과 내가 포괄적인 인간 공동체의 구성원이라고 상상할 것을, 모든 사람에게 평등하게 좋은 것이 무엇인지에 대한 오류 가능하지만 공평한 판단자의 역할을 갈망할 것을 요구한다."[61]

하버마스의 로티 비판은 로티가 어떤 실천적 제안을 할 때 스스로 그것의 보편성을 포기하고 있으므로 로티를 이해하고자 하는 사람조차 그 제안을 받아들여할 이유를 알 수 없으며, 결국 로티의 제안은 최소한의 설득력을 획득하는 데에도 실패한다는 것이다. 이러한 비판에 대해 로티는 다음과 같이 대답한다.

"하버마스와 나의 주요 차이는 보편적 타당성의 개념에 관한 것이다. 나는 우리가 그 개념 없이 잘 지낼 수 있다고 생각하며 여전히 충분히 풍부한 합리성의 개념을 가질 수 있다고 생각한다."[62]

로티는 '보편적 타당성'과 같은 철학적 개념이 없이도 민주주의를 위한 실천적 대안을 제시하는 데 아무런 불편함을 느끼지 않는다고 대답한다. 그가 '풍부한 합리성의 개념'이라는 표현을 사용하고 있는 데 주목할 필요가 있다. 비록 근대적 주체성이 가진 능력으로서의 이성이라는 개념을 버리고 인간들의 사회적 상호 관계에서 등장하는 의사소통적 합리성의 개념을 자신의 고유한 무기로 사용하고 있기는 하지만, 하버마스에게 있어서 합리성이란 여전히 우리를 동물과 구분시켜주는

61) Ibid., p. 23.
62) Ibid., p. 28.

인간의 본성과 관련된 어떤 것이다. 그리고 하버마스는 현실에 존재하지 않지만 우리 모두를 동등한 구성원으로 간주하는 어떤 이상적인 공동체를 가정할 때 그런 합리성의 요구가 설득력을 갖는다고 본다. 이것은 하버마스가 '철학적 정초'로부터 여전히 자유롭지 못하다는 것을 보여주는 근거이다. 하버마스가 보편적 타당성에 대해 말할 때 그는 의사소통의 과정이 '수렴'의 과정이라고 보고 있다. 로티가 '풍부한' 합리성에 대해 말하는 것은 그런 수렴에 보증된다고 생각되는 '보편적 합리성'이라는 아이디어 자체를 버릴 것을 제안하는 것이다.

로티는 하버마스와 자신의 차이를 다음과 같이 말한다.

"하버마스와 단순히 '문예적인' 철학 개념을 의심하는 형이상학자들은 자유주의의 정치적 자유는 보편적으로 인간적인 것에 관한 모종의 합의를 필요로 한다고 생각한다. 역시 자유주의자인 우리 아이러니스트들은 그러한 자유들은 그것들 자체가 바람직하다는 것보다 더 기본적인 어떠한 토픽에 대한 합의도 필요치 않다고 생각한다. (……) 우리가 정치적 자유를 돌본다면 진리와 선은 그것들 스스로를 돌볼 것이라는 확신이다."[63]

로티가 말하는 '자유로운 토론'이란 하버마스가 상정하듯이 모든 인간을 그 구성원으로 하는 이상화된 대화 상황에서 이루어지는 '이데올로기로부터 자유로운' 토론을 의미하지는 않는다. 로티는 그것이 "단순히 언론, 사법, 선거, 대학 등이 자유로우며, 사회적 유동성이 빈번하고 빠르며, 문자 해독이 보편화되고, 고급 교육이 공통적이며, 평화와 부가 우리로 하여금 많은 상이한 사람들의 말을 듣고 그들이 말

---

63) 리처드 로티, 앞의 책(1996), 163쪽.

한 바를 생각하는 데에 필요한 여가를 가능하게 해줄 때 진행되는 그런 유의 것"[64]이라고 설명한다. 정치적 자유가 확산되어야 한다는 실천적 주장을 위해서 '이상화', '이데올로기' 등과 같은 철학적 개념을 동원할 필요가 없다는 것이다.

로티는 하버마스와 자신의 차이를 정치적인 차이가 아니라 단지 '철학적인' 차이라고 말한다.[65] 로티에게 철학이란 사적인 영역에 속하는 것이므로 실천적인 과제에 비추어 사소한 문제라고 할 수 있다. 아마도 이 차이를 중요하게 보느냐 아니냐가 형이상학적 철학자와 아이러니스트를 나누는 기준이 될 것이다.

2) 로티와 포스트모더니즘: 데카당스를 넘어서

하버마스는 로티의 소위 '역사주의'를 로고스중심주의(logocentrism)를 부정하는 포스트모더니스트의 태도와 동일시하고 있다. 로티는 공적인 실천의 문제를 새로운 어휘를 만들어내는 문제와 동일시하고 있는데 그런 태도는 언어가 가지고 있는 '문제 해결'의 기능을 간과하고 있다는 점에서 데리다와 다르지 않다는 것이다. 하버마스는 다음과 같이 말한다.

"그렇기 때문에 데리다와 로티는, 일상적 의사소통으로부터 분화하여 그때그때마다 하나의 타당성 차원(진리 또는 규범적 정당성)과 하나의 문제군(진리 문제 또는 정의 문제)에만 맞추어져 있는 담론들이 가지고 있는

---

64) 같은 책, 163~164쪽.
65) 같은 책, 137쪽.

고유한 위상과 가치를 인식하지 못한다. 현대 사회에서는 이러한 논증의 형식을 중심으로 과학, 도덕, 법의 영역들이 형성된다. 이에 상응하는 문화적 행위체계들은, 예술과 문학 활동이 세계 해명의 능력들을 관장하는 것과 같은 방식으로, 문제 해결의 능력들을 관장한다. 데리다는 이 중 하나, 즉 '시적인' 언어기능을 과도하게 일반화하였기 때문에, 나머지 두 영역들, 즉 반대의 방향으로 분화된 비일상적 영역들에 대한 정상언어적 일상실천의 복합적 관계를 볼 수 있는 시각을 가지지 못하였다."[66]

하버마스의 이러한 평가에 따르면 로티는 데리다와 마찬가지로 '시적인' 언어를 통해서 공적인 문제를 해결하려고 하고 있으며, 따라서 정치를 미학화하고 있다고 볼 수 있다. 슈스터만은 로티가 정치를 미학화하고 있다는 하버마스의 비판을 받아들이면서 양자 모두 근대로부터 탈근대로 가는 과정을 미학적인 것이 이성을 침식해가는 과정으로 보고 있다고 진단한다.[67] 로티는 그 과정을 긍정적으로 보고 있는 반면, 하버마스는 그것을 불필요한 이성 파괴의 과정이라고 보고 있다는 것이다. 그러나 우리가 지금까지 살펴본 바에 의하면 로티는 공적인 것과 사적인 영역을 구분하는 데에서 자신의 정치철학을 시작하고 있으며, 완성을 추구하는 욕망을 사적인 영역에 한정시키고, 공적인 실천의 문제는 상식적인 대화와 연대의 공간으로 남겨두고 있다. 더욱이 로티는 포스트모더니즘을 받아들인 미국 대학 강단의 문화적 좌파가 실천적 대안을 내놓지 못하고 있다고 보고 이론적인 모라토리

---

66) 위르겐 하버마스, 『현대성의 철학적 담론』, 이진우 옮김(문예출판사, 2002), 249쪽.
67) Richard Schusterman, "Reason and Aesthetics between Modernity and Postmodernity: Habermas and Rorty", *Richard Rorty: Critical Dialogues*, ed., by Matthew Festenstein and Simon Thompson(Polity Press, 2001), p. 135.

엄을 선언할 것을 주장하고 있다. 이것은 로티가 정치철학의 문제를 어떤 철학적 관점과도 체계적으로 연결 지으려 하지 않는다는 것을 말하는 것이다. 사적인 완성을 위한 재서술의 과정이 공적인 실천을 위한 방법론적 토대가 될 것이라는 주장을 할 때 아마도 로티가 정치를 미학화하고 있다고 평할 수 있을 것이다. 그러나 로티가 말하는 것은 충분한 자유가 보장되면 다양한 진리를 꽃피울 수 있게 될 것이라는 것이지, 다양한 진리들에서 자유가 확보된다는 것이 아니다. 그가 말하는 자유에는 의사표현의 자유뿐 아니라 경제적으로 안정된 삶을 살 자유도 포함된다. 이것은 비단 아이러니스트의 사적인 완성을 의미하는 것만은 아니다.

로티가 자신을 포스트모더니즘적인 문화적 좌파와 선을 긋고자 하는 이유는, 그들은 듀이와 휘트먼이 보여주었던 미래에 대한 낙관적 희망을 결여하고 있다고 생각하기 때문이다. 라클라우, 크리츨리, 무페, 데리다 등과 같은 포스트모더니스트들과 로티 사이에서 벌어졌던 논쟁은 양자의 차이를 매우 잘 드러내고 있다. 먼저 샹탈 무페는 로티가 가치 다원주의가 갖는 함의를 이해할 수 없었고 근원적인 가치들 간의 갈등이 결코 해소될 수 없다는 사실을 받아들일 수 없었기 때문에 사회적 갈등에 대한 로티의 이해에는 문제가 있다고 지적한다.[68] 무페가 보기에 로티의 이런 한계는 철학적 성찰의 유용성을 거부하는 데에서 오는 필연적인 귀결이다.

"그러나 민주주의가 철학적 토대를 가질 수 없다 ― 그리고 필요로 하지 않는다 ― 는 것을 긍정하는 것과, 모든 철학적 성찰의 유용성을 거부

---

[68] Chantal Mouffe et al., "Deconstruction, Pragmatism and the Politics of Democracy", *Deconstruction and Pragmatism*, ed. by Chantal Mouffe, (Routledge, 1996), p. 6.

하고 철학적 성찰을 통해 민주주의의 본질에 대한 탐구를 할 수 없으며, 우리가 그런 것 없이도 잘 해낼 수 있으리라고 믿는 것은 전혀 다른 문제이다. 로티가 옹호하는 것과 같은 명백하게 반철학적인 것이라 할지라도 민주주의 정치에 관한 개념은 필연적으로 정치의 본질에 대한 특정한 이해를 함축하고 있다. 그것은 또한 '민주주의'와 같은 논쟁적인 개념의 다양한 의미 가운데 하나를 특권화하는 것을 함축한다."[69]

무페는 사회적 갈등이 최종적으로 봉합될 수 없다는 관점에서 로티의 낙관주의를 비판하고 있으며, 그런 '정치적인 것'의 본질을 파악하는 것이 정치철학이 할 일이라고 생각하는 듯하다. 무페는 로티가 모든 갈등이 봉합된 상태를 목표로 한다는 점에서 하버마스와 유사한 점이 있으며, 양자 모두 다원주의적 민주주의가 가치의 갈등, 혼돈과 불안정을 기반으로 이루어지기 때문에 조화와 중재를 목표로 해서는 안 된다는 점을 이해하고 있지 못하다고 비판한다. 이러한 무페의 태도는 오히려 철학적 성찰을 통해 민주주의의 본질을 파악하고자 한다는 점에서 하버마스의 '철학적 정초'와 닮은 것으로 보인다. 문제는 무페의 태도가 형이상학을 비판하는 니체-하이데거-데리다의 철학적 관점을 정치 영역에 적용시킨 것으로 보인다는 점이다. 로티는 그런 철학자들을 사적인 철학자로 간주한다.

"나는 형이상학에 대한 니체-하이데거-데리다의 공격을 철학에(따라서 필연적으로 형이상학에) 깊이 관련된 사람들의 사적인 만족을 낳는 것으로 생각하지, 아주 간접적인 경우나 장기간의 경우가 아니면 정치적인

---

69) Ibid., p. 7.

결과를 갖는 것으로 보지 않는다. (……) 나는 윤리와 정치를 — 문화정치에 반대되는 현실정치를 — 경쟁하는 관심들을 조정하는 문제로 보며 철학적 해부나 철학적 전제가 필요 없는 평범하고 친근한 용어에 관해 숙고해야 할 어떤 것으로 보고 있다."[70]

로티는 데리다의 해체 개념 등을 통해 무페가 파악했다고 주장하는 다원적 민주주의의 본질 즉, 해소될 수 없는 근본적인 가치의 갈등에 관한 주장 역시 일종의 문화정치적 담론에 불과한 것이며, 현실정치에서 그런 식의 철학적 분석이나 개념들은 필요하지 않다고 생각하는 것이다. 로티의 관점에서 보면 무페의 용어들은 실천을 위한 것이라기보다는 철학자의 사적인 완성을 위한 은유적 레토릭에 불과하다.

한편, 데리다의 '해체' 개념의 공적인 의미를 적극적으로 이끌어내고자 하는 크리츨리는 그것이 정치적 개혁 및 진보의 가능성과 본질적으로 연결되어 있으며, 로티의 자유 개념은 지나치게 소극적이고 냉소적이어서 자유의 확장에 기여할 수 없다고 비판한다. 그는 데리다가 공적인 것과 사적인 것을 중재하려 하는 공적인 자유주의자라고 주장한다.[71] 이것은 다시 아이러니스트의 사적인 작업이 과연 공적인 자유를 위해 기여할 수 있는가 하는 물음과 관련된 것이다. 로티는 위의 인용문에서도 언급했듯이 그런 일은 장기적인 관점에서 혹은 간접적인 방식으로 우연히 결과되는 것이지 아이러니스트의 사적인 작업이 정치적인 실천과 직접적으로 결부되지는 않는다고 생각한다. 그

---

70) Richard Rorty, "Remarks on Deconstruction and Pragmatism", Ibid., pp. 16-17.

71) Simon Critchley, "Deconstruction and Pragmatism—Is Derrida a Private Ironist or a Public Liberal", Ibid., p. 20.

이유는 매우 간단하다. 로티는 "인간 행복의 적(敵)은 탐욕, 태만, 위선 등이며, 그런 표면의 적을 다루기 위해 철학적으로 깊이 있는 비난을 할 필요가 있다고 생각하지"[72] 않기 때문이다. 로티는 철학자나 사회이론가들이 현실 정치의 문제를 해결하기 위한 적임자가 아니라고 생각한다. 더 자유로운 사회를 만들기 위해서는 더 자유로운 법을 만들어야 한다. 법률가, 엔지니어, 극작가와 같은 사람들이 아마도 더 현실적인 대안들을 내놓을 수 있을 것이다.

라클라우는 로티의 사적인 철학으로서의 프래그머티즘이 로티 자신의 관점에 따르면 그의 정치철학을 어떠한 식으로도 정초할 수 없게 된다는 점을 지적한다. 그는 로티가 말하는 자유주의적인 점진적 사회공학이라는 대안은 어떤 근거로 주장이 가능한가 하는 질문을 던지고 있다. 또한 로티가 새로운 어휘의 창안을 강조하면서 정치적 언어만 예외로 삼고 있는 이유가 무엇인지를 묻고 있다.[73] 로티는 자신의 프래그머티즘을 통해 자신의 정치적 제안을 근거 지우고 싶지 않다고 대답하면서 프래그머티즘을 포함해서 철학이 과연 정치에 도움이 되는지 의심스럽다고 말한다.[74] 로티는 오히려 라클라우가 데리다 철학의 공적인 측면을 과대평가한 나머지 좌파정치 논쟁을 지나치게 철학화하고 있다고 비판한다. 로티는 다음과 같이 묻는다.

"라클라우는 계속해서 '대표관계의 이 내적인 애매성이 (……) 그것을 가능한 의사결정의 다양성들 사이에서의 헤게모니 투쟁장으로 전환시킨

---

72) Richard Rorty, "Response to Simon Critchley," Ibid., p. 45.
73) Ernesto Laclau, "Deconstruction, Pragmatism, Hegemony", Ibid., pp. 62-63 참조.
74) Richard Rorty, "Response to Ernesto Laclau", Ibid., p. 73.

다.'고 말한다. 왜 '전환'인가? 윤리적 정치적 숙고에서 언제나 가능한 의사결정의 다양성들 사이에서의 투쟁장이 없었던 적이 있는가?"[75]

여기서도 로티는 현실적인 정치적 문제가 철학자들의 과도한 언어유희로 인해 불명확해지는 것을 비판하고 있다. 로티가 여기서 '지나친 철학화'를 문제 삼는 이유는 그가 진정으로 해결되어야 할 정치적 문제가 그것을 통해 가려진다고 생각하기 때문이다. 포스트모더니스트들은 돈이나 탐욕과 같이 쉽게 이야기할 수 있는 것을 제쳐 두고 타자, 헤게모니, 해체, 사디즘 등에 대해 이야기하고 싶어 한다. 이런 태도의 문제점은 우파가 사회주의의 실패를 주장하면서 자본주의가 유일한 대안이라고 할 때 대답할 만한 답을 마련하지 못한다는 것이다.[76] 시장경제에 대한 대안을 고민하지 않는 문화적 좌파는 경제적인 불평등과 불안정이 늘어나는 상황에 대해 올바로 대처할 수 없다. 무페와 같이 혼란과 갈등이 민주주의를 위한 조건이라고 여기거나 라클라우와 같이 자유를 제한하는 것이 자유를 가능하게 한다는 것은 미래에 대한 낙관적인 희망을 불가능하게 한다. 이런 점이 바로 로티가 포스트모더니스트들과 거리를 두고자 하는 지점이다.

로티의 정치철학은 아마도 '자유를 돌보면 진리는 스스로를 돌본다.'라는 명제와 '최선은 차선의 적이 될 수 있다.'는 명제로 요약될 수 있을 것이다. 로티에게 있어서 민주주의를 위한 실천은 어떠한 철학에 대해서도 우선되어야 한다. 철학은 자유가 충분히 확보된 민주주의 사회에서 다양하게 꽃필 수 있다. 철학적 원리를 통해 사회를 개조해 나가고자 하는 아이디어는 로티가 부정하고자 하는 본질주의적 관

---

75) Ibid., p. 71.
76) 리처드 로티, 앞의 책(2003), 97쪽.

점의 핵심이다. 모든 철학적 원리는 '누군가'의 생각일 뿐이다. 현실의 문제는 그렇게 누군가가 생각하는 최선의 원리에 따라서 해결책이 모색되어서는 안 되며 대화와 타협을 방법으로 하는 차선책을 통해 해결되어야 할 것이다.

제2장

로티의 진리론*

황설중

* 이 글은 필자가 이전에 발표한 「로티의 프래그머티즘에 대한 몇몇 실천적 물음들」, 《철학연구》 제51집(철학연구회, 2000)을 대폭 수정하고 확대한 것임을 밝혀 둔다.

1

서양 인식론에서의 로티의 위상

　로티는 서양철학사에서 아주 독특한 지위를 점하고 있다. 로티 철학은 서양철학사의 주류에 편입되지 못하고 변방에 위치하고 있는데, 이것은 로티 자신이 원하고 있는 바이기도 하다. 타는 듯한 사막에서 불변의 진리를 갈구하며 헤매는 서양철학사에서 나타난 대표적인 철학자의 무리에 그는 결코 합류하려 하지 않는다. 전통적인 형이상학의 물음만이 진정한 철학적 과제인 양 진지하게 고민하는 이전의 (거의 모든 주류) 철학자들을 향해 로티는 다음과 같은 도발적인 의문을 제기한다. "무엇 때문에 그런 공소한 작업을 하는가?" 말하자면 로티는 철학의 바깥에 서서 어서 그 순례의 무리에서 빠져나오라고, 그런 진리의 순례는 헛수고라고 소리 높여 외치는 고독한 선지자와도 같은 모습을 하고 있다. 실재의 본성을 탐색하고 그것을 알아내려는 저 유서 깊은 서양 인식론의 역사에 자부심을 갖고 있는 철학자들이라면, 또 그런 전통적인 형이상학적 작업을 계속 이어받아 탐구하려는 철학자라면, 로티를 거의 미친 사람으로 취급하려 할 것이다. 반면 로티가 볼 때, 오늘날에도 여전히 '절대적 진리(The Truth)'를 탐구하려는 철학자들은 자신의 밥벌이를 위해 괜히 쓸데없는 물음을 만들어 놓고 짐짓 고심하는 체하는 지적 사기꾼에 다름 아닐 것이다. 만약 철학이 본질과 현상, 대상과 마음, 객관과 주관을 구분하면서 "어떻게 대상의 본성을 우리의 마음이 그대로 알아낼 수 있을까?"를 연구하는 작업이라면, 로티는 기꺼이 더 이상 철학자이고자 하지 않을 것이다. 로티는 무엇보다도 "어떤 영원한 것을 찾으려는 전통적인 철학적 기획을 포기해야 한다."[1]고 역설한다. 이런 시각에서 본다면 로티는 전통적인 철학사의 연속선상에서 벗어나 있고, 또 그리하고자 한다. 그는 "우리가 절대적 진리를 찾을 수 있는가?"에 대한 저 고색창연하고 위엄을 갖춘 물음을 현재 우리가 처한 상황에서 전혀 고려할 만한 철학적 물음으로 인정하지 않는다. 전통적인 인식론자의 입장에서 본다면, 로티는 갈 데까지 다 간 철학의 이단아(異端兒)로 보일 것이다. 아니 그는 아예 철학자가 아닐 것이다. 왜냐하면 로티는 진리론을 제시할 수 없다고 말하고 있기 때문이다. "프래그머티스트들이 진리론을 제시할 수 없다면 그들은 무엇을 할 수 있는가? (……) 그들은 진리가 탐구의 목표가 아니라는 것을 지적할 수 있다. 만일 '진리'가 그런 목표에 대한 명칭이라면 진리는 없다."[2] 그러나 (로티가 원한 대로) 철학을 "우리에게 닥친 문제에 어떻게 대처할 것인가?"에 대한 대화의 모색으로 볼 수 있게 된다면, 그리고 그런 한에 있어서만, 로티는 철학사의 지류에 기꺼이 스스로 편입하려고 할 것이다.

로티 철학의 장점은 무엇보다 선명하고 솔직하다는 데 있다. 그

---

1) Richard Rorty, *Philosophy and Social Hope*(Penguin Books, 1999), p. xvi.
2) Richard Rorty, "Introduction", *Truth and Progress: Philosophical Papers, Volume 3*(Cambridge University Press, 1998), p. 3.

는 난해하고 전문적인 철학적 용어로 자신의 철학을 치장하지 않는다. 그의 진리관은 간단하다. 한마디로 그는 '반표상주의자(anti-representationalist)'이다. 그렇다면 표상주의란 무엇인가? 그를 네오프래그머티스트로서 유명하게 만든 저서인 『철학 그리고 자연의 거울』에서 로티는 표상주의의 기본적인 아이디어를 다음과 같이 제시하고 있다.

> "1. 모든 언명은 인간의 내적 상태(거울 같은 본질, 그러나 더러워질 수 있는 거울)를 기술하거나 외적인 실재(자연)의 상태를 기술한다.
> 2. 우리가 그것을 봄으로써 어떻게 보편적인 합의에 도달할 수 있는지 알게 되는 그런 언명을 우리는 말할 수 있다.
> 3. 따라서 영속적인 불일치의 가능성은 그 논쟁이 매우 합리적인 것처럼 보여도 실제로는 논쟁할 것이 없다는 것 ─ 왜냐하면 주관은 단지 내적인 상태일 수밖에 없기 때문에 ─ 을 가리킬 뿐이다."[3]

표상주의란 우리의 마음이 밖에 놓여 있는 사물의 영원한 본질을 거울처럼 비출 수 있고 기술할 수 있다는 믿음이다. 로티에 의하면 플라톤과 오늘날의 실증주의자들은 위의 생각을 공유하고 있다. 이것은 시대가 바뀌어도 영원불변의 진리를 추구하는 철학자들에 의해서 지속적으로 유지되고 있는 신념이다. 표상주의자들에 의하면 합리성에 대한 신뢰는 실재에 대한 대응을 통해서만 근거를 가질 수 있다. 그렇기에 실재를 표상하는 본질적인 능력으로서의 이성이나 마음이 존재할 때에만 인간은 비로소 (동물과 구별되는) 어엿한 인간일 수가

---

3) Richard Rorty, *Philosophy and the Mirror of Nature*(Princeton University Press, 1979), p. 336.

있는 것이다.

　로티가 스스로를 반표상주의자라고 밝힐 때, 이것은 곧 그가 서구의 인식론을 지배해왔던 진리대응설을 그야말로 조금의 미련도 없이 폐기하고 있다는 것을 뜻한다. 로티는 스스로를 '반토대주의자(anti-foundationalist)', '반본질주의자(anti-essentialist)', '반형이상학자(anti-metaphysician)', '반이원론자(anti-dualist)', 혹은 '반플라톤주의자(anti-platonist)'라고 규정하고 있는데, 이것들은 내용적인 측면에서 대동소이하며, 결국 반표상주의자로 환치될 수 있다. 로티가 얼마나 기존의 전통 철학자에 반감을 품고 있는지는 그의 이런 '반(anti-)' 규정에서 명백하게 드러난다. 만약 어떤 철학자가 표상주의자이고, 토대주의자이고, 형이상학자이고, 이원론자이고, 플라톤주의자이고자 한다면, 로티는 그의 앞에서 자신을 주저 없이 '반철학자(anti-philosopher)'로 명명할 것이다. 플라톤 이래 데카르트와 로크를 거쳐 칸트와 헤겔에 이르기까지, 또 근세철학자들의 물음을 계승한 많은 현대철학자들에서도 발견할 수 있는, "마음이 있는 그대로의 사물의 본성을 그린다."는 믿음을 로티는 깨부수고자 한다. 진리관과 관련하여 로티의 핵심은 서양 인식론에서 자명하고 명백한 것으로 간주되어온 표상주의에 대한 결연한 거부에 있다고 할 수 있다. 로티는 있는 그대로 사물의 본성을 알아냄으로써 초역사적이며 항구적인 진리를 발견하려는, 너무나 심각한 작업에 매어 달린 철학자들에게 그것이 얼마나 쓸데없이 철학적 정력을 낭비하는 짓인가를 깨우쳐주고자 한다. 비유적으로 말한다면 로티의 가르침은 사막에서 모진 바람과 갈증의 고통을 겪으며 진리를 찾아 헤매는 철학자들에게 그런 헛된 노고를 하지 말고, 실제로 우리의 삶에 도움이 되는 실천적 문제에 매진하자고 권유하는 오아시스 집주인의 초청장과도 같다.

로티의 진리관에서 가장 대표적인 특징은 반표상주의라고 할 수 있다. 즉 로티는 전통적인 인식론에서 추구된 시공의 한계를 벗어난 초월적인 진리가 있고, 우리의 마음이 그것을 표상할 수 있다는 것을 완강하게 거부하면서, 진리대응설의 자리를 좀 더 나은 미래의 삶의 성장에 구체적으로 필요한 진리들(truths)의 잠정적인 유용성으로 메우고자 하는 것이다. 로티의 진리관은 더도 아니고 덜도 아닌, 바로 이것이다. 로티가 전 생애에 걸쳐서, 그리고 그의 전 저작을 통해서 반복해서 강조하는 것이 (실재와 현상을 구분하는) 이원론적인 표상주의의 패러다임으로부터 (오로지 인간 삶의 과거와 미래를 구분하고 더 나은 미래를 계획하도록 도움을 주는) 이론들의 유용성의 패러다임에로의 전환이라고 할 수 있다. 로티는 이 입장을 다양하면서도 수미일관하게 설파하면서, 기존의 진리대응설에 지적으로 중독된 사람들을 치유할 수 있는 해독제를 제공하려 한다. 다음의 몇몇 인용문은 진리와 관련하여 로티가 말하고 싶은 요점의 전부라고 할 수 있다.

"프래그머티즘의 핵심은 진리대응설 및 참된 신념이 실재에 대한 정확한 표상이라는 생각을 거부하는 데 있다."[4]

"'진리란 존재하는가?' 또는 '당신은 진리를 믿는가?'와 같은 물음은 얼빠지고 요령 없는 질문처럼 보인다."[5]

"프래그머티스트들은 진리가 탐구의 목적이라고 생각하지 않는다. 탐

---

4) Richard Rorty, "Pragmatism and romanticism", *Philosophy as Cultural Politics: Philosophical Papers, Volume 4*(Cambridge University Press, 2007), p. 105.
5) Richard Rorty, "Philosophy as a transitional genre", Ibid., p. 89.

구의 목적은 유용성이다."[6]

"그래서 우리는 현상–실재 간의 구별이 더 유용한 말하기 방식과 덜 유용한 말하기 방식의 구분을 위해서 폐기되어야 한다고 제안한다."[7]

"만약 프래그머티즘에 무엇인가 독특한 점이 있다면, 그것은 '실재', '이성', '본성'의 개념을 좀 더 나은 인간의 미래라는 개념으로 대치하는 데 있는 것이다."[8]

이제 로티가 반표상주의를 통해 구체적으로 무엇을 말하고자 하는지를 짐작할 수 있을 것이다. 우리 삶의 역사성과 우연성을 떠나 무제약적인 진리를 추구하는 철학적 기획을 버린다는 것은, 무엇보다 그런 작업을 위해 동원되었던 절대적인 것과 상대적인 것, 실재와 현상, 실체와 속성, 주관과 객관, 마음과 대상, 우리 안에 있는 것과 우리 밖에 있는 것과 같은 이원론적인 구별들을 더 이상 사용해서는 안 된다는 것을 가리킨다. 반표상주의라는 로티의 자기규정은 "찾기와 만듦, 발견과 고안, 객관과 주관 간의 구별들의 사용을 중지한다."[9]는 것을 의미한다. 로티에 의하면, 표상주의와 연관된 이런 구별들을 사용할 경우 (이런 구별들을 폐기하자는) 프래그머티즘의 요점이 제대로 드러날 수 없다. 로티는 전통적인 인식론의 용어들을 물리치고 실재와 현상을 구별하지 않을 때, 비로소 인간적인 관계의 영역을 초

---

6) Richard Rorty, 앞의 책(1999), p. 54.

6) Richard Rorty, 앞의 책(1999), p. 54.
7) Richard Rorty, 앞의 책(1998), p. 1.
8) Richard Rorty, 앞의 책(1999), p. 27.
9) Ibid., p. xviii.

월하여 절대적인 것을 추구하는 '현전의 형이상학(the metaphysics of presence)'을 쫓아낼 수 있다고 주장하는 것이다. 물론 이런 전통적인 인식론의 폐기는 곧 무역사적인 인간의 본성이나 이성 능력에 뿌리박은 항구적인 도덕적 의무에 대한 추구도 내던져야 한다는 것을 함축하고 있다. 로티는 철학에서 매우 긴요한 것으로 사용되고 이해되어 왔던 인식론의 이원론적 용어들과 그것들에 기초한 사고방식을 버릴 때, 비로소 새롭고 솔직하게 우리가 지금 여기서 처한 문제를 직시하고, 그것에 대해 대처할 수 있다고 생각한다.

로티가 그의 전 저작을 통해서 반복하고 변주하는 것은 철학자들이 당연하게 생각하고 받아들였던 전통적인 철학의 문제틀을 바꾸자는 것이다. 로티는 이 점을 독자들이 질리도록 강조하고 있는데, 이는 그만큼 (지적으로 중독되어) 우리가 이런 전통적인 사유의 틀을 떠나기가 힘들다는 것을 반증해주는 것이다. 로티의 프래그머티즘의 요체는 사유나 문화를 철학적 근거 위에 근거 지우겠다는 발상을 깨끗이 단념하고, 진리론의 과제를 어떻게 "불만족스런 현재를 좀 더 만족스러운 미래로 대치하고, 따라서 확실성을 희망으로 바꾸어 놓는"[10]가 하는 데에 있다. 프래그머티스트는 있는 그대로의 실재를 표상하는 지식에 대한 추구를 기꺼이 포기한다. 영원히 참된 지식을 추구하는 인식론적 물음은 로티에게는 단순히 철학적인 물음들이고, 말하자면 말장난일 뿐이다. 초점은 그 이론이 우리의 특수한 상황과 관련해서, 또 우리가 바라보고 있는 미래의 목적과 관련해서 제대로 작동할 수 있는가 하는 것이다. 이런 측면에서 프래그머티스트에게 "이론과 실천 사이에 깊은 균열은 존재하지 않는다. 프래그머티스트의 관점에서는

10) Ibid., p. 32.

말장난이 아닌 모든 '이론'은 이미 실천이기 때문이다."[11] 사정이 이렇기 때문에 로티 철학에서 진리론을 따로 추출해내어 그것만을 논하기란 곤란하다. 진리론에 대한 그의 언급은 이미 항상 어느 정도 실천적인 유용성과 중첩되기 때문이다.

물론 로티가 전통적인 인식론의 패러다임을 부정한 최초의 철학자는 아니다. 잘 알려져 있듯이 니체는 플라톤이 정립하고 서구에서 지배적인 인식론의 구조로 자리 잡은 진리의 세계와 허위 세계의 이분법적 구별을 부수어 버렸다고 선언하였다. 니체는 모든 가치의 전환을 시도하였고, 그 자신의 표현을 빌면 "망치를 들고 어떻게 철학하는가?"[12]를 보여주었다. 특히 니체가 그의 진리관을 피력할 때, 그것은 거의 로티의 목소리와 구별할 수 없을 정도이다. : "진리는 **무엇으로써** 증명되는가? (……) — 유용성으로써 — 불가피성으로써 — 간단히 말해, 이득으로써."[13] 로티와 마찬가지로 니체는 "어떤 믿음이 진리인가?"의 문제를 "어떤 믿음이 인간의 욕구를 가장 잘 충족시킬 것인가?"의 문제로 전환시켰다. 지식이 우리의 실천적인 관심과 불가분 연결되어 있는 것으로 본 점에서 로티는 니체 철학을 프래그머티즘의 한 버전으로 받아들이고 있다. 프래그머티즘의 선구적 동료로서 니체를 맞아들이는 로티의 우호적 태도는 다음의 문장에 압축되어 있다. : "니체는 듀이와 마찬가지로 반데카르트주의자이고, 반표상주의자이며, 반본질주의자였다."[14]

---

11) Ibid., p. xxv.
12) Friedrich Nietzsche, *Ecce homo*, hrsg. Giorgio Colli und Mazzino Montinari(Walter de Gruyter, 1988), p. 354.
13) Friedrich Nietzsche, *Nachgelassene Fragmente 1887-1889*, hrsg. Giorgio Colli und Mazzino Montinari(Walter de Gruyter, 1988), p. 446.
14) Richard Rorty, "Introduction: Pragmatism and post-Nietzschean philosophy",

그러나 로티가 볼 때 니체는 망치를 가지고 모든 형이상학을 비판하면서 또 다른 종류의 새로운 절대적인 철학을 세웠다. 말하자면 니체는 자신만의 고유한 철학을 자신만의 문체로 완성했다고 자부했던 것이다. 그는 자신의 철학만은 이후의 철학자에 의해 파괴되지 않을 것이라고 여겼는데, 왜냐하면 그에 의하면 엄청난 권위를 갖는 우주의 원리인 바, 예컨대 '힘에의 의지(Wille zur Macht)'에 그 자신이 접촉했다고 믿었고, 새로운 도덕을 수립하는 '초인(Übermensch)'에 특권적인 관점을 부여하고 있기 때문이다. 그는 이전의 모든 서양 형이상학의 권위를 박탈하는 데는 성공하였으나, 정작 자신의 철학에서 권위를 빼앗지는 못하였다. 그는 망치를 들고 사실상 그 자신이 비판하고자 한 형이상학의 정점으로 달려갔다고 볼 수 있다. "니체는 (……) 모든 관점을 넘어서는 데 관심을 가지고 있었다. 니체는 아름다움만이 아니라 절정을 원하고 있다."[15] 니체는 성공의 순간에 자신의 파멸의 씨앗을 뿌리고 있었던 셈이다. 그리고 이 지점에서 다시 그는 인간 세계를 넘어서 이상향을 꿈꾼 플라톤의 충실한 계승자로 돌아가고 만 것이다.

니체에 대한 로티의 이런 평가는 그가 하이데거와 데리다를 바라볼 때도 그대로 재연되고 있다. 전기 하이데거는 『존재와 시간』에서 시간

Essays on Heidegger and Others: Philosophical Papers, Volume 2(Cambridge University Press, 1991b), p. 2.

15) 리처드 로티, 『우연성 아이러니 연대성』, 김동식 · 이유선 옮김(민음사, 1996b), 202 쪽. 니체에 대한 로티의 비판은 니체에 대한 하이데거의 비판과 겹친다. Martin Heidegger, "Nietzsches Wort ⟨Gott ist tot⟩" *Holzwege*(Frankfurt am Main: V.klostermann, 1977), 217쪽 참조. "그러나 단순한 반대운동인 니체 철학은 모든 안티가 그러하듯이 자기가 대항하고 있는 상대방의 본질 속에 사로잡혀 있다. 형이상학에 대한 니체의 반대운동은 다만 형이상학을 뒤집어 놓은 것으로써, 형이상학 속으로 다시 나올 수 없게끔 휩쓸려 들어간다."

성과 역사성 안에 놓인 현존재의 '세계-내-존재'에 주목하지만, 로티는 "후기 하이데거가 언어를 거의 신에 가까운 것으로 만들려는 충동에 굴복했다고 비판한다."[16] 프래그머티스트에게는 언어란 단지 삶의 적응을 위한 도구일 뿐이다. 그러나 하이데거에게 '언어'란 우리가 책상이나 나무를 서술할 때와 같은 용어로 서술할 수 없는, 신비한 어떤 것이 된다. 후기 하이데거가 '언어'와 '존재'를 언급할 때, 그는 휴머니즘에 의한 오염을 걱정하면서 무엇인가 "인간을 초월해 있는 어떤 것을 향한 겸손과 감사의 념(念)을 유지하려 한다."[17] 하이데거가 우리들에게 말할 때, 그것은 그가 우리에게 말한 것이 아니라 '존재'의 선물이 되었다. 하이데거는 (평범한 일상인들이 듣지 못하는) 존재의 소리를 들은 예지자가 되었다.

로티가 볼 때 '현전의 형이상학'을 물리쳤다고 생각한 데리다도 하이데거와 동일한 운명을 걷는다. 간단히 말한다면, 데리다는 철학의 종결의 불가능성을 논증하면서도 여전히 철학의 종결을 꿈꾸고 있다. 데리다가 '흔적', '차연' 같은 새로운 메타언어적 전문 용어를 가득 도입할 때, 그런 단어를 사용해서 "'우리'가 누구이고 어디에 있는지 알 수 있는 것은 차연과 그것의 '역사'에 기초해서이다."[18]라는 식으로 말할 때, '흔적'이나 '차연'은 하이데거에 있어 '존재'나 '언어'의 냄새를 띠게 된다.[19] 전통 형이상학을 비판하면서도 하이데거가 '존재'와 '언어'

---

16) Richard Rorty, "Introduction: Pragmatism and post-Nietzschean philosophy", 앞의 책(1991b), p. 3.

17) Richard Rorty, "Wittgenstein, Heidegger, and the reification of Language", 같은 책, p. 64.

18) Jaques Derrida, *Margins of Philosophy*, trans. Alan Bass(The University of Chicago Press, 1982), p. 7.

19) Richard Rorty, "Deconstruction and circumvention", 앞의 책(1991b), p. 93 참조.

의 끈을 놓지 못했다면, 데리다는 '흔적'이나 '차연'에 집착하고 있다. 데리다 철학에 대한 로티의 입장은 다음의 문장에 압축되어 있다. : "그래서 [데리다는] 그와 하이데거가 〈존재-신학onto-theology의 전통〉이라고 불렀던 것으로 되돌아가는 과오에 위험스러우리만치 가깝게 되었다."[20]

니체와 하이데거 그리고 데리다는 서구의 형이상학을 철저하게 비판하면서도, 다른 한편 우리들 자신의 유한성이나 관계성으로부터 벗어나고 싶은 유서 깊은 플라톤의 욕망을 은폐된 방식으로 계승하고 있는 것으로 로티에게는 비춰진다(과연 이런 로티의 판정이 얼마나 설득력을 얻을 수 있을지는 여기서는 다룰 수 없는 또 다른 주제일 것이다). 이것이 자기 이전의 서양철학사를 독해하는 로티의 관점이다. 요컨대 서양의 형이상학과 단절하려는 이들의 시도가 프래그머티즘과 연결될 수 있는 측면도 지니고 있지만, 그들은 표상주의의 잔재를 여전히 머리에 이고 있는 것이다. 바꾸어 말한다면 로티의 프래그머티즘의 획기적이고 도전적인 면은 표상주의가 풍기는 모든 냄새를 철학에서 철저하게 털어버린 데 있다고 할 수 있다.

---

20) 리처드 로티, 『실용주의의 결과』, 김동식 옮김(민음사, 1996a), 234쪽.

2

표상주의와 반표상주의

1) 표상주의와 근세철학

진리와 관련한 로티의 외침은 매우 단순하다. 이제 철학은 표상주의적 패러다임을 던져버리고 구체적인 삶의 희망을 이야기해야 한다는 것이다. 이런 로티의 단순한 슬로건이 전통적인 철학의 관점에서 혁명적인 발상의 전환으로 여겨지게 되는 것은, 그만큼 전통적인 철학이 표상주의에 사로잡혀 있다는 것을 반증한다. 로티의 프래그머티즘의 새로움을 알기 위해서는 소위 '데카르트-로크-칸트적인 전통'[21]이 서양철학에서 행사한 막강한 지배력을 인지하지 않으면 안 된다. 로티가 대적하고 있는 표상주의의 철학사적 무게를 (축약된 형태로나마) 실감해야, 로티가 얼마나 무모하게 보이기까지 하는 도발을 감행하고 있는가를 알 수 있을 것이다.

---

21) Richard Rorty, 앞의 책(1979), p. 9.

잘 알려져 있듯이, 근세철학의 아버지인 데카르트 철학의 출발점은 회의주의를 극복하는 것이었다. 그는 무수한 철학자들이 매달려왔으나 이전에 어떤 누구도 해결하지 못한 "회의주의의 의심을 뒤엎어 버린 최초의 철학자가 되었다."[22]고 공언하였다. 고대로부터 회의주의자들은 갖가지 논변을 동원하여 "우리는 원리적으로 사물의 본성에 관한 지식(진리)을 알 수 없다."는 입장을 견지해왔다. 그러나 데카르트는 마침내 그 자신이 진리를 발견하여 그들을 물리쳤다고 외쳤던 것이다. 그는 명석 판명한 지각을 통해, 좀 더 구체적으로 말한다면 어떤 추론도 필요로 하지 않는 직관을 통해 철학에서 절대적으로 확실한 아르키메데스의 일점(一點)을 찾아내었다고 믿었다. 생각하는 자아의 존재로부터 본유 관념을 매개로 전지전능한 신으로 그는 나아갔다. 그럼으로써 그는 사물의 본성에 대응하는 지식을 확보할 수 있었고, 따라서 골치를 썩여왔던 진리에 대한 의심의 문제가 일소되었다고 자신하였다. 근세철학에서 회의주의의 역사를 탐구한 포프킨의 비유를 빌린다면, 회의하는 용(龍)들을 데카르트는 가차 없이 도살해 버렸던 것이다.[23]

그러나 데카르트의 『제1철학에 관한 성찰』이 발표되자마자 회의주의자들의 거센 도전이 시작되었다. 당장 동시대인인 가상디가 고대 피론주의자들의 회의적 논변을 동원하여 데카르트 철학의 독단성을 폭로하였고, 양자 간에는 치열한 논전이 벌어졌다. 가상디는 데카르트가 주장한 것처럼 명석 판명한 지각이 진리 기준이 될 수 없다고 보

---

22) René Descartes, *The Philosophical Writings of Descartes*, Vol Ⅱ, trans. John Cottingham, Robert Stoothoff, and Dugald Murdoch(Cambridge University Press, 1984), p. 376[550].

23) Richard H. Popkin, *The History of Scepticism: From Savonarola to Bayle*(Oxford University Press, 2003), p. 158., p. 170. 참조.

았다. 철학사를 되돌아볼 때 철학적 입장들은 상이하고 또 때로는 대립적이기까지 했다. 그러면서도 "모든 사람은 그가 변호하는 진리를 명석하고 판명하게 지각한다고 생각한다."[24] 그래서 가상디는 데카르트에게 "우리가 명석하고 판명하게 어떤 것을 지각한다고 생각하는 경우, 언제 우리가 오류를 범하는지 혹은 그렇지 않은지를 우리에게 안내하고 보여줄 수 있는 방법"[25]을 내놓으라고 요구하였다. 가상디의 이런 반박에 대해 데카르트는 진리란 "정신의 단순한 직관에 의해 자명한 어떤 것으로서 깨닫는 것"[26]이라고 대답하였다. 여기서 양자 간 벌어진 기나긴 갑론을박을 소개할 필요는 없을 것이다. 다만 근세의 여명기에 전개된 두 거인의 싸움이 이후 근세철학에서 "인간의 마음이 있는 그대로의 사물을 표상할 수 있는가?"하는 표상주의의 물음을 지적인 중심 주제로 만들어 놓았다는 것이 중요하다. 칸트와 헤겔에 이르기까지 근세철학자들은 이런 문제의식으로부터 결코 자유롭지 못했다. 근세철학자들은 우리가 진리를 발견하지 못한다면, 하늘을 비행하는 용들에 의해 화형에 처해질 것이라는 '데카르트적인 불안'[27]을 내내 갖고 있었다.

이런 두려움은 흄의 철학에서 확연히 드러난다. 경험주의를 수미일관하게 전개한 결과 흄은 극단적인 회의주의에 도달하였다. 그의 결론은 "모든 지식은 개연성으로 전락한다."[28]는 것이었다. 그런데 흄은

---

24) René Descartes, 앞의 책(1984), p. 194[278].

25) Ibid., pp. 194-195[279].

26) Ibid., p. 100[140].

27) 리처드 번스타인, 『객관주의와 상대주의를 넘어서』, 정창호·황설중·이병철 옮김 (보광재, 1996), 39쪽.

28) David Hume, *A Treatise of Human Nature*, ed. L. A. Selby-Bigge(Clarendon Press, 1960), p. 180.

자신이 도달한 결론에 스스로 두려워하였다. 그는 우리가 확실한 진리를 발견할 수 없다면, 인간의 지식은 궁극적으로 붕괴되고 삶은 어둠과 혼란에 휩싸일 것이라고 보았다. 그는 낙심천만하여 자신이 가장 가련한 상태에 빠져 있고 "절망을 삼킬 수밖에 없다."[29]고 심경을 토로하였다. 자신이 회의주의자가 되었다는 사실에 스스로 놀라 비탄에 빠진 흄의 이런 심경만 보아도 근세철학자들에게 얼마나 데카르트적 불안이 강박증으로 작용하고 있고, 따라서 그들이 얼마나 표상주의라는 사고의 틀에 매어 있었는가를 쉽게 감지할 수 있다. 흄이 도달했던 지점, 즉 우리의 지식을 정당화할 수 없는 상황을 칸트는 '철학과 보편적인 인간 이성의 스캔들'[30]이라 명명하면서, 우리의 지식의 타당성과 범위를 밝히는 쪽으로 그의 이론철학의 탐구 방향을 잡았다.

왜 이들은 이렇게 표상주의의 틀에 집착했을까? 데카르트가 극명하게 표현하고 있듯이, 그들은 우리가 사물의 본성에 대응하는 지식(진리)을 확보하지 못할 경우 "마치 갑자기 소용돌이치는 깊은 물속에 빠져 허우적대며, 바닥에 발을 대지도 못하고 또 그렇다고 물 위로 올라갈 수도 없는 난처한 상황에 처하게"[31] 된다고 여겼기 때문이다. 데카르트의 이런 긴박한 진술은 사실상 근세 내내 데카르트적인 불안을 야기한 것이 단순히 철학자들의 기우(杞憂)에서 비롯된 것이 아니라, 당장 물리치지 않으면 이런 진퇴양난에서 빠져나올 수 없도록 만드는 막강한 이론적 적(敵)이었다는 것을 시사한다.

후기 르네상스에 들어서면서 고대의 회의주의가 헬레니즘 시대에

---

29) Ibid., p. 264.

30) Immanuel Kant, *Kritik der reinen Vernunft*(Felix Meiner Verlag, 1998), BXL.

31) René Descartes, 앞의 책(1984), p. 16[23-24].

그것이 누렸던 것보다 더한 전성기를 누렸다는 것은 이미 확인된 사실이다.[32] 진리를 발견하려는 근세의 철학자들을 극도로 위축시킨 회의주의자들은 몽테뉴와 샤롱 그리고 무엇보다 섹스투스 엠피리쿠스였다. 몽테뉴와 샤롱이 취한 회의적 논변 형식의 대부분이 섹스투스 엠피리쿠스에서 나온 것임을 감안해보면, 이 시기 프랑스에서 소위 '피론주의자의 위기(la crise pyrrhonienne)'[33]를 몰고 온 장본인은 섹스투스 엠피리쿠스라고 해도 과언이 아니다. 1562년과 1569년에 라틴어로 섹스투스 엠피리쿠스의 저작들이 번역되어 출판되자 고대 회의주의로부터 자유로운 새로운 철학적 사유는 불가능한 것처럼 보였다. 섹스투스 엠피리쿠스의 저작들은 그 당시 종교개혁으로 인해 촉발된 진리 기준의 문제를 둘러싸고 논란이 될 수밖에 없었던 핵심적인 논의들을 함축하고 있었던 것이다. 고대 회의주의자에게서 지대한 영향을 받은 몽테뉴는 『수상록』에서 진리에 대한 인식을 포기하고 신앙으로 귀의하였다. 섹스투스 엠피리쿠스가 지닌 회의적 논변들의 판도라 상자가 열리자, 근세철학자들의 고유한 문제의식은 회의주의의 영향력을 벗어날 수 없었다. 16세기부터 19세기에 이르기까지 근세철학자들은 어떻게든 이 상자를 닫으려고 애써야 했던 것이다. 그래서 포프킨은 "고대 회의주의가 부활하고 그것이 근세시대의 지적이며 종교적인 문제들에 적용된 것이야말로 근세철학의 발흥에 결정적인 것이었다."[34]고 단정하고 있다. 진리론과 관련하여 근세철학자들은 표상주의자가 되지 않으면 회의주의자들의 표적이 될 것이라는

---

32) 앤소니 A. 롱, 『헬레니즘 철학』, 이경직 옮김(서광사, 2000), 411~422쪽 참조.

33) Richard H. Popkin, 앞의 책(2003), 4, p. 3., p. 63. 참조.

34) Richard H. Popkin, "Scepticism and Modernity", *The Rise of Modern Philosophy: The Tension between the New and Traditional Philosophies from Machiavelli to Leibniz*, ed. Tom Sorell(Oxford: Clarendon Press, 1993), p. 32.

불안에 떨어야 했다. 그만큼 그들에게 사물의 본성을 있는 그대로 인식하는 문제는 필사적인 것으로 다가왔다. 제3의 대안은 없는 것처럼 보였다.

진리대응설을 향한 집착은 칸트에게도 예외가 아니었다. 회의주의자들의 눈으로 볼 때 진리를 운위하는 독단주의자들은 "우리가 어떻게 참다운 지식을 확립할 수 있는가?"에 대한 근거를 제공하지 못한 것으로 여겨졌다. 그런데 회의주의자도 "우리가 왜 사물의 본성에 관한 지식을 정초할 수 없는가?"에 대한 이유를 결여하고 있다는 점에서, 칸트에게 양자는 쌍둥이와 같은 것이었다. 겉으로는 어떤 평화 협정도 체결할 수 없는 치열한 '내전'[35]을 벌이고 있었지만, 양자는 동일한 수준에서 논란을 벌인 것에 불과하였다. 칸트는 그의 비판철학을 통해 우리의 지식이 대상과 일치할 수 있음을 증명하였다. 그는 "우리는 곧 사물들로부터 우리 자신이 그것들 안에 집어넣은 것만을 선험적으로 인식한다는 사고방식의 변화된 방법"[36]을 통해서 독단주의와 회의주의를 극복할 수 있다고 여겼다. 그에 따르면, 우리는 우리에 전적으로 의존하는 경험 대상에 대해서는 객관적으로 타당한 인식을 가질 수 있다는 것이다. 왜냐하면 우리가 경험하는 세계의 본질적인 형식은 비록 우리 외부에 있는 물자체 X와 대응하는 것은 아니지만, 바로 우리의 감성형식(공간과 시간)과 지성형식(12범주)에 의해 걸러지고 구성된 것이기 때문이다. 우리가 경험하는 세계는 우리가 부여한 법칙에 의해 성립된 세계이다. 이제 우리가 세계를 더 이상 의심하지 않고 인식할 수 있는 근거는, 우리가 인식하는 대상 세계가 물자체가 아니라 (우리에 의해 불가피하게 그렇게 인식하도록 구성된) 가능한 경험의

---

35) Immanuel Kant, 앞의 책(1998), AIX.
36) Ibid., BXVIII.

대상인 현상이기 때문이다. 이렇게 보면 (대상이 단지 현상으로 주어지는) 직관과 (이 직관에 상응하는 대상이 사유되는) 범주야말로 "하나의 대상에 대한 인식을 가능하게 하는 두 조건"[37]이라고 할 수 있다.

그렇지만 대상과 우리의 지식의 일치에 대한 객관적인 타당성을 확보하면서 칸트는 그것에 대한 대가를 치렀다. 그것의 요점은 "우리는 우리의 선험적인 능력을 가지고서는 결코 가능한 경험의 한계를 넘어갈 수 없다."[38]는 것이다. 칸트의 주관적 관념론은 우리 자신이 구비한 선험적 형식 조건에서 진리의 길을 찾았기 때문에, 있는 그대로의 사물 자체에 대한 인식을 원리적으로 차단하였다. 그렇지만 이런 인식의 한계를 설정함으로써 동시에 칸트는 (선험적 형식에 의해 조건 지어진) 대상에 대한 보편적이고 필연적인 인식의 길을 열 수 있었던 것이다. 칸트는 표상주의의 길을 포기하지 않기 위해서 어디까지나 우리의 선험적인 주관 능력에서 개념을 연역하였다.

위에서 간단하게 살펴본 것처럼, 근세철학자들은 데카르트에서 칸트에 이르기까지 (그들의 입장이 독단주의이건 회의주의이건 혹은 관념론이건 간에) 주관과 객관, 현상과 실재를 구별하는 표상주의의 패러다임 속에서 철학하였다. 그들은 플라톤 이래 "우리가 대상과 일치하는 참된 지식을 어떻게 획득할 수 있는가?", "지식의 본질은 무엇인가?"하는, 철학에서 가장 근본적이고 중요하다고 인정되는 문제들을 다루었다. 『근세철학사: 데카르트에서 칸트까지』를 집필한 샤하트가 평가하고 있는 대로, 근세의 주요한 철학자들의 "저서들 속에서 *그들이 취급하는 문제들은 긴급하고 특정한, 실제적이며 윤리적인 관심을 우리*

---

37) Ibid., A92 / B125.
38) Ibid., BXIX.

가 제쳐 놓을 수 있을 경우에만 우리에게 문제가 **되는**[39] 그런 것들이다. 그들은 그 문제들이 우리의 구체적이며 긴급한 삶의 문제와 아무리 동떨어져 있다 하더라도, 아니 그렇기 때문에 그것들을 인간과 세계를 이해하는 관건으로 간주하였다.

이렇게 근세의 철학사를 간략하게 되돌아볼 때, 비로소 로티 철학이 지닌 과감성이 명확하게 드러난다. 로티는 수백 년 동안 중요한 문제로 당연시되어온, 그리고 그의 몇몇 진취적인 선배 철학자들의 저항의 시도가 실패했던 서양 인식론의 도도한 흐름에 맞서려고 하는 것이다. 그는 철학자들을 짓눌러온, 그러나 현재에는 별 쓸모가 없는 표상주의의 패러다임을 던져버리려고 한다. 이것은 로티가 수많은 전통적인 철학자들뿐만 아니라 그들과 문제의식을 공유하는 현대 철학자들과도 거의 홀로 맞서야 한다는 것을 뜻한다. 물론 로티가 그의 철학적 동지들을 철학사에서 규합하지 못하는 것은 아니다. 예컨대 헤겔, 니체, 퍼스, 제임스, 하이데거, 가다머, 데리다, 데이빗슨, 퍼트남 등의 철학자들에서도 로티는 프래그머티즘과 공감대를 형성할 수 있는 요소들을 발굴한다. 그렇지만 이들이 완전히 프래그머티스트로 변신한 것은 아니다. 그렇기 때문에 이들에게 잔존하고 있는 표상주의적 사고방식에 대해서 로티는 가차 없이 비판의 날을 세운다. 로티는 그 어떤 철학자에게서라도 표상주의나 이원론, 토대주의, 플라톤주의라는 사유의 굳은살을 발견하는 즉시 그것을 도려내려고 하는 것이다. 아마도 로티에게 진정한 철학적 영웅은 듀이일 것이고, 변치 않는 후원자는 다윈일 것이다.

---

39) 리처드 샤하트, 『근대철학사: 데카르트에서 칸트까지』, 정영기·최희봉 옮김(서광사, 1993), 18쪽.

2) 표상주의와 반표상주의 사이에서: 헤겔 철학

근세철학의 표상주의라고 하는 밀폐된 철학방에서 로티에게 신선한 공기를 공급한 철학자는 헤겔이다. 자기의 생애를 회고하면서 쓴 「트로츠키와 야생란」에서 로티는 다음과 같이 적고 있다. : "최초로 각성한 이후(예일대학교에서 박사학위를 밟기 위해 시카고를 떠날 때가 최고조였는데) 나는 철학이 무엇을 위해 좋은 것인가에 대한 나의 걱정을 정식화하는 정합적이고 확실한 방법을 찾기 위해 40년을 보냈다. 나의 출발점은 헤겔의 『정신현상학』의 발견이었다. (……) 20여 년이 지난 후, 영원성에 도달하려는 시도를 기꺼이 그만두고 자기 시대의 인물이 되고자 했던 헤겔의 태도가, 플라톤에 대한 환멸의 적절한 반응이라고 생각하고 나는 듀이로 다시 되돌아갔다."[40] 로티는 불변하는 진리를 찾는 표상주의적 작업에 대한 프래그머티즘적인 의심이 헤겔로부터 시작되었다고 생각하였다. 말하자면 로티는 헤겔을 "어떻게 우리가 인식론의 물음을 해결할 것인가?"가 아니라, "우리가 전통적인 인식론에 머무는 것이 과연 필요한가?"를 묻기 시작한 철학사의 인물로 재서술하였던 것이다.

로티가 헤겔 철학에서 가장 좋아하고 여러 곳에서 인용하고 있는 구절은 로티가 왜 헤겔 철학을 프래그머티즘의 출발점으로 삼았는지를 여실히 보여준다. : "[모든 개인은 두말할 필요도 없이 자기 시대의 아들인 까닭에 결국] 철학도 **사상(思想)으로 포착된 그의 시대**일 수밖에 없다."[41] 헤겔이 『법철학 강요』에서 서술한 이 유명한 말은 프래그머티

---

40) Richard Rorty, 앞의 책(1999), pp. 11-12.
41) Georg W. F. Hegel, *Grundlinien der Philosophie des Rechts*(Suhrkamp Verlag, 1986), p. 26.

스트들이 말하고 싶었던 바, 철학적 사유의 출발점은 특정한 자기 시대의 삶의 문제에서 비롯된 것이며, 따라서 진리란 초역사적인 지위를 갖는 것이 아니라 역사적이고 실천적인 맥락에서만 의미를 갖는 하나의 영역임을 선구적으로 일러준 결정적인 경구(警句)로 로티에게 다가왔다. "…… 헤겔이 간파했으며, 듀이 스스로도 (……) 완벽하게 잘 파악했던 점은, [지식의] 정당화는 사회적 실행 및 인간의 필요와 동떨어진 다른 무엇에 반드시 기초를 두어야 한다는 그 가정을 제거함으로써 인식론적인 문제들을 제거할 수 있다는 것이었다."[42] 한마디로 로티에게 헤겔은 역사주의자였다. 역사주의자에게는 사회·역사적인 여건이 처음이자 마지막이다.

　로티 철학에서 역사주의자인 헤겔과 정반대에 위치한 근세철학자로 종종 언급되는 대조적인 인물은 칸트이다. 독일 관념론의 이야기를 이끌고 가는 두 주인공은 프래그머티스트의 입장에서 보았을 때 더 이상 생각할 수 없을 정도로 너무나 상반된 특성을 지니고 있다. 헤겔이 철저한 역사주의자라면, 칸트는 무역사주의자이다. 칸트는 비록 우리의 경험 영역 안에서이긴 하지만 이미 항상 구조적으로 조건 지어진 선험적 지식을 추구하였다. 그는 사회적이고 역사적인 맥락과는 무관한 우리 지식의 엄밀한 필연성과 보편성을 이성의 비판을 통해 수립했고, 그럼으로써 "이론 이성이 통찰한다고 주장하는 모든 것에 대한 총체적인 회의를 근본적으로 근절할 수 있었다."[43]고 굳게 믿었다. 지식이 확실하게 정초되었으므로 모든 문제는 해결되었다. 그렇다면 시대 상황에 따라 어떤 지식을 끊임없이 재해석할 필요는 없

---

42) 리처드 로티, 앞의 책(1996a), 206쪽.
43) Immanuel Kant, *Kritik der praktischen Vernunft*(Felix Meiner Verlag, 1974), p. 63[94].

다. 간단히 말해서 "칸트가 행하고자 했던 것이란 (……) 모든 가능한 해석들의 구조를 밝혀 재해석들이 연달아 이어지는 역사적 과정을 동결시켜"[44] 버리는 것이었다. 이런 측면에서 칸트는 비시간적이고 무역사적인 어떤 것을 추구하는 말 그대로 플라톤주의자이고, 우리의 마음(이성)이 그것을 그대로 밝혀낼 수 있다고 믿은 전형적인 표상주의자라고 할 수 있다. 칸트까지 이르는 동안 이런 표상주의적인 사고의 패러다임은 화석처럼 단단한 것이었기 때문에, 헤겔의 역사주의는 그만큼 획기적인 것이었고 또 충격적인 것이었다. 모든 철학이란 철학자가 처한 시대의 아들임을 보여주고 있는 헤겔의 작업은 표상주의자의 지반을 요동치게 만든 마그마였고, 프래그머티즘의 분출을 알리는 돌파구였다. 로티는 헤겔 철학이 지닌 역사주의의 위력을 다음과 같이 요령 있게 표현하고 있다. : "그와 같은 불멸의 진리로 상정된 것을 표현하는 어휘도 이내 죽게 마련이라는 점을 강조하는 〈역사주의〉에 의해 야기된 두려움과 불신 때문에 [단 한 번만에 참된 것이라고 밝혀진 명제들을 인류의 모든 세대들을 위한 유산으로 남기길 바라는, 표상주의에 사로잡힌 칸트 같은] 철학자들에게 (……) 헤겔은 (……) 진절머리 나는 사람이 된다."[45] 칸트와 헤겔을 독해하는 로티의 입장은 다음 한 구절에 집약되어 있다.

"칸트와 헤겔 사이의 대립, 즉 비프래그머틱한 탐구의 전망과 원초적인 프래그머틱한 탐구의 전망 사이의 대립"[46]

---

44) 리처드 로티, 앞의 책(1996a), 223쪽.
45) 같은 책, 70쪽.
46) Richard Rorty, "Dewey Between Hegel and Darwin", 앞의 책(1998), p. 302.

헤겔은 스스로를 지속되는 대화와 해석의 한가운데로 밀어넣는다. 이렇게 철학적 사유가 자기 시대 인간의 문제에서 비롯될 수밖에 없으며 따라서 우리가 끊임없는 재서술과 재해석으로부터 도피할 수 없다면, 이것은 로티가 말하는 낭만주의로 이어질 수밖에 없다. 낭만주의란 "인간의 삶에서 가장 중요한 것은 우리가 어떤 명제를 믿느냐가 아니라 어떤 어휘를 사용하느냐라는 논제"[47]를 가리키고 있기 때문이다. 낭만주의자에게 중요한 것은 어떤 명제가 실재에 대응하는가를 발굴하는 것이 아니다. 관건은 어떤 어휘를 사용하여 어떻게 재서술하느냐에 따라 어떤 것이라도 좋거나 나쁘게, 중요하거나 중요하지 않게, 유용하거나 쓸모없게 될 수 있다는 것이다. 헤겔은 『정신현상학』에서 이런 낭만주의적 서술을 개척하였다. 『정신현상학』에서 매번 의식이 진리로 간주한 것은 (바로 이런 독단적인 확신으로 인해서) 이후의 좀 더 고차적인 단계에서는 비진리로 드러난다. 헤겔 자신의 표현을 빌리면, "이 [『정신현상학』이 걸어가는] 도정은 **회의**의 길로 볼 수 있고 더 정확히 말하면 절망의 길이다."[48] 앞선 단계에서 의식이 절대적으로 확신하는 (특정) 진리는 (의식의 반전과 함께) 새로운 어휘, 새로운 스타일, 새로운 변증법적 재서술에 의해 모순에 처하게 되고, 그래서 그것은 『정신현상학』의 기나긴 이야기 속에서 새롭게 자리매김된다. 헤겔이 『정신현상학』에서 수행한 낭만주의의 요점을 로티는 다음과 같이 언급하고 있다.: "(헤겔의 『정신현상학』에서 시작된) 전통은 진리를 수평적(水平的)으로, 옛사람들의 재해석에 대한 우리 앞사람들의 재해석에 대한 재해석 (……) 등이 절정에 다다른 것으로 생

---

47) 리처드 로티, 앞의 책(1996a), 306쪽.
48) Georg W. F. Hegel, *Phänomenologie des Geistes*(Suhrkamp Verlag, 1986), p. 72.

각한다. 이 전통은 표상이 표상 이외의 것과 어떻게 관계되어 있는가를 묻지 않으며, 표상들끼리 서로 어떻게 연관되어 보이는가를 묻는다."[49] 낭만주의자에게 진리는 칸트 철학에서처럼 우리가 찾아내어 보편타당하게 정립해야 할 영원한 그 무엇이 아니다. 진리란 우리가 새로운 어휘를 동원하여 폐기하고 변경하고 창출할 수 있는 인공물이다. 다시 말해 낭만주의자에게 "'더 나은 논증'이란 그것이 보편타당성을 갖고 있기 때문이 아니라, 특정한 청중을 설득할 수 있는 능력과 관련된다."[50]

역사주의자와 낭만주의자로서의 헤겔만이 표상주의의 전제를 허물어뜨리는 것이 아니다. 헤겔은 로티가 염두에 두고 있는 아이러니스트의 면모도 아울러 갖추고 있다. 로티가 사용하는 '아이러니스트'란 말은 "자신의 가장 핵심적인 신념과 욕구들의 우연성을 직시하는 사람, 그와 같은 핵심적인 신념과 욕구들이 시간과 기회를 넘어선 무엇을 가리킨다는 관념을 포기해버릴 만큼 충분히 역사주의자이고 유명론자(nominalist)인 사람을 가리킨다."[51] 말하자면 아이러니스트란 자신이 사용한 용어들이 변화하기 마련이며, 따라서 자신이 내세운 마지막 어휘까지도 우연성과 덧없음에 내맡긴 사람이다. 헤겔은 모든 것이 재서술의 영원한 가능성에 열려 있다고 보고 있으며, 자신의 어휘도 이 가능성에 기꺼이 노출시킨다. 헤겔의 변증법적 진리는 따라서 철학의 종착역이 아니라 철학사를 통해 끊임없이 축적되고 이어지고 변경되는 전체라고 할 수 있다. 다음의 비교적 긴 인용문은 헤겔에 대한 로티의 찬가로 보아도 무방할 것이다.

---

49) 리처드 로티, 앞의 책(1996a), 220쪽.
50) Richard Rorty, "Grandeur, profundity, and finitude", 앞의 책(2007), p. 83.
51) 리처드 로티, 앞의 책(1996b), 22~23쪽.

"나는 '변증법'이란 단지 명제들을 추론하는 것이 아니라 어휘들을 서로 대결시키는 것, 그래서 추론의 일부를 재서술로 대체하는 것이라 정의하였다. 나는 변증법이라는 헤겔의 말을 일부러 사용하였는데 그 까닭은 헤겔의 『정신현상학』이야말로 플라톤-칸트를 잇는 전통의 종언을 시작하는 것임과 아울러 아이러니스트가 행할 튼튼한 재서술 가능성의 개척 능력을 보여준 패러다임이었다고 생각하기 때문이다. (……)

헤겔은 낡은 상투어들을 보유하고 그것들이 정합적으로 도움을 줄 구분을 만드는 대신에, 낡은 상투어들을 진술하게 하였던 어휘를 끊임없이 변화시켰다. (……) 그의 선행자들에 대한 헤겔의 비판은 그들의 명제가 거짓이라는 것이 아니라 그들의 언어가 진부하다는 것이었다. 이런 유의 비판을 창안함으로써 청년 헤겔은 플라톤-칸트를 잇는 시리즈를 박차고 나와서, 니체, 하이데거, 데리다로 이어지는 아이러니스트 철학의 전통을 시작하였다. 이들은 자기네들이 성취한 바를 진리와의 관계에 의해서가 아니라, 선행자들의 관계에 의해서 정의하는 그런 철학자들이다."[52]

역사의 우연적 상황과 관련된 재서술과 재해석의 영원한 가능성에 모든 것을 활짝 열어 두면서 헤겔은 사람들의 삶의 배후에 어떤 항구적인 것, 초월적인 것도 남겨 두지 않았다. (진리론과 직접 관련된 주제는 아니지만 헤겔은 로티가 지향하는 문학 문화를 예고하고 있다.[53]) 이로써 헤겔은 프래그머티스트가 하고 싶었던 것을 거의 다 시도한 것처럼 보인다. 그러나 로티가 볼 때 헤겔은 여전히 '원초적인' 프래그머티

---

52) 같은 책, 154~155쪽.
53) 형이상학적 관념론은 로티가 지향하는 문학 문화에 다다르기 위한 중요한 요소를 간직하고 있다. 제1단계는 칸트 철학으로 그는 자연 과학의 어휘가 전부가 아니라는 것을 제안하였다. 제2단계는 헤겔이 끌어들였던 낭만주의이다. 독일 관념론과 문학 문화의 관계에 관해서는 리처드 로티, 앞의 책(1996a), 318~319쪽 참조.

스트에 머물러 있다. "확실히 헤겔 자신은 [표상주의의 의미에서] **철학적**이던 순간이 있었기"[54] 때문이다. 헤겔은 끊임없는 재서술의 과정을 생각하였으나, 여전히 이런 재해석의 과정을 통해 '절대적 지식'에 이를 것이라는 플라톤적인 이념으로부터 완전히 탈피하지 못하였다. 달리 말해, 헤겔은 새로운 용어로 말하면 모든 것들이 변화될 수 있다는 낭만적 센스와, 특정한 시간과 장소에 따라 어휘들이 갖는 상대성에 대한 역사적 센스를 구비하고 있었으나, 여전히 이 새로운 어휘들에 의한 새로운 변화가 (절대) 정신의 가장 깊은 비밀을 열어줄 수 있을 것이라는 희망을 놓치지 않았다. 요컨대 "진리란 재해석들에 대한 예전의 모든 재해석들에 대한 재해석을 통해 얻어지는 것이라는『정신현상학』의 비전은 **최종의 해석**, 최후의 〈올바른〉 해석이라는 플라톤적인 이념을 여전히 구현하고 있다."[55]

이렇게 보면 헤겔은 프래그머티즘의 길을 다 닦아 놓았으면서도 자신은 프래그머티스트가 되지 못한 셈이다. 헤겔은 우연성과 시간성을 기꺼이 인정하면서도 이것으로부터 벗어나고자 애쓴다. 지속적인 대화의 수행을 주장한 목적이 결국 대화를 불필요한 것으로 만들려고 그렇게 한 꼴이다. 한마디로 헤겔은 표상주의와 반표상주의에 걸쳐 있는 인물인 것이다. 그는 새로운 경험을 위한 개방성을 마련하면서도, 다른 한편으로는 가다머가 지적하고 있듯이 '절대적 지식'을 추구함으로써 새로운 경험을 위한 개방성을 차단하고 있다.[56] 그는 철저하게 진리가 우리의 관점과 입장에 의해 해석되고 재서술되는 인공

---

54) 같은 책, 70쪽.

54) 같은 책, 70쪽.
55) 같은 책, 224쪽.
56) Hans-Georg Gadamer, *Wahrheit und Methode*(J. C. B. Mohr, 1986), p. 348., p. 375. 참조.

의 영역이라는 것을 주장하면서도, 더 이상 우리의 유한한 삶에 따라 좌우되지 않는 진리를 발견하려는 오만한 '초관점적인 관점'[57]을 견지하고 있다. 로티는 헤겔 철학 내에서 들리는 파열음을 잘 알고 있다. "그러나 [철학이란 사상으로 포착된 자기 시대라는] 이 구절은 헤겔에게 전형적인 것이 아니며, 그가 철학에 관해 말한 여타의 많은 부분과 조화되기 어렵다."[58] 헤겔 철학이 지닌 야누스의 얼굴 중에서 로티는 "헤겔을 관념으로부터 떼어놓으려고 시도"[59]함으로써, 죽은 헤겔과 살아있는 헤겔을 구분하려 한다. 로티는 (절대적) 관념론을 배제한 헤겔을 원한다.[60] 로티는 인간의 삶이 (절대) 정신의 자기 실현이 아니라 그저 인간의 역사이기를 원하는 것이다.

헤겔 철학은 로티에 의하면 자기 자신의 파멸의 씨앗을 품고 있다. 그렇지만 로티의 이런 시각을 알았더라면 분명 헤겔은 분개했을 것이다. 왜냐하면 헤겔은 자신이 그 어떤 철학자보다도 체계적이고 정합적인 철학자라고 자신하였기 때문이다. 로티가 화석화된 헤겔이라고 간주한 그 부분이야말로 헤겔에게는 아주 중요한 자신의 철학의 구성요소였다. 로티는 이런 헤겔의 자부심을 여지없이 깨뜨려 놓았다. 헤겔이 아무리 노한 음성으로 로티를 꾸짖는다 하더라도 로티는 전혀 개의치 않을 것이다. 로티에게 울분에 가득 찬 헤겔은 여전히 데카

---

57) Ibid., p. 381.
58) 리처드 로티, 앞의 책(1996a), 69쪽.
59) Richard Rorty, "Dewey between Hegel and Darwin", 앞의 책(1998), p. 302.
60) 현대 영·미 철학계에서 헤겔 부흥을 선도하고 있는 브랜덤 역시 헤겔 철학을 프래그머티즘으로 보고 있다. 이런 점에서 로티와 브랜덤은 의견이 일치한다. 그렇지만 양자 사이에는 미묘한 차이점이 있다. 브랜덤은 로티가 버리고 싶어 하는 헤겔의 관념론에서 헤겔의 프래그머티즘을 찾으려 하는 것이다. 브랜덤에 의하면 바로 헤겔의 관념론이 프래그머티즘이다. 반면 로티는 헤겔의 역사주의와 낭만주의만을 취하려 하고 헤겔의 관념론은 죽은 화석으로 취급한다.

르트적인 강박관념을 떨쳐내지 못한 구식의 인물일 뿐이다. 그렇지만 프래그머티스트란 그 어떤 낡은 권위에도 복종하길 거부하는 반권위주의자이다.

3) 반표상주의로서의 프래그머티즘

헤겔은 데카르트에서부터 칸트에 이르기까지 금과옥조(金科玉條)처럼 받들어져온 표상주의의 사고틀을 벗어나는 법을 가르쳐주었다. 그렇지만 헤겔은 아버지를 살해했으면서도, 아버지 생전의 유지(遺旨)를 따르고 있었다. 그가 붙들고 있었던 이 마지막 유지마저 깨끗이 버릴 때, 그야말로 반표상주의로서의 성숙한 프래그머티즘이 출현한다. 이 프래그머티즘의 특징은 무엇보다 반권위주의라고 말할 수 있다. 표상주의자들은 (그것이 신이건 혹은 실재이건 간에) 참된 문장에 의해 정확히 표상된 대상을 우리가 존경해야 한다고 주장한다. 그들은 불가사의한 그 무엇 앞에서 무릎을 꿇고, 그것을 한 번만이라도 보기를 갈망한다. 우리는 초인적인 그 존재 앞에서 유한하고 덧없는, 그리고 가상에 사로잡혀 눈이 먼 존재로 한껏 격하되고, 또 격하되어야 한다. 우리는 스스로에게 죄의식을 부과한다. 반면 프래그머티스트는 영원한 실재와 접촉할 수 있다는 희망을 추호도 품고 있지 않으며, 인간의 작품이 아닌 그 어떤 것의 권위에도 맞설 준비가 되어 있다. "진리에 대한 실용주의자의 설명, 더 일반적으로 말해서 신념에 대한 반표상주의적인 설명은 인간 존재들이 신의 의지이거나 **실재(Reality)의 내재적 본성**이거나 간에 인간 아닌(non-human) 어떤 것 앞에서 반드시 겸손해야 한다는 생각에 대한 하나의 저항이라고 나는 생각한다."[61] 그러므로 프래그머티스트에게서 표상주의자들이 간직하고 있는 뿌리 깊은 죄의식이란 찾아볼 수 없다. 인간의 운명을 지배하는 신이나 실재나 진리 따위는 없다. 프래그머티스트에게 천벌을 내릴 하늘은 아예 존재하지 않는다. 하늘은 무심할 뿐이다. 땅 위에서 사는 사람들의 미래를 결정하는 주체는 오로지 땅 위에 사는 사람들일 뿐이다.

프래그머티스트는 태생적으로 반권위주의자이기 때문에, 초월적인 신이나 불변하는 진리를 통한 구원을 포기한다. 반면 표상주의자들은 사물이 실제로 존재하는 방식이 있고, 우리가 그것에 대한 지식을 얻을 수 있다고 생각한다. 이 지식만 획득하면, 표상주의자들이 풀기 위해 진력해온 — 예컨대 "진리는 존재하는가?", "사물이 실제로 존재하는 방식이 있는가?", "우리는 무엇을 해야 할 것인가?"와 같은 — 온갖 물음들에 대한 반성의 과정이 단번에 종결될 수 있다."[62]고 믿는다. 이런 일련의 신념을 가리켜 로티는 '구원적 진리(redemptive truth)'라는 용어를 사용한다. 구원적 진리는 『반지의 제왕』에서 어둠의 왕국을 이끄는 사우론을 단번에 물리치는 절대반지와도 같은 위상을 갖고 있다. 표상주의자는 구원적 진리를 손에 넣기만 하면 탐구는 종결될 것이라고 확신한다. 그러나 프래그머티스트에게 "탐구가 종결될 것이라곤 상상조차 할 수 없다."[63] 왜냐하면 우리가 살아가면서 봉착하는 문제를 해결하다 보면 그것은 새로운 문제를 야기하고, 이런 문제 해결(탐구)의 과정은 영원히 계속될 것이기 때문이다. 프래그머티

61) 리처드 로티, 「반(反)권위주의로서의 실용주의」, 『로티와 철학과 과학』, 김동식 엮음 (철학과현실사, 1997), 15쪽.
62) Richard Rorty, "Philosophy as a transitional genre", 앞의 책(2007), p. 90.
63) Ibid., p. 89.

스트에게 구원이 있다면, 그것은 이제 더 이상 종교의 신과 철학적 진리에서가 아니라 — 책과 건축물, 그림, 노래와 같이 — 인간이 창조해낸 것과의 관계에 있을 것이다. 프래그머티스트는 구원을 찾기 위해 인간 세상의 바깥을 조금도 기웃거리지 않는다.

구원적 진리의 희망을 미련 없이 내버린다는 것은, 프래그머티스트가 초월적인 신이나 보편적인 진리뿐만 아니라 이성, 합리성, 인간 본성, 도덕성, 본래적인 인권 등의 형이상학적인 토대 일반을 내던진다는 것을 함축하고 있다. 문제가 발생하면 탐구는 그 문제가 발생한 맥락 안에서 수행될 뿐이다. 프래그머티스트에게는 모든 문제를 일시에 해결해줄 맥락 초월적이거나 맥락 선행적인 본질적인 속성이란 없다. 어떤 것이든 그것은 우리가 현재 처한 상황과 우리가 설정한 목적 내에서 하나의 관계의 항으로 해석되고 해소될 수 있다. 이처럼 프래그머티스트가 반본질주의자라는 것은 곧 그가 철저한 맥락주의자라는 것을 뜻한다. : "우리가 전적으로 반본질주의자라고 가정해보자. 그렇다면 우리는 모든 탐구란 해석이며, 모든 사유란 재맥락화해서 성립하고, 우리는 결코 그 밖의 어떤 것도 하지 않아왔으며 앞으로도 하지 않을 것이라고 말하게 될 것이다."[64] 탐구란 진리의 발견을 추구하는 것이 아니라 특정한 맥락 안에서의 해석이기 때문에, 믿음의 관계 그물망은 끊임없는 재서술을 통해 재조직된다. 구원적 진리를 포기한 프래그머티스트에게는 "사물들을 맥락−독립적인 것과 맥락−의존적인 것으로 구별할 수 있는 어떤 방식도 존재하지 않는다."[65]

---

64) Richard Rorty, "Inquiry as recontextualization: An anti−dualist account of interpretation", *Objectivity, Relativism, and Truth: Philosophical Papers, Volume 1*(Cambridge University Press, 1991a), p. 102.

65) Ibid., p. 98.

프래그머티스트에게는 모든 대상이 이미 항상 맥락화되어 있다. 진리는 맥락을 벗어난 본질 따위를 갖고 있지 않다. 이런 본질을 운위하는 것은 더 이상 아무런 효용이 없다. 철저하게 맥락에 의존한 재서술과 재조직은 인간의 우연성과 유한성을 수용하는 것이다. 이것은 "우리가 동료 인간들에게서 물려받은 유산과 그들과 벌이는 대화를, 길잡이를 위한 근원으로 수용한다는 것을 말한다."[66] 이때 프래그머티스트가 말하는 대화는 어떤 최종적인 지점에 이르러 마침내 대화가 종결되는 그런 대화가 아니다. 이런 종류의 대화 수행은 결국 영원하고도 비역사적인 어떤 것의 존재를, 또는 합의를 보증해줄 어떤 것의 존재를 전제로 삼고 있는 셈일 것이다. 표상주의자들이 자기들도 대화를 옹호한다고 할 때 그들이 기획하는 종류의 대화가 바로 이런 것이다. 그러나 프래그머티스트가 수행하는 대화는 종결되지 않는 대화이다. 그는 성공을 담보해주는 어떤 인식론적 보증도 갖고 있지 않지만 (그렇기에) 대화를 지속하고 또 계속하고자 하는 자이다. "실용주의자는 대화를 지속하는 것이 우리의 도덕적 의무라고 보며, 오직 대화〈그것만이〉 우리의 프로젝트이고 서구 지성인의 생활양식이라고 말해준다."[67] 거기에는 모두가 동의할 수 있는 합의의 목표가 없다. 말하자면 끊임없는 대화를 위한 대화가 있을 뿐이다. 삶은 우연적이고도 새로운 문제를 끊임없이 야기한다. 그리고 이런 문제를 해결하려는 탐구의 과정도 영원히 지속될 것이기 때문에, 대화도 영원히 수행되어야 한다. 반표상주의로서의 프래그머티즘의 특징은 로티의 다음 서술에서 가장 극명하게 표명되고 있다.

---

66) 리처드 로티, 앞의 책(1996a), 344쪽.
67) 같은 책, 355쪽.

"…… 우리가 프래그머티스트들이 될 수 있는가 아니면 전문적인 표상
주의의 철학자들로 남아 있을 것인가의 논점은 (……) 바꿔 말하면 대화
를 사랑하는 사람들과 자기 기만적인 레토릭을 사랑하는 사람들 사이의
논점이다."[68]

표상주의자들이 대화를 사랑하는 척하면서 내심으로는 진리를 사
랑하는 사람들이라면, 프래그머티스트는 저 거대한 진리가 주는 위안
을 던져버리고 오로지 대화만을 중시하는 사람이다. 대화를 통해 그
리고 대화를 통해서만 문제가 일시적으로 해결될 수 있을 뿐이며, 프
래그머티스트에게는 그것으로 충분하다. 대화할 수 있는 동료 인간들
이외에 프래그머티스트가 진지하게 존중해야 할 것은 아무것도 없다.
"정확한 — 표상으로서의 — 객관성을 이렇게 상호주관성 — 으로서
의 — 객관성으로 대체하는 것이야말로 핵심적인 프래그머티즘 운동
이다."[69] 프래그머티스트는 피안을 동경하는 것이 아니라, 대화를 통
해 자기가 몸담고 있는 공동체 성원과 문제 해결의 잠정적인 방안을
모색하고 타협하는 사람이다.

---

(68) 같은 책, 350쪽.
(69) Richard Rorty, "John Searle on Realism and Relativism", 앞의 책(1998), p. 83.

3

표상주의에 대한 비판

1) 언어의 우연성

현상 배후에 있는 실재의 본성을 있는 그대로 보고자 하는 시도, 즉 플라톤적인 추구를 부질없는 짓으로 간주하는 로티의 입장은 기본적으로 언어적 전회와 관련을 맺고 있다. 칸트가 우리의 외부 대상이 아니라 우리의 주관적인 선험적 능력에 탐구의 방향을 돌림으로써 인식론에서 코페르니쿠스적 전회를 기도했다면, 로티는 철학적 관심을 무엇보다 언어에 돌림으로써 표상주의에서 반표상주의로 전회를 시도하고 있다고 볼 수 있다. 셀라스(Wilfrid Sellars, 1921~1989)를 원용하면서 로티는 '선언어적 인지(pre-linguistic awareness)'란 성립할 수 없으며, 지식은 반드시 언어적일 수밖에 없다고 주장한다. 왜냐하면 우리가 "언어의 배후로 들어가서 우리가 말하고자 하는 것과 직접적으로 대면하는 비언어적 형식에 이르는 방도란 존재하지 않기"[147) 때문이다. 우리가 있는 그대로의 사물과 만났다 하더라도 그 신비로운 조우를 언어에 의해 서술하려고 할 경우, 우리가 만나게 되는 것은 언어의 문장으로 표현된 사물일 뿐이다. 로티가 즐겨 쓰는 표현에 의하면 우리가 파악하는 실재는 반드시 언어적 서술에 의해 매개되고 해석된 '특정한 서술하에서의 실재(reality-under-a-certain-description)'[71]인 것이다. 언어와 언어의 대상 사이로 끼어들 방도란 도무지 없다. 예컨대 있는 그대로의 호랑이와, 우리가 그 호랑이에 대해 말하는 방식을 분리할 재간은 없다. 바꾸어 말하면 우리에게 알려질 수 있는 대상이란 서술하는 문장들 속에서 진술된 것일 뿐이다.

셀라스 이외에 로티는 데이빗슨(Donald Davidson, 1917~2003)의 언어관을 적극적으로 수용하고 있다. 데이빗슨은 언어가 (비언어적인) 대상 세계를 반영하는 매개체가 될 수 없다는 입장을 취하면서 다음과 같은 결론을 내리고 있다. : "만일에 언어란 것이 많은 철학자와 언어학자가 생각하는 것과 같은 것이라면, 나는 언어는 없다고 결론짓는다. 그러므로 학습되고 마스터되고 생득적으로 지니는 그런 것이란 없다. 언어 사용자들이 먼저 획득하고 나서 경우에 맞춰 적용하는, 명백하게 정의된 공유된 구조에 대한 생각을 우리는 포기해야만 한다."[72] 언어의 의미는 언어 사용자가 어떤 언어를 사용하기 전 그 언어가 지시하고 있는 것이 무엇인가를 배우는 데서 획득되는 것이 아니다. 언어의 의미는 언어를 실제 사용하면서 그 언어가 다른 언어와 맺고 있는 관계를 통해 얻어질 수 있을 뿐이다. "언어적 의미를 비언어적 의도나 신념을 통해 한정할 수 있는 가능성을 의심하는"[73] 데이

---

70) Richard Rorty, 앞의 책(1999), p. 57.

71) Richard Rorty, 앞의 책(1979), p. 378.

72) Donald Davidson, "A Nice Derangement of Epitaphs", *The Essential Davidson*(Oxford University Press, 2006), p. 265.

73) Donald Davidson, "Belief and the Basis of Meaning", *Inquires into Truth and*

빗슨의 입장은 로티에게는 다음과 같은 버전으로 나타난다. : "우리 반본질주의자들은 우리와 대상들 사이에 끼어 있는 장막 같은 언어의 그림을, 대상들을 서로 연결하는 방식으로서의 언어의 그림으로 대체하고자 한다."[74]

프래그머티스트는 우리가 언어를 넘어선 '사실'과 언어를 비교하는 것이 아니라 단지 언어나 메타포들을 서로 비교할 수 있을 뿐이라고 주장한다. 그에게는 어떤 낱말이나 문장도 그 자체만으로는 의미를 획득할 수 없고, 다른 언어들이나 문장들과의 관계를 통해서만 비로소 그 의미가 알려질 수 있다. 한 낱말이나 문장의 의미는 광범위하고 무한하게 확장 가능한 언어 전체의 그물망 속에서 어떻게 그 낱말이나 문장이 쓰이는가를 떠나서는 결코 이해되거나 설명될 수 없다. 의미 있는 문장들이란 여타의 의미 있는 문장들과의 연결 이외의 아무 것도 아니고, "모든 것은 다른 모든 것과의 관계에 의해 구성된다."[75] 로티는 예컨대 숫자를 생각해보자고 제안한다. 17은 그 자체만으로는 그 의미가 전달될 수도 없고 알려질 수도 없다. 17은 16과 18의 사이 숫자이고, 1,678,922에서 1,678,905를 뺀 숫자이며, 기타 등등의 다른 숫자들과의 관계에 관한 지식을 통해서만 그것에 관한 지식과 정보가 획득되고 전달될 수 있다. 이것이 로티가 말하는 '범관계주의(panrelationalism)'이다. 범관계주의자에게는 모든 관계를 떠난 X 자체의 본질이나 내적인 본성 같은 것은 존재하지 않으며, X의 있는 그대로의 모습에 관한 서술 또한 존재하지 않기 때문에 그 대상이 어떤 것이든 간에 독립적인 즉자존재에 대한 추구란 불가능한 일이다. 그래

Interpretation(Oxford University Press, 2001), p. 144.

74) Richard Rorty, 앞의 책(1999), p. 55.

75) Ibid., p. 77.

서 로티는 "정신적인 실재든 물리적인 실재든, 믿음이 실재를 정확하게 표상하고 있는가를 묻는 것은 헛수고에 지나지 않는다."[76]고 단정하는 것이다.

그 누구보다 로티가 표상주의를 거부할 수 있게 힘을 북돋아준 이는 다윈(Charles Robert Darwin, 1809~1882)일 것이다. "[실재와 진리는 하나이며, 사물이 실제로 존재하는 방식에 대한 단 하나의 참된 설명만이 있다는 생각에 대한] 이 포기는 우리가 어디에서 왔는가에 대한 다윈의 설명과 더불어 시작되었다."[77] 인간의 마음이 과연 마음 밖에 있는 그대로의 실재와 접촉하는가 하는 전통적인 형이상학의 물음들을 프래그머티스트가 거부하는 것은 곧 언어를 본질적인 실재를 표상하는 매개물로서가 아니라 특수한 목적을 달성하기 위한 유용한 도구로만 간주하는 것을 뜻하는데, 바로 이런 전망을 볼 수 있도록 굳게 닫혀 있던 표상주의의 창문을 다윈이 열어젖혔던 것이다. 다윈은 프래그머티스트가 언어를 실재를 비추는 개념적 틀로서가 아니라 환경과의 인과적 상호작용의 산물로 볼 수 있도록, 즉 그것을 단순히 문제 해결을 위한 도구로 취급하도록 만든다. 다양한 도구들의 사용은 (그것이 해머이든 총이든 믿음이든 혹은 언어이든 간에) 유기체와 환경 간의 상호작용을 나타낸다. 로티에게 언어란 대상들에 대한 표상들로서가 아니라 유기체와 환경을 결합하는 인과적인 그물망의 결절이며, 단적으로 말해서 인간의 욕구 충족을 위한 하나의 도구 이외에 아무것도 아니다. 결국 우리가 사물에 대해 부여하는 모든 서술들이란 인간의 필요와 관심으로부터 동떨어져서 독립적으로 있는 것이 아니라, 바로 인간의 목적을 적절하게 만족시킬 수 있는 것들이다. 그렇기에 "인간의 언어

---

76) Ibid., p. xxiv.
77) Ibid., p. 262.

는 인간의 창안"[78]에 다름 아니고, "우리가 알아야 할 것이란 어떤 경쟁 서술들이 우리의 목적을 위해 더욱 유용한 것일 수 있는가 하는 것뿐이다."[79]

이렇게 언어가 인간의 필요와 관심에 의해 만들어진다는 것은 언어가 어떤 절대적 규준에 의해 불변의 것으로 주어지는 것이 아니라, 어떤 도구들을 사용하는 것이 효과적인가에 관한 물음에 의해 형성된 순전히 역사·문화적 우연들의 복합물일 뿐임을 시사한다. 그렇다면 우리의 언어는 시간과 기회의 산물 이외에 아무것도 아니다. 따라서 로티의 제안에 따른다면, 철학자나 그 밖의 사람들이 구체적으로 행해야 할 것은 진리의 (은폐된 그러나 신성한) 의미를 찾아내는 데 있는 것이 아니라, 목적에 부적당한 낡은 어휘들을 대신할 새로운 어휘를 동원하여 메타포적인 재서술을 감행하는 것이다. 주어진 환경에 적응하는 동시에 환경을 형성해 나가는 유기체로서 우리들이 만들어내는 "어휘의 창안은 (……) 낡은 도구들을 대신할 새로운 도구들의 창안이다."[80] 로티의 프래그머티즘은 다윈을 철학에 끌어들여 철저하게 적용한 것이라고 할 수 있다. 다음 인용문은 로티가 얼마나 다윈에 빚지고 있는가를 알려준다.

언어를 이렇게 다윈적인 방식으로 보는 것은, 다시 말해 대상들의 표상들보다는 오히려 대상들을 처리하기 위한 도구들로서 그리고 상이한 목적들을 다루기 위한 일련의 상이한 도구들을 제공하는 것으로 보는 것은 분명 본질주의자로 있는 것을 어렵게 한다. 왜냐하면 A에 대한 하나의 서술

---

78) 리처드 로티, 앞의 책(1996b), 32쪽.
79) Richard Rorty, 앞의 책(1999), p. xxvi.
80) 리처드 로티, 앞의 책(1996b), 45쪽.

이 또 다른 서술보다 '객관적'이거나 'A의 본래적 본성에 더 가까울' 수 있다는 생각을 심각하게 고려하는 데 있어 곤란을 겪기 때문이다. 도구들과 그것들이 조작하는 것과의 관계는 단순히 특정한 목적을 위한 유용성의 문제이지 '대응'의 문제는 아니다.[81]

로티에게 언어란 밖에 존재하는 어떤 것을 복사하려는 기도가 아니라, 인간 유기체가 외부의 환경을 다루기 위한 도구이며 또한 인간 유기체와 우주 사이의 굉장히 복잡하고 인과적인 연관의 산물이다. 그렇기 때문에 로티는 모든 인간의 탐구를 "잠정적인 목적에 기여하고, 잠정적인 문제들을 해결하는 시도"[82]로서, 인간을 환경에 대처하고자 최선을 다하는 동물로서 묘사한다. 그는 쾌락은 증대하고 고통은 감소될 것이며 인간에 의해 인간의 굴욕이 멈추어져야 한다는 희망을 품고서, 여러 도구들과 행동 습관들을 개발하는 데 전력하는 동물로서 인간을 바라본다. 인간과 동물을 구별짓는 것은 본래적인 이성 능력의 구비 유무에 있는 것이 아니라 환경에 대처하는 행동의 복잡성에 있을 뿐이다. 동물과 인간 사이의 연속성을 가르는 유일한 단절이란 언어의 사용 여부일 것이다. 아메바는 문장을 말하지 못한다.

그런데 이렇게 언어가 표상의 매체가 아니고 그래서 "언어가 정확히 표상하는 데 실패할 수밖에 없다."[83]면, 결국 로티도 (우리가 실재에 원리적으로 다가갈 수 없다고 주장하는) 인식론적 회의주의자가 아닌가? 그러나 이것은 요점을 잃은 질문이다. "언어가 실재를 정확히 표상하는가 아니면 그렇지 않은가?"하는 질문이야말로 표상주의의 패러다

---

81) Richard Rorty, 앞의 책(1999), p. 65.
82) Ibid., p. xxii.
83) Ibid., p. 50.

임을 그대로 답습하고 있는 것이기 때문이다. 이런 점에서 인식론적 회의주의는 표상주의와 겉으로는 원수지간이지만 실제로는 지적인 짝패라고 할 수 있다(로티에 대한 대다수의 비판은 로티가 볼 때 자기가 그렇게 거부하고자 했던 표상주의에서 발원하는 것들이다).

　로티가 말하고 싶은 바는 표상주의의 지평을 떠나, 언어를 생물학적인 방식으로 고찰해야 한다는 것이다. "반표상주의자는 우리의 언어가 우리의 몸처럼 우리가 살고 있는 환경에 의해 형성된 것이라는 것을 기꺼이 인정한다."[84] 그리고 이렇게 언어를 환경에 대처하는 도구의 사용으로 보는 것은 당연히 "언어를 통해 인간의 마음이 실재와 접촉할 수 있는가?"하는 물음 자체를 경청할 만한 물음으로 간주하지 않는다는 것을 가리킨다. 로티가 실재-현상의 구별을 벗어나고자 할 때는 언제나 다원적인 관점을 배경에 깔고 있다는 점을 기억할 필요가 있다. 언어가 시간과 기회의 산물이라는 로티의 입장이 자아와 공동체에도 그대로 관철될 수 있다는 것은 더 이상 말할 필요도 없을 것이다. "우리가 〈아무것도〉 준-신적인 것이라고 취급하지 않으며 우리의 언어, 우리의 양심, 우리의 공동체 등 〈모든 것을〉 시간과 기회의 산물로 여기는 그러한 지점에 도달해가고 있다는 것이다."[85] 자아는 사물의 본질을 파악할 수 있는 비밀스런 능력을 내재적으로 갖추고 있는 것이 아니다. 자아와 공동체 자체가 환경과 다른 사람과의 그물 연관망에서 비로소 재조직되고, 정체성을 형성해가는 것이다.

---

84) Richard Rorty, "Introduction: Antirepresentationalism, ethnocentrism, and liberalism", 앞의 책(1991a), p. 5.
85) 리처드 로티, 앞의 책(1989b), 61쪽.

2) 비환원적 물리주의

표상주의는 어떻게 해서 실패의 길을 걸어야 했는가? 그것은 표상주의자가 우리는 결코 언어 밖으로 나갈 수 없는데도, 언어적 서술에 의해 매개되지 않은 (즉 저 바깥에 존재하는 것으로 상정된) 진리를 찾아 헤맸기 때문이다. 세계 자체가 참이나 거짓일 수는 없다. "세계에 대한 서술들만이 참이나 거짓이다."[86] 환원하면 "세계는 말하지 않는다. 오직 우리가 말할 뿐이다."[87] 이런 프래그머티즘의 테제는 곧 어떤 믿음에 대한 정당성은 (세계가 아니라) 도구로서 언어를 창안한 우리에 의해 부여될 수밖에 없다는 것을 함축한다. 세계를 서술하는 문장은 오로지 다른 문장과의 관계 속에서만 그리고 언어를 사용하는 다른 사람과의 관계망 속에서만, 말하자면 인간적인 삶의 실천 속에서 이루어지는 재직조의 과정을 통해서만 참이나 거짓일 수 있는 것이다. 그러나 근세철학자들은 어떤 신념이나 주장이 정당화되기 위해서는 그런 주장을 야기한 (저 바깥 세상에 존재한다고 전제된) 신념의 원인을 어떻게든 인식해야 한다고 생각하였다. 이것은 불가능한 일이다. 그런데도 불가능한 것을 가능하다고 사칭하기 위해서는 사람들을 현혹하는 기제가 필요하다. 표상주의자들에게 그런 기제는 믿음을 정당화하는 이유(reason)와 믿음을 야기하는 원인(cause)을 뒤섞어 놓는 것이었다. 전통적인 경험론에서 명확하게 나타나듯이 표상주의자들은 "'지식의 기원' 안에 놓인 '믿음의 원인'과 '믿음의 정당화' 사이의 이 같은 혼돈에 편승하였다."[88]

---

86) 같은 책, 32쪽.
87) 같은 책, 34쪽.
88) Richard Rorty, "Unfamiliar noises: Hesse and Davidson on metaphor", 앞의 책

프래그머티스트의 특징은 지식의 원인과 지식의 정당화를 명확히 구분하는 데 있다. 이것은 세계는 저 바깥에 있을 수 있지만, 진리는 (우리의 언어와 독립해서) 저 바깥에 있을 수 없다는 주장으로 환치될 수 있다. 정당화(이유)의 맥락은 결코 물리적인 원인의 맥락으로 환원될 수 없다. 요컨대 이것이 데이빗슨이 주창한 '비환원적 물리주의(non-reductive physicalism)'이다. 데이빗슨은 다음과 같이 말하고 있다.

> 나는 의미나 지식이 궁극적인 증거의 원천으로 여겨지는 어떤 것에 근거하고 있다는 생각을 포기할 것을 제안한다. 의미와 지식이 경험에 의존하고 있으며, 또 경험은 궁극적으로 감각에 의존하고 있다는 것은 의심할 나위가 없다. 그러나 이때 의존한다는 것은 인과성의 '의존'이지, 증거 즉 정당화의 '의존'은 아니다.[89]

로티는 이러한 데이빗슨의 입장을 그대로 받아들이고 있다. 물리적 세계는 우리에게 믿음을 야기하게 해주는 자극의 원인이 될 수 있으나, 그 믿음을 정당화할 수는 없다. 정당화는 어디까지나 언어적 존재인 우리의 몫이다. 예컨대 인간이 없었다 해도, 그래서 인간이 그것을 기린으로 명명하지 않았다 해도, 물리적인 기린은 우리 바깥에 있었을 것이다. 또 그것은 우리의 오감에 자극을 주었을 것이다. 그러나 우리가 그것을 기린으로서 언표할 때, 거기에는 우리의 욕구와 관심이 이미 항상 반영된 것이고, 다른 문장과의 그물망 속에서 그것의

(1991a), p. 169.

89) Donald Davidson, "A Coherence Theory of Truth and Knowledge", 앞의 책 (2006), p. 232.

의미가 비로소 자리를 잡는 것이고, 역사적인 공동체의 언어 게임 속에서 사용과 이해의 맥락 안으로 들어온 것이다. 즉 세계 밖의 물리적 기린을 세계 안의 기린으로서 만든 것은 저 자극의 원인인 기린이 아니라, (그것을 기린이라고) 그렇게 말하는 우리인 것이다. "그러나 인간으로부터의 기린의 인과적 독립성은 기린이 인간의 욕구와 관심으로부터 분리되어 있다는 것을 의미하지는 않는다. (……) 우리는 그렇게 하는 것이 우리의 목적에 적합하기 때문에 '기린'이라는 단어를 포함하는 언어를 말한다."[90] 반면 표상주의자들은 우리가 기린이라 서술한 정당성의 이유를, (우리와는 무관한) 기린의 인과적 독립성에서 발견하려고 헛되이 시도했던 것이다.

비환원적 물리주의에 의하면, 어떤 언어 혹은 단어를 적합하게 만드는 것은 언어의 바깥에 있는 것이 아니라 언어 안에 있다. 우리가 도무지 언어 밖으로 나갈 수 없다고 말하는 프래그머티스트를 비판하는 사람들은 그를 '언어적 관념론자(linguistic idealist)'로 규정하기도 한다. 마치 프래그머티즘에서는 탐구의 대상 자체가 제거된 것처럼 보이기 때문이다. 김동식은 이를 이렇게 표현하고 있다.: "[언어의 정초적 기초를 깡그리 부정하는] 로티의 언어관과 그의 레토릭은 (……) 우리들로 하여금 무엇이든 다 언어나 언어의 일부로 여기게 강요하는 위험을 안고 있다."[91] 그러나 이것이야말로 로티의 언어관을 곡해한 것처럼 보인다. 왜냐하면 로티는 모든 것이 언어에 의해 (사회적으로) 구성된다고 주장한 적이 없기 때문이다. 비환원적 물리주의자는 세계에 대한 비언어적인 인식이 가능하다는 것을 부정하고 있을 뿐이지, (감각의 원인으로서) 물리 세계가 우리 밖에 존재하는 것은 승인하고 있

---

90) Richard Rorty, 앞의 책(1999), p. xxvi.
91) 김동식, 『로티의 신실용주의』(철학과현실사, 1994), 212쪽.

다. "반본질주의자는 어떤 실재론자만큼이나 강하게 인간의 믿음 및 욕망과 **인과적으로** 독립된 대상들이 있다는 점을 믿는다."[92] 로티는 탐구의 정당화가 믿음과 대상 사이의 대면에서 성립하는 것이 아니라 오히려 일련의 정합적인 믿음들의 관계망 속에서 성립한다고 주장할 뿐이다. 따라서 프래그머티스트는 정합론자일 뿐, 관념론자는 아니다. 프래그머티스트가 진리와 정당성을 혼동한다는 주장에 대한 로티의 응답을 요약하면 다음과 같다. : "비난하는 사람들에게 오히려 이런 비난을 가하는 것이다. 혼동하고 있는 사람들은 바로 그들이다."[93]

비환원적 물리주의자가 말하는 요점은 대상의 인과성은 인정하지만 표상성은 부정한다는 데 있을 것이다. 한마디로 "믿음을 획득하는 원인이 존재한다고 해서, 믿음을 **진리로** 만들어주는 원인이 존재하는 것은 아니다."[94] '어떤 믿음이 진리인가?'의 여부는 그것이 대상 자체를 표상하는가에 있는 것이 아니라, 그 믿음이 우리의 욕구를 충족시켜주는가에 달려 있다. (우연과 역사에 노출되어 있는) 우리가 환경 및 타인과 맺고 있는 총체적인 언어의 그물망 속에서 그 믿음이 도움이 될 경우에 그것은 잠정적인 진리의 역할을 할 수 있을 것이다. 그리고 이런 점에서 왜 로티가 "언어적 변화가 없이는 도덕적이거나 지적인 진보란 없다."[95]고 믿는지를 가늠할 수 있다(비판자들은 이런 측면에서도 로티가 언어적 관념론자라고 비판할 것이다. 로티는 그렇다면 그들에게 다른 방식을 보여 달라고 요구할 것이다. 만약 그들이 현실의 부조리를 타파하거나 개선하는 데 저 형이상학적 토대나 보편적인 이성, 인간성, 본래적 인권 등을

---

92) Richard Rorty, "Inquiry as recontextualization: An anti-dualist account of interpretation", 앞의 책(1991), p. 101.

93) Richard Rorty, 앞의 책(1999), p. 38.

94) Richard Rorty, "Non-reductive physicalism", 앞의 책(1991a), p. 121.

95) Richard Rorty, "Pragmatism and romanticism", 앞의 책(2007), p. 115.

들먹인다면, 로티는 회심의 미소를 지을 것이다. 그것은 로티에게 아주 손에 익은 요리 재료들이기 때문이다. 물론 이런 주제는 심층적인 정치철학의 논의를 필요로 하는 것이지만, 로티가 이런 종류의 비판에 대해 할 말을 많이 가지고 있는 것만은 분명하다).

3) 표상주의의 실천적 비효율성

그리스적인 이원론의 구별을 거부하고 유용성을 전면에 부각시키는 로티의 프래그머티즘은 지식의 본성에서뿐만 아니라 도덕적 선택의 본성에도 그대로 적용된다. 그리고 이것은 인식론에서 그랬던 것처럼 이전의 형이상학자들이 감히 상상하지도 못했을 그런 전환을 함축하고 있다. 로티는 도덕적인 선택을 절대적인 옳음과 절대적인 그름의 선택이라기보다 경쟁하는 선들 사이의 타협의 문제로 간주한다. 무조건적인 도덕적 원리란 관계로부터 벗어난 어떤 절대적 당위를 전제로 하고 있지만, 프래그머티스트들에게 (도덕적 원리를 포함하여) 모든 것은 다른 모든 것과의 상호 관계에 의해 구성된 것일 뿐이다. 또한 저 도덕적 원리는 역사와 사회의 부침(浮沈)으로부터 면제된, 인간의 변화하는 관심과 욕구에 전혀 영향 받지 않는 어떤 것을 전제로하고 있지만, 프래그머티스트들에게 우리가 말하고 행하고 믿는 모든 것은 인간적인 필요와 관심들을 수행하기 위한 것이다. 이처럼 인간은 진리나 도덕적인 의무를 위해 존재하는 것이 아니라 바로 인간자신의 삶을 위해 존재한다. 로티는 자신의 프래그머티즘이 계몽의세속주의를 정식화한 방법과 유사하다는 점을 인정하면서도, 계몽과프래그머티즘에는 결정적인 차이가 있다고 말한다. 계몽은 인간을 진리에로 인도해줄 신적인 것에 가까운 능력으로서의 '이성'을 지니고 있지만, 프래그머티즘은 도덕적인 원리를 근거 짓는 (신이나 철학의 진리, 이성, 인간성 등을 포함하여) 어떤 토대도 전혀 가지고 있지 않다는 것이다.

　도덕적 상대주의를 비판하는 사람들은 어떤 절대적인 도덕적 원리가 존재하지 않는다면, 즉 인간의 나약함과 변덕스러움을 물리칠 수 있는 영속하는 신적인 것이 존재하지 않는다면, 인간은 악에 저항할 수 없을 것이라고 말한다. 모든 도덕적 선택이 단지 갈등하는 선들 사이의 타협이라면, 도덕적 싸움이란 헛수고이며, 부정에 항거하다 죽은 사람들의 삶이란 무의미해질 것이라고 말한다. 그러나 생물학적 견해를 채택하는 프래그머티스트인 로티에게 "도덕적인 싸움은 생존을 위한 싸움의 연속"[96]일 뿐이다. 프래그머티스트에게는 본질적인 악이란 없으며, 불편함이 악이고, 인간에게 고통을 가져다주며 인간에게 미래의 희망을 앗아가는 것이 악이다. 도덕적 선택에서 프래그머티스트에게 무엇보다 중요한 것은 절대적인 것이나 신적인 것을 찾는 거창한 작업이 아니라, "인간의 고통을 줄이며 인간의 평등을 증가시키고 모든 어린이들이 행복의 동등한 기회를 가지고 삶을 시작할 수 있는 능력을 배양시킬 수 있는 방법을 궁리하는 일"[97]이다. 이런 일을 하는 사람을 로티는 '자유주의자'라고 명명하고 있다. 자유주의자는 인간들이 다른 인간들에 의해 굴욕 당하는 일이 멈추어지리라는 희망을 품고 있으며 "잔인성이야말로 우리가 행하는 가장 나쁜 짓이라고 생각하는 사람이다."[98] 따라서 자유주의자로서 프래그머티스트

---

96) Richard Rorty, 앞의 책(1999), p. xxix.
97) 같은 곳.
98) 리처드 로티, 앞의 책(1996b), 202쪽.

에게는 예컨대 "참된 선이란 무엇인가?"를 고구하는 것이 아니라, 구체적으로 자본주의의 경쟁 시대에서 당연하게 받아들이는 부익부 빈익빈의 현상과 이런 빈부의 격차가 자식 세대의 교육의 질에까지 영향을 미치는 "부조리한 삶의 상황을 어떻게 하면 개선할 것인가?"가 주요한 도덕적 고민거리로 등장한다. 이런 실천적인 목표는 총총 빛나는 하늘의 별에 쓰여 있지도 않고 강고한 실천 이성의 후원을 요구하지도 않지만, 프래그머티스트는 이 목표를 위해 죽을 만한 가치가 있다고 생각한다. 프래그머티스트의 관점에서 볼 때, 프래그머티즘의 반대자들이 확고한 도덕적 원칙들이라고 찬양해 마지않는 것은 단지 지나간 관행들의 축약이며, 우리 선조들이 경쟁하는 선들 사이에서 도덕적 선택을 했던 관습을 요약한 방식에 지나지 않는다. 표상주의자들의 실천적 원리들은 한때는 좀 더 나은 인간의 미래와 희망을 북돋아주고 문제를 해결하는 도구로서 유용했을지 모르지만, 이제는 '단지 구식이 되어버린 플라톤주의의 전문 용어'[99]에 불과하다. 말하자면 그것들의 유통기한이 끝난 것이다.

프래그머티스트가 표상주의를 폐기하자고 주장하는 이유는 "우리가 최종적인 휴식처에 도달했기 때문이 아니라 (……) 우리 조상들을 괴롭혔던 문제와는 다른 문제를 해결해야 하기 때문이다."[100] 급속도로 변화하는 세계에서, 그리고 그 변화가 지구 구석구석까지 광범위하고 직접적인 영향을 미치는 세계에서, 또 그 변화를 가져오는 요인들이 날줄과 씨줄로 복잡하게 얽혀 있는 세계에서 우리가 당면하는 여러 도덕적인 딜레마들은 이전과는 다른 양상을 띠고 양산된다. 그래서 "빠르게 변하는 세계 속에서 우리가 직면하는 ― 인구 조절과

---

99) Richard Rorty, 앞의 책(1999), p. xvii.
100) Ibid., p. xxii.

공공보건, 복지의 분배 등과 관련된 — 도덕적 딜레마는 그 해결을 위한 원리가 정식화되기를 기다릴 수밖에 없는 것인지 분명하지 않다."[101] 또 설사 원칙이 정식화된다 해도 그것은 또 다른 심각한 문제를 계속해서 야기한다. 현대 세계가 생산해내는 긴급하고 절박한 도덕적 문제들을 앞에 놓고서 추상적이며 보편적인 원리에 의해 해결을 기대하는 것은 비효율적인 일일 것이다. 어떤 도덕적 행위가 인간적이냐 비인간적이냐, 보편적이냐 개별적이냐, 이타적이냐 이기적이냐, 참된 자기로부터 나온 것이냐 거짓 자기로부터 나온 것이냐 등의 이원론적 구별의 테두리에 갇혀 작업할 때, 문제의 해결 자체가 지연되고 왜곡될 수 있다. 무조건적인 실천 원리는 이제는 실천에 부적합하게 된 것이다. 물론 사람들은 상황에 적합한 원리들을 생각해낼지도 모른다. 그러나 이전과는 다른 도덕적 딜레마 앞에서 행동을 정당화하기 위해서는, 보편적인 원리들을 안출하거나 그 기원을 따지기보다는 소박하게 "그래, 모든 사태를 고려해볼 때, 그 당시 그렇게 하는 것이 최선인 것처럼 보였어."[102]라고 말하는 것만으로 충분하다. 다음의 두 인용문은 로티가 왜 그토록 표상주의를 거부하는가에 대한 결정적인 이유들 가운데 하나를 보여준다.

토대주의를 망각하기 위한 최선이며 아마도 유일한 논증은 내가 이미 제시한 것이다. : 즉 그렇게 하는 것이 좀 더 효율적일 것이라는 것이다.[103]

---

101) Ibid., p. xxx.
102) 같은 곳.
103) Richard Rorty, "Human Rights, Rationality, and Sentimentality", 앞의 책(1998), p. 176.

프래그머티즘이 뭔가 중요한 것이라면 그 이유는 플라톤주의가 틀렸다는 것을 올바로 지적해서가 아니다. 그것은 프래그머티스트의 전망을 받아들이는 것이 좀 더 나은 것을 위한 문화적 분위기를 만들 것이기 때문이다.[104]

표상주의에 대한 거부는 단순히 그것이 쓸데없는 말장난이라는 점에 그치지 않는다. 표상주의는 우리들 인간들을 실제로 고통으로 몰아넣는다. "간단히 말해서 우리는 인식론과 도덕철학에서 '참'이나 '선'이나 '옳음'과 같은 규범적 용어들을 인간적인 것과 비인간적인 것 사이의 '일치'나 '대응'의 지시 관계로 생각하려는 데서 나온 불행한 결과들을 익히 보아왔던 것이다."[105] 예컨대, 인간이라면 마땅히 갖추어야 할 본질적인 인간성(humanity)이 있어야 한다고 규정할 경우, 그 규정에서 벗어난 인간은 어엿한 인간으로서가 아니라 하나의 사이비 인간으로 (정당하게) 취급당한다. 수천 년 간 동성애자는 단순히 성적 취향이 다른 인간으로서가 아니라, 성경에 근거하여 비역질을 일삼는 인간 이하의 존재로 간주되어왔다. 표상주의는 이런 야만성에 이론적 근거를 제공할 수 있다. 보스니아에서 잔인한 인종 청소가 자행될 때, 희생자는 본질적인 인간성을 결여한 존재로 여겨졌고, 따라서 가해자는 강간과 살육을 자행하는 데 어떤 거리낌도 없었다. "왜냐하면 세르비아 학살자들은 이러한 짓을 동료 인간들이 아니라 무슬림에게 하고 있기 때문이다. 그들은 비인간적인 것이 아니라 오히려 진정한 인간과 사이비 인간을 가려내고 있는 것이다."[106] 실재와 일치하는 영구불변의 도덕 법칙을 수립하려는 시도는 때때로 문제 상황을 제대로

---

104) Richard Rorty, "Pragmatism and romanticism", 앞의 책(2007), p. 119.

105) Richard Rorty, "Dewey between Hegel and Darwin", 앞의 책(1998), p. 305.

106) Richard Rorty, "Human Rights, Rationality, and Sentimentality", Ibid., p. 167.

보지 못하게 하고, 사회의 소수자나 약자의 고통에 관해서는 귀를 닫게 만들고, 나아가 그 법칙에 의해 정의된 인간의 협소한 범주에 속하지 않는 사이비 인간의 존재들에 대해서는 잔혹한 행위를 방치하거나 옹호한다. 표상주의는 인간 사회의 현실에서 고통과 악과 미움을 초래하며, 또 역사적으로 그런 것들을 정당화해왔기 때문에 로티는 완강하게 그것에 대해 저항하는 것이다.

따라서 로티가 볼 때, (반복되는 주장이지만) 이제 제기되어야 하는 올바른 물음은 어떤 믿음이 실재를 반영하는가 아니면 단지 현상에 지나지 않는가 하는 것이 아니라, 그 믿음이 우리의 욕망을 충족시킬 수 있는 최선의 행동 습관인가 하는 점이다. 이런 물음은 "이 프로그램을 나의 컴퓨터에 심는 것이 어떤 목적에 유용한가?"[107]라는 물음과도 같다. 어떤 누구도 컴퓨터에 심어진 소프트웨어가 과연 정확하게 실재를 표상하는가에 관해 알지 못하며 또한 관심도 없다. 여기서 문제의 초점으로 떠올라야 하는 것은 그것이 과제를 달성하는 데 가장 효과적인 소프트웨어인가 아닌가 하는 것이다. 프래그머티스트는 '데카르트-로크-칸트적인 전통'의 인식론적인 구별의 틀을 폐기하고 역사적이며 생물학적인 관점을 취할 때, 인식론적인 문제뿐만 아니라 현대 사회에서 발생하는 삶의 여러 구체적인 문제들에 대해서도 탄력적으로 대응할 수 있다고 믿는다. 그때그때 발생하는 잠정적인 문제에 대한 잠정적인 해결만을 목표로 하기 때문에, 물론 프래그머티스트에게 관건이 되는 것은 종결되고 닫힌 논의가 아니라 자유롭고 지속적인 대화일 것이다.

---

107) Richard Rorty, 앞의 책(1999), p. xxiv.

4) 사적인 진리와 공적인 정의(正義)

로티가 말하는 프래그머티스트는 앞에서 언급한 것처럼 '자유주의 아이러니스트'이다. 자유주의자는 인간이 다른 인간에게 가하는 잔인함과 고통과 굴욕이야말로 소름끼치는 일이라고 믿고 있는 사람이다. 그런데 프래그머티스트는 "왜 잔인해서는 안 되는가?"에 대한 (신학자나 형이상학자에게서 발견할 수 있는) 어떤 최후의 대답도 갖고 있지 않다. 만약 그가 잘 근거 지어진 이론적인 답변이 존재한다고 생각하고 그것을 발견하고자 시도한다면, 그는 그가 그토록 비판한 시간과 기회를 넘어선 어떤 토대를 다시 불러들이는 모양이 될 것이다. 그는 그렇게 하지 않는다. 그는 아이러니스트인 것이다. 아이러니스트는 자신의 우연성과 덧없음을 항상 알고 있으며 따라서 자신의 마지막 어휘도 변화하기 마련이라는 것을 항상 의식하고 있어서, 자신의 어휘가 다른 어휘보다 더 실재에 가깝지 않으며 자기의 최종적 어휘도 유통기한을 갖고 있다는 것을 잘 알고 있다. 확실한 진리의 획득이 현실 개조의 시발점이 될 수 있다고 믿는 전통적인 형이상학자들은 철학자와 일상인을 구분하고, 언제나 후자에 대해 진리를 파악하지 못하고 현상에 현혹당하는 자로 묘사해왔다. 로티의 눈에 그런 태도는 지적 허영에 가득찬 교만이고, 잘해보았자 정신착란에 걸린 진지한 돈키호테적 기고만장이다. 자유주의 아이러니스트는 인간의 자유가 침해되어서는 안 된다는 소망을 어떤 이론적 근거도 갖지 않은 채 품고 있는 자이다. 그가 자유주의를 변호하는 방법은 최종적 어휘 선택의 기준을 마련해서가 아니라, "오히려 낡은 것과 결별하고 새로운 것과 놀이함으로써,"[108] 즉 새로운 재서술을 통해서이다. (본질주의의 입장에서는 정당화될 수도 있는) 타인이 겪을 수 있는 고통과 불행을 상세하게 서술함으로써, 그들도 우리처럼 아픔을 느낀다는 점에 호소함으로써 그는 자유의 증대를 구체적으로 꾀하는 것이다. "다른 인간들을 '그들'이 아니라 '우리 가운데 하나'로 보게 하는 이 과정은, 낯선 사람들이 어떠한지에 대한 상세한 서술과 우리 자신들은 어떠한지에 대한 재서술에 관한 문제이다."[109] 자유주의 아이러니스트는 상상력을 동원하여 "그 사람들은 얼마나 고통스러울까?"를 느낄 수 있도록 여러 유형의 고통에 대한 상세한 내용을 재서술함으로써 인간의 연대성을 창조하려고 한다. 따라서 좀 더 나은 사회에 대한 청사진은 철학자가 독점적으로 그릴 수 있는 영역이 아니다. 이것은 만화가, 저널리스트, 다큐드라마 작가, 소설가 등에 의해 더 잘 수행될 수 있을 것이다. 로티가 마음속에 그리는 이상향(理想鄕)은 다음 문장에 잘 나타나 있다. :

> "그 [역사주의자와 유명론자의] 문화는 유토피아의 실현을 그리고 더 나은 유토피아를 그리는 것을 하나의 끝없는 과정, 즉 이미 존재하는 **진리**를 향한 수렴의 과정이 아니라 **자유**의 실현이 증식되는 끝없는 과정으로 간주할 것이다."[110]

아이러니스트가 가장 혐오하는 태도는 어떤 사회 구성원들에게 고착되거나 습관화된 어휘나 서술을 당연한 것으로 받아들이는 상식화된 태도일 것이다. 이럴 경우 자유는 증대되지 않는다. 자유의 확대의 과정은 사람들이 미처 알아차리지 못했거나 주목하지 못했던 고통의 유형들에 대한 새롭고 끊임없는 재서술을 동반하는 것이다. 그런데

---

108) 리처드 로티, 앞의 책(1996b), 146쪽.
109) 같은 책, 24쪽.
110) 같은 책, 25쪽.

자유를 사고와 사회적 진보의 목표로 삼을 때, 자유주의 아이러니스트는 사적인 자율성의 소망과, 우리의 제도와 실행을 더 정의롭고 덜 잔인하게 만들려는 공적인 정의의 추구를 서로 상이한 영역으로 간주한다. 그는 사적인 자아창조의 소망과, 인간의 연대성의 요구를 단일한 비전으로 통합하려고 하지 않는다. "철학이든 여타의 어느 이론적 학문 분야든 우리가 그렇게 통합하도록 해줄 길은 없다. (……) 이론 차원에서 자아창조를 정의(正義)와 더불어 논의할 수 있는 길이란 없다. 자아창조의 어휘는 필연적으로 사적이고, 공유되지 않으며, 논변에 부적절하다. [반면에] 정의의 어휘는 필연적으로 공적이고, 공유되며, 논변의 교류를 위한 매개물이다."[111] 프래그머티스트에게 새로운 재서술에 의한 자아의 사적 완성에 대한 요구는 인간의 연대성의 요구만큼이나 똑같이 타당하다. 그렇지만 그는 "[양자를] 영원히 공약 불가한 것으로 취급하고자 할 것이다."[112] 사적인 영역과 공적인 영역에 대한 이런 구분은 사적인 소망과 공동체의 정의를 향한 요구를 동일시함으로써 벌어지거나 벌어질 수 있는 대립과 갈등을 조정할 수 있는 장치라고 볼 수 있다.

사적인 자아의 완성을 위해 개인은 어느 누구의 눈치를 볼 것 없이 마음껏 자기가 마음에 드는 어휘를 구사할 수 있고, 과거의 사상가나 그와 관련된 역사 등을 재서술할 수 있다. (현재는 별로 사용하지 않는) 마녀사냥에 왠지 그냥 흥미가 간다면, 그와 관련된 어휘를 사용하여 철학이나 역사를 서술하면 된다. 집에서 야생란을 캐다 키우든 카나리아를 키우든 어떻게 해도 좋은 것이다. 이것은 종교에도 그대로 해당된다. 개인은 예수를 믿든, 알라를 믿든, 강증산을 믿든, 자기가 믿

---

111) 같은 책, 21쪽.
112) 같은 책, 22쪽.

고 싶은 바를 믿으면 되는 것이다. 자기가 진리라고 여기는 것을 떠받들어도 좋다. 문제는 야생란의 매력에 흠뻑 빠져 있는 사람이 다른 사람도 야생란을 키워야 한다고 보편적인 주장을 할 때 발생한다. 예수를 믿는 사람이 예수교가 참된 종교이기 때문에 공동체의 정의를 실현하는 데 있어서도 예수 그리스도교의 교리가 적용되어야 한다고 내세울 때, 자기가 믿고 있는 진리가 보편적이고 객관적인 진리로 통용될 수 있다고 무차별적으로 주장할 때, (특히 다인종, 다민족으로 이루어진 미국과 같은 국가에서) 갈등은 필연적으로 초래된다.

시적인 영역에서와는 대조적으로 공적인 영역에서의 정의는 개인이 마음대로 추구하고 관철할 수 없다. 이 영역에서의 어휘와 재서술은 타인에게 이해되고 설명될 수 있어야 한다. 그래야 공동체 성원들과의 대화를 통해 그 사회가 나아가야 할 목표와, 또 그 목표를 위해 구체적으로 시행될 방안에 대한 합의를 도출해낼 수 있을 것이다. 프래그머티스트에게 공적인 정의를 채택하는 일은 (표상주의자의 눈에는 소소하게 보이겠지만) 우리의 삶의 구체적인 여건들을 개선하기 위해 동료 인간들과 자유롭게 대화하는 과정을 함축한다. 사적인 진리가 개인의 자아창조의 영역을 벗어나지 않는 한 그것은 존중되어야 한다. 그러나 그 진리의 촉수를 부지불식간에 공적인 영역에까지 뻗칠 때 로티는 이 촉수를 향해 해머를 내려치는 것이다. 만약 어떤 표상주의자가 자기가 믿는 진리를 자기는 사적 영역에 한정할 것이므로, 자기의 진리도 존중받아야 한다고 주장한다면 어떻게 될까? 로티는 그에게 반문할 것이다. 과연 그런 표상주의자가 존재할 수 있을까? 왜냐하면 표상주의자의 고유한 특징은 자기가 믿는 진리의 보편성과 객관성과 무시간성과 필연성을 고수하는 데 있기 때문이다. 이런 특징들을 버린 표상주의자란 이미 표상주의자가 아닐 것이다. 이런 점에서 사적인 영역에서의 진리를 공적인 영역에서의 원리로 오도하거나 참칭해서는 안 된다는 로티의 견해에는 표상주의자에 대한 거부가 깔려 있다고 볼 수 있다. 로티가 꿈꾸는 미래 사회는 개인들의 사적 생활이 침해되지 않고서도 서로 간의 대화를 통해 좀 더 나은 사회를 구축해 나갈 수 있는 그런 사회일 것이다.

4

로티의 프래그머티즘에 대한 비판과
로티의 대응

1) 이론적 상대주의와 프래그머티즘

로티는 자신의 프래그머티즘에 쏟아질 그리고 실제로 쏟아졌던 비판을 잘 알고 있다. 그 비판들 가운데 가장 대표적인 것은 로티가 상대주의자라는 것이다. 이런 비판은 너 나 할 것 없이 너무나도 무수하게 제기되었는데, 이것은 철학에서 로티가 어떤 궁극적 기초도 마련하지 않음으로써 필연적으로 발생할 수밖에 없는 결과일 것이다. 그런데 전통적인 인식론에서 통용되어왔던 실재와 현상의 구분을 거부한다고 해서, 로티는 자신을 상대주의자로 분류해서는 안 된다는 점을 분명히 밝히고 있다. 아마도 상대주의자라는 무수하게 반복된 똑같은 비판에 자신이 상대주의자가 아니라고 이렇게 지치지 않고 응답한 경우도 철학사에서 흔치 않을 것이다. 로티가 보기에, 상대주의자라고 그를 몰아세우는 철학자들은 사실상 그의 프래그머티즘에 대해 가장 전형적인 오해를 보여주고 있다. 전통적인 형이상학자들이 진리는 발견되는 것이라고 주장하는 반면, 상대주의자들은 진리가 사실상 만들어진 것이고 (독단주의자들이 말하는) 진리란 없다고 주장한다. 그러나 상대주의자가 이렇게 말할 경우 이미 자기 주장에 대한 정당성을 주장함으로써 자기 지시적 모순(self-referential inconsistency)을 범하고 만다.

　로티도 이런 상대주의자의 자가당착(自家撞着)을 예민하게 인지하고 있는데, 이런 지적은 실로 수많은 철학자들이 애용해온 수법이다. 독단주의와 맞서는 (실제 정체는 상대주의자인) 회의주의자들의 주장 또한 부정적 독단주의의 지평을 떠날 수 없다는 자각은 이미 고대의 피론주의자들에 의해서도 철저하게 행해진 바 있는 고전적인 철학적 주제이다. 피론주의자인 섹스투스 엠피리쿠스는 『피론주의 개요』에서 "어떤 점에서 아카데미아 학파의 철학자와 피론주의자가 다른가?"를 길게 논의하고 있는데,[113] 여기에서 그는 "어떤 것도 확실하지 않다."는 아카데미 학파의 회의주의자들의 테제는 "어떤 것도 확실하지 않다는 것은 확실하다."는 긍정적인 주장으로 전화되며, 따라서 부정적 독단주의에 빠지게 된다고 비판하고 있다. 칸트도 우리의 인식 능력에 대한 비판적인 작업을 선행하지도 않은 채 무절제하게 의심을 극단까지 수행하고, 마침내 모든 것이 가상이라고 주장하는 회의주의자들을 "자기 자신과 모순된다."[114]고 비판한 바 있다. 상대주의자에 대한 이와 동일한 비판은 쉽게 적용할 수 있다. 로티는 이런 자기 지시적 모순이 니체가 "우리가 진리라고 명명하는 것은 유용한 거짓말이

---

113) Sextus Empiricus, *Outlines of Pyrrhonism*, trans. R .G. Bury(Harvard University Press, 2000), bk. 1, pp. 220-235 참조.

114) Immanuel Kant, *Logik [Jäsche]* in *Gesammelte Schriften*, hrsg. der (Königl.) Preußischen Akademie der Wissenschaften(Berlin und Leipzig, 1923), p. 84.

다."라는 주장에서도 그대로 재연된다고 보고 있다. : "그러한 혼동은 니체와 데리다로 하여금 자기 지시적 모순의 혐의, 즉 알려질 수 없는 것이라고 그들 스스로 주장한 바를 자기들은 안다고 주장하는 오류를 면치 못하게 한다."[115] 진리의 부재를 주장하는 온갖 형태의 상대주의자들은 결국 절대적 진리를 발견했다는 독단주의의 대응항인 셈이다. 진리와 가상이라는 이원론적인 전통 형이상학의 구별들을 여전히 고수하고 그 틀 안에서 사유하고 있다는 점에서 양자는 같은 혈통을 지니고 있다고 볼 수 있다.[116]

상대주의자라는 비판에 대한 로티의 응답은 그런 종류의 질문을 갖고는 프래그머티스트가 말하고자 하는 요점을 정식화할 수 없다는 것이다. 만약 로티의 입장을 "진리가 우리에 의해 발명되었다."고 이해한다면, 그 주장은 진리가 주관적이라는 사실이 바로 객관적인 사실이라는 자기모순을 범하는 것이기 때문이다. 이렇게 되면 로티가 내세운 반플라톤주의는 플라톤주의의 짝패에 다름 아닐 것이다. 로티의 프래그머티즘의 요점은 반복되는 말이지만 다음 인용문에 아로

---

115) 리처드 로티, 앞의 책(1996b), 38쪽.
116) 피론주의자들은 "자기 지시적 모순을 범하지 않으면서 어떻게 회의적 논변을 전개할 수 있는가?"의 방법을 고안해내었다. 즉 그들은 '등치의 방법(isostheneia)'을 개발해내었던 것이다. 피론주의자들은 독단주의자가 어떤 주장을 제시하면 그것과 동등한 권리를 갖고 갈등하는 주장을 제시할 뿐이다. 그들은 단언하지 않는다. 기생적인 전략을 취함으로써 그들은 자기 지시적 모순을 범하지 않고도 온갖 진리 주장을 공격할 수 있었다. 이런 점에서 본다면 "모든 것은 거짓이다."라고 주장하는 상대주의자와, 사태가 철학적으로 분명하게 해명될 때까지 끝까지 탐구를 중단하지 않는 회의주의자는 엄격하게 구별되어야 한다. 그러나 비록 고대의 피론주의자들이 자기 지시적 모순을 범하지 않고 독단주의자들을 공격할 수 있는 회의적 방법을 고안했다 하더라도, 그것 역시 본질(즉자)과 현상(가상)을 구별하는 낡은 이원론적 인식틀에 의존하는 한, 로티의 비판으로부터 면제받기는 어려울 것이다.

새겨져 있다. : "나는 상대주의라는 비난을 받고 있는 우리들이 찾기와 만들기, 발견과 발명, 객관과 주관의 구분을 중단하는 것이 중요하다고 생각한다."[117] 이 인용문에서 명확하게 알 수 있듯이 프래그머티즘을 표상주의의 구분의 관점에서 볼 경우에만, 그것은 상대주의라는 혐의를 받게 된다. 그러나 이런 구분을 버릴 경우 "신이 존재하지 않는다고 생각하는 사람에게는 신에 대한 불경죄란 없는 것처럼 (……) '상대주의자의 궁지'와 같은 것은 없다."[118] '상대적이냐 절대적이냐', '만든 것이냐 찾은 것이냐', '발명이냐 발견이냐'라는 구별의 어휘를 폐기하고 새롭게 이야기하는 방법을 제안하는 사람에게, '상대적'이라는 어휘를 동원하여 비난하는 것은 떠나가버린 적을 베기 위해 밤을 새워 칼을 가는 격일 것이다. 같은 말이지만, 로티의 입장에서 자신을 '상대주의자'로 비난하는 사람은 여전히 낡은 언어 놀이에 기대어 (그 낡은 언어 놀이와는 어떤 공통된 선행 규준도 갖고 있지 않은) 새로운 언어 놀이를 바라보고 있는 사람이다. 그러나 "새로운 언어가 정말로 새롭다면, 그와 같은 규준은 있을 턱이 없다."[119] 자신을 '상대주의자'라고 비난하는 사람들에게 로티는 다시 한번 그런 낡아빠지고 단조로운 사유의 구조들과 어휘로부터 벗어나라고 충고할 것이다. 상대주의자의 비판에 대한 로티의 답변을 단적으로 요약하면 다음과 같다.

"지금까지 말한 것을 요약하면 다음과 같다. : 우리를 '상대주의자'나 '비합리주의자'라고 하는 비난이 우리가 거부하는 바로 그런 구분을 전제

---

117) Richard Rorty, 앞의 책(1999), p. xviii.
118) 리처드 로티, 앞의 책(1996b), 109쪽.
119) 같은 책, 40쪽.

하고 있다고 말함으로써 우리 프래그머티스트들은 그런 비난을 무시해버린다."[120]

현대철학자 중에서 스트라우드(Barry Stroud, 1935~)만큼 철학적 회의주의가 얼마나 우리의 지식에 심각하며 중대한 문제인가를 강조하고 있는 이도 드물 것이다. 그는 『철학적 회의주의의 중요성』에서 "회의주의가 지식의 철학적 연구에 얼마나 중요한가를 예시하고 싶다."[121]고 말하면서, "회의적 추론이 우리 본성의 깊은 곳에 호소하고 있기"[122] 때문이라고 그 이유를 들고 있다. 그러나 스트라우드가 아무리 이런 인식론적 물음들이 중요하다고 떠벌려도 로티가 이에 동의하지 않으리라는 것을 우리는 쉽게 짐작할 수 있다. 그것은 아직도 표상주의적 잔재에서 벗어나지 못한 그야말로 — 어떤 현금가치도 갖지 못하는 — 시시한 주제가 되어버렸기 때문이다.

2) 실천적 상대주의와 프래그머티즘

로티의 프래그머티즘에 대한 좀 더 진전된 평가는 그의 이론적인 정합성보다는 그가 주장하고 있는 대로 과연 실천적인 삶에서 그것이 좀 더 개선된 미래를 가져올 수 있는가에 달려 있는 것 같다. 프래그머티스트의 경우, "사물들에 관한 우리의 지식이 정말로 있는 그대

---

120) Richard Rorty, 앞의 책(1999), p. xix.
121) Barry Stroud, *The Significance of Philosophical Scepticism*(Oxford University Press, 1984), p. viii.
122) Ibid., p. 39.

로의 사물에 들어맞는가?"의 물음은 불가능하고 불필요하며, 이 물음은 "사물들에 대한 우리의 서술이 우리의 욕구를 좀 더 적절하게 충족시키는가?" 혹은 "우리의 미래가 현재보다 더욱 나을 수 있을까?" 하는 실천적인 물음으로 대체되어야 하기 때문이다. 로티에게 중요한 것은 인식론적인 논증이 아니라, 메타포적인 재서술에 의한 실천적 공감과 느낌이다. 실천적 태도를 문제의 초점으로 떠오르게 하기 위한 로티의 전략은 철저하게 '이론화'의 경향을 벗어나는 것이다. 로티는 이 점을 다음과 같이 말하고 있다. : "간단히 말해 '상대주의자'가 취하게 되는 자기 지시적 난점을 피하는 나의 전략은 모든 것을 인식론과 형이상학으로부터 문화정치로 옮기는 것이며, 지식에 대한 주장과 자명함에 대한 호소로부터 우리가 무엇을 시도해야 하느냐에 대한 제안으로 옮기는 것이다."[123]

사정이 이렇기 때문에 로티가 진지하게 경청하리라 예상되는 물음은 실천적 차원에서의 비판일 것이다. 로티가 언급한 대로 실천과 동떨어진 이론 자체의 정당성에 대한 논변이 말장난에 불과하다면, 그리고 탐구의 목표가 인식론적인 토대 위에 자기의 철학을 근거 지우는 것이 아니라 실천적인 측면에서 문제 해결에 유용성을 발휘하는 데 있다면, 로티에 대한 비판적인 검토는 근거 설정의 차원에서가 아니라 그 입장이 지닌 실천적 함의의 적실성을 조준하지 않으면 안 되기 때문이다. 이제 이런 맥락에서 가해진 로티에 대한 비판은 앞의 저 비판만큼이나 닳고 닳은 것이다. 그것은 로티가 문화적 상대주의자라는 것이다.

로티가 명명한 자유주의 아이러니스트는 자유주의를 옹호하기 위

---

123) Richard Rorty, "Hilary Putnam and the Relativist Menace", 앞의 책(1998), p. 57.

해 공동체 성원들에게 공감을 불러일으킬 수 있는 좀 더 매력적인 재
서술을 제안하고 있다. 로티 철학의 실천적 유용성을 의심하는 비판
자들에게 이것은 오히려 자유주의에서 가장 위험하고 치명적인 경향
들을 서술하고 있는 것으로 보인다. 왜냐하면 재서술을 통해 권력을
지닌 사람들이 얼마나 잔인한가를 보여줄 수도 있지만, 그와 똑같은
정도로 그 사람들은 재서술에 의해 어떤 것을 좋게 보이도록 만들 수
있기 때문이다. 번슈타인(Richard J. Bernstein, 1932~)의 지적대로, 사
태의 진상과는 무관하게 재서술에 의해 어떤 것을 좋게 보이도록 만
들 수 있다는 사고방식이야말로 자유주의의 부패한 정치 지도자들
이 환영할 만한 그런 것이 아닐까?[124] 현대 사회에서 권력의 카르텔을
형성하고 있는 (그리고 부패한) 자들은 배울 만큼 배운 사람들이며, 자
신들이 선하게 보이도록 치장할 줄 아는 노회한 사람들이다. 번슈타
인의 비판은 여러 철학자들에 의해 다양하게 변주되고 있다. 퍼트남
(Hilary Putnam, 1926~)은 "[로티가 제안하는] 더 낫게 대처한다는 개념이
저 밖에 존재하는 더 낫고 더 못한 규범과 규준의 개념이 전혀 아니
다."[125]라는 점을 들어 로티를 문화적 상대주의자로 취급하고 있다. 그
에 의하면 나치가 승리하는 세계와 나치를 미친 대상으로 보는 세계
사이에서 판결을 내릴 어떤 준거점도 로티는 마련하고 있지 못하다.
로티에 대한 아펠(Karl-Otto Apel, 1935~)의 반론은 퍼트남의 그것과
완전히 포개진다. 자문화중심의 사회적 관행들이 실천의 (잠정적인) 준
거점으로 기능하는 한, 나치도 그 당시 독일인의 민족감정에 성공적

---

124) Richard J. Bernstein, *The New Constellation: The Ethical-Political Horizons of Modernity/Postmodernity*(Polity Press, 1991), p. 283. 참조.

125) Hilary Putnam, *Realism with a Human Face*(Harvard University Press, 1990), p. 24.

으로 호소하고 그들을 설득하여 합의를 이끌어내었다고 아펠은 비판한다.[126] 프래그머티즘의 전체 역사를 개관하면서 로티의 철학을 평가한 디긴스(John Patrick Diggins, 1935~2009)도 유사한 지적을 하고 있다. : "실천을 지배할 이론도 없고 무엇이 옳은가를 지시해줄 판단도 없으며, (……) 대화 이외에 어떤 것도 구비하지 못한 로티의 자기 서술에 의한 믿음은 자칫 자기 기만의 죄악으로 미끄러져 들어갈 수 있다."[127] 김동식은 딱 잘라 다음과 같이 단언한다. : "그러나, 필자는 로티의 자문화중심주의가 문화적 상대주의의 한 유형이라고 주장한다."[128]

여기에까지 이르면 이제 로티의 비판자들이 왜 기를 쓰고 로티를 실천적 상대주의자라고 공격하는지를 좀 더 잘 이해할 수 있을 것이다. 로티가 실천적 상대주의자라는 비판은 사실 그의 네오프래그머티즘이 이데올로기 비판에 무력하며, 오히려 지배적인 이데올로기의 도구가 될 수 있다는 함의를 갖고 있기 때문이다. 로티에게 실천적 상대주의자라는 꼬리표를 달 수만 있다면, 로티 철학은 "어떤 것이라도 좋다."라는 무책임한 방임주의를 조장하고, 나아가 (자유민주주의로 치장한) 독재 정권의 이론적 도구가 될 수 있다는 가능성을 당연히 갖게 될 것이다. 그러면 그의 프래그머티즘은 비록 로티가 실천에서 전통

---

126) Karl-Otto Apel, *Diskurs und Verantwortung: Das Problem des Übergangs zur postkonventionellen Moral*(Suhrkamp Verlag, 1990), p. 409. 참조.

127) John P, Diggins, *The Promise of Pragmatism: Modernism and the Crisis of Knowledge and Authority*(The University of Chicago Press, 1994), p. 478.
김비환은 여기서 다음과 같이 주장하고 있다. : "유대감이 항상 객관성의 기초가 되어 있다고 가정한다면, 정치의 형식은 전적인 합의 아니면 적나라한 집단적 힘의 논리에 의해 지배되게 된다." 그러나 연대성에 기초한 정치형식의 폐해의 가능성에 대한 이런 지적에도 불구하고, 과연 로티가 '유대에 기초해서 객관적 원리를 도출'했는가에 관해서는 의문스럽다.(김비환, 「로티의 자유주의 정치사상」, 『로티와 사회와 문화』, 김동식 엮음(철학과현실사, 1997), 80쪽. 참조.)

128) 김동식, 앞의 책(1994), 487쪽.

적인 철학보다 유용하다고 주장하더라도 실제로는 아주 형편없는 철학으로 판명될 것이다.

로티를 문화적 상대주의자로 비판하는 철학자들의 논의는 대개 두 가지에 집중되어 있다. 하나는 그의 실천철학은 어떤 기준이나 토대도 갖추고 있지 않다는 것이다. 요컨대 레토릭만 존재할 뿐이다. 또 다른 하나는 우리가 어떤 철학적 근거도 마련할 수 없다고 하면서도 로티는 (자문화중심의) 서구의 자유민주주의를 옹호하고 있다는 것이다.

과연 그들의 비판대로 로티의 프래그머티즘에서는 실천적인 영역을 일도양단(一刀兩斷)하는 객관적이고 보편적인 원리란 존재하지 않는다. 보편적 원리나 기준, 형이상학적 토대, 실재 등은 로티에게 심한 경기(驚氣)를 일으키는 어휘들이다. 로티는 좀 더 나은 사회를 위한 제도의 채택은 ─ 로티에게는 이것이 자유민주주의인데 ─ 철학적으로 정당화될 필요가 없으며, 철학적 토대와 전제 없이도 잘 존속해갈 수 있다고 생각한다. 그가 슬로건으로 삼고 있듯이 "자유민주주의는 철학에 우선하는 것이다."[129] 이것은 곧 실천적인 영역에서의 관건은 탐구에 있는 것이 아니라, 공동체 성원들 간의 자유롭고 개방된 대화에 있다는 것을 단적으로 가르쳐준다. 프래그머티스트에게 중요한 것은 참신한 메타포의 창안이고, 재서술에 의한 공감의 야기이고, 강제되지 않은 합의이다. 실천적인 영역에 진리라는 것이 있다면 바로 이런 과정을 통해 획득되는 것일 것이다. 진리는 우리를 자유롭게 해주지 않는다.

그런데 이런 로티의 입장에 벌써 실천적 상대주의자라고 하는 혐의에 대한 대답이 들어 있다. 실천적 상대주의자의 부정적 의미는 (우

---

129) Richard Rorty, "The priority of democracy to philosophy", 앞의 책(1991a), p. 175.

리는 진리를 어떻게 해도 인식할 수 없기 때문에) 어떤 참된 실천적 원리도 우리는 발견할 수 없으며, 따라서 어떤 실천적 원리를 채택하든지 더 낮지도 더 못하지도 않다고 하는 무관심주의를 함의하고 있다. 또한 실천적인 측면에서 어떤 대안이 더 나은 것인지 판정할 수 없다면, 사람들은 현실에 순응하는 태도를 취할 것이다. 그러나 이런 입장이나 태도야말로 로티가 극도로 혐오하는 것이다. 아이러니스트의 적은 아무런 비판 없이 상식에 따르는 자이기 때문이다. 프래그머티스트는 "…… 구체적이고 상세한 정치적 변화에 대해서는 〈정말로〉 관심을 〈갖고〉 있다. 그러한 대안이 제기될 때 우리는 범주나 원리의 관점에서가 아니라, 그것이 지닌 여러 가지 장단점을 통해 그것에 대해 논쟁을 한다."[130] 이렇게 논쟁을 통해 공동체의 미래의 목표와 수행 방식을 결정하고자 하며, 따라서 어떤 제도나 대안의 효율성을 따져보려는 프래그머티스트를 상대주의자라는 전통적인 개념으로 규정하는 것은 아무래도 어울리지 않는다. 로티가 실천적 원리를 결여하고 있다고 해서 곧 그를 실천적 상대주의자로 낙인찍는 것은 너무나 성급한 비약이다. 로티의 다음 진술은 그를 실천적 상대주의자로 보는 사람들에 대한 중대한 답변으로 읽을 수 있다.

"실용주의를 상대주의라고 연상하는 것은, 실용주의자들이 갖고 있는 〈철학적〉 이론들에 대한 태도를 〈실질적인〉 이론들에 대한 태도라고 연상한, 혼동의 결과이다."[131]

이 인용문을 보면 프래그머티스트가 이론적인 상대주의자라는 것

---

130) 리처드 로티, 앞의 책(1996a), 348쪽.
131) 같은 책, 347쪽.

을 마치 로티가 인정한 듯이 보인다. 로티는 "절대적 진리란 없다."고 주장한다. 그러나 이 진리 주장을 표상주의적 관점에서의 진리 주장으로 간주해서는 안 된다고 로티는 입이 아프게 강조한 바 있다. 그래도 비판자들은 완강하게 로티를 상대주의자로 보려고 하기 때문에, 자포자기하는 심정으로 "정 그렇게 보고 싶다면 그렇게 보라."고 말하는 것이다. 그러나 백번을 양보한다 해도, 로티는 자기를 실천적인 상대주의자로 모는 것에는 동의할 수 없다고 마지노선을 긋고 있다.

로티의 프래그머티즘은 (앞에서 언급된 맥락에서의) 실천적 상대주의라기보다는 '자문화중심주의(ethnocentrism)'로 보는 것이 더 적당할 것이다. 로티에게 이것은 너무나 당연한 것이다. 왜냐하면 우리들은 모두 기회와 시간에, 즉 우연성과 역사성에 노출되어 있기 때문이다. 우리가 본질주의적인 구별의 어휘들을 버리고 자기규정을 시도할 때 그것은 자문화에서 찾을 수밖에 없다. : "전형적으로, 우리가 의지하는 용어들은 자기 의식적으로 자문화중심적이다. 기독교인이거나, 미국인이거나, 마르크스주의자이거나, 철학자이거나, 인류학자이거나, 포스트모던 부르주아 자유주의자이거나이다. 이렇게 자기를 특징지으면서 우리는 우리의 청중에게 '우리의 유래'를, 즉 우리의 우연적인 시공간적 관계를 알려준다."[132] 그런데 로티가 자문화중심주의로 말하는 것은 이것뿐이다. 말하자면 로티 또한 역사적 한계를 지닌 존재로서 그의 자문화인 자유민주주주의 공동체의 정체성에서 출발하고 있을 뿐이다. 자문화중심주의는 로티의 자기규정의 출발점으로서 자유민주주의를 가리키고 있을 뿐 자유민주주의에 대한 — 영속적이고

---

132) Richard Rorty, "On ethnocentrism: A reply to Clifford Geertz", 앞의 책(1991a), p. 208.

무시간적인 실재에 대한 통찰을 획득했다는 의미에서 — 어떤 우월한 합리성도 주장하지 않으며, 할 수도 없다. 로티에게 중요한 점은 우리가 역사와 우연의 산물로서 어떤 공동체의 정체성에서 출발할 수밖에 없지만, 더 나은 유토피아에 관해서는 자유롭게 왈가왈부할 수 있다는 것이다.

그렇다면 로티가 하필 (나치가 아니라) 자유민주주의를 지지하는 근거는 무엇일까? 물론 이 근거는 어떤 종교적이고 철학적인 기초도 가질 수 없는 것이다(이런 시도는 시간과 우연을 벗어나려는 기획일 뿐이다). 프래그머티즘의 관점을 취하게 되면 이 물음에 대한 답은 다음과 같은 종류의 것을 벗어날 수 없게 된다. : "프래그머티스트의 관점에서 보면, 자유민주주의적 유토피아는 인간 본성이나 무역사적 도덕 법칙의 요구에 대해 파시스트적 전제정치보다 더 참되지 않다. 그러나 그것은 더 큰 인간의 행복을 산출할 가능성이 높다."[133] 프래그머티스트로서 로티가 사람들을 어느 정도 수준 있는 공동체로 이끌고 인간의 행복을 증진시키는 방법을 모색해본 결과, 이것이 지금까지 시행된 어떤 제도보다 더 유망한 것으로 보이기 때문에, 로티는 그것을 변호하는 것이다. 물론 이런 주장은 어떤 확실성을 갖는 것이 아니다(만약 이렇게 한다면 그는 다시 표상주의자가 되어야 할 것이다). 프래그머티스트는 "실험적 성공만을 주장한다."[134] 로티의 프래그머티즘은 — 프래그머티즘적인 근거를 갖고 있기 때문에 — 나치도 괜찮고 자유민주주의도 괜찮다는 식의 문화적 상대주의로 볼 수 없다. 로티는 단호한 어조로 다음과 같이 결론짓고 있다. :

---

133) Richard Rorty, 앞의 책(1999), p. 270.
134) Ibid., p. 273.

"'포스트모던한' 철학적 사유가 아무 생각이 없고 바보 같은 문화적 상대주의와 — 즉 문화라고 명명되기만 하면 어떤 바보 같은 것이라도 존경할 만한 가치가 있다는 생각과 — 동일시된다면, 나는 그런 생각은 상대하지도 않을 것이다. 나는 내가 명명한 '철학적 다원주의'가 그런 어리석은 생각을 포함한다고는 보지 않는다. (……) [모든 문화에 위계질서를 부여할 수 있는] 그런 저울은 없다고 말하는 것은, 그리고 우리는 스스로를 끊임없이 재발명해냄으로써 행복을 증진시키려 하는 현명한 동물이라고 단순히 말하는 것은 어떤 상대주의적인 귀결도 갖지 않는다. 다원주의와 문화적 상대주의의 차이는 프래그머티즘적으로 정당화된 관용과 아무 생각 없는 무책임의 차이이다."[135]

로티는 자신의 프래그머티즘을 문화적 상대주의가 아니라 철학적 다원주의로 규정해야 한다고 본다. 철학적 다원주의란 인간의 삶을 인도하는 동등하게 가치 있는 방식들의 잠재적 무한성이 존재하고, 그 방식들은 공동체 성원의 행복에 기여하는 정도에 의해서만 평가될 수 있다는 교설이다.[136] 이것이 문화적 상대주의라는 비판에 대해 그가 줄 수 있는 마지막 말인 것 같다. 로티에게 프래그머티즘의 철학적 정초를 요구하는 일은 부질없는 일이다. 그는 이미 그런 종류의 작업을 포기한 사람이기 때문이다. 로티가 볼 때 문화적 상대주의라고 자신을 비판하는 사람들은 아직 표상주의적인 관점을 버리지 않아서, 프래그머티스트가 말하고 싶어 하는 요점을 잡을 수가 없다. 그들은 나무 위에서 물고기를 내놓으라고 로티를 닦달하는 셈이다. 어느 지점에 들어서면, 로티의 프래그머티즘을 문화적 상대주의로 비판하는

---

135) Ibid., p. 276.
136) Ibid., p. 268.

사람들과 이들에 대한 로티의 응답은 다람쥐가 쳇바퀴를 도는 것처럼 순환적이다. 예컨대 "모든 것이 재서술에 의존하기 때문에 로티의 프래그머티즘은 나치와 같은 정권에 의해 이용당할 수 있지 않을까?"하고 로티를 비판한다면, 로티는 "게르만인과 유태인을 나누었던 저 본질주의야말로 나치와 같은 정권이 환영할 만한 것은 아닐까?"하고 되물을 것이다. 문화적 상대주의자라고 로티를 비판하는 사람들과 로티 간에 놓인 전선은 다음에 놓여 있을 것이다. : 나치즘이 가장 두려워하는 것은 그런 정치 체제를 비판할 수 있는 불변의 (철학적) 기준을 제시하는 데 있다고 믿는 사람과, 바로 그런 정치에 의해 희생당할 수밖에 없는 사람들의 처지를 공동체 구성원들에게 실감나게 재서술하는 데 있다고 믿는 사람 간의 전선이 그것이다. 예컨대 "타인을 수단으로서가 아니라 목적으로 대우하라."는 칸트의 『실천이성비판』에 의해 노예 해방을 이루어낼 수 있다고 믿는 사람과, (비록 철학적 정초를 탐구하는 것은 아니지만) 해리엇 비처 스토의 『톰 아저씨의 오두막』을 통해 노예 해방을 좀 더 효과적으로 이루어낼 수 있다고 믿는 사람 간의 전선이다(당시 노예제 찬성론자들에게 이 소설은 흑인 노예를 그들이 생각하는 공동체에 속할 수도 있는 인간으로 묘사한 편견으로 가득찬 책이었다). 로티는 거대한 종교적 철학적 담론을 동원하지 않고도 타인을 비참하게 만드는 자잘하고 소소한 이야기를 구체적으로 함으로써 어떤 제도나 체제의 결함을 더욱 효과적으로 드러낼 수 있다고 믿고 있다(이 신념에 대한 이론적 정당화는 필요 없다. 다만 프래그머티즘적인 근거만이 있을 뿐이다). 로티는 정치 사회적 구조를 비판할 수 있는 이론적 토대를 마련하는 일이 시급한 것이 아니라, 현재 소외되고 있는 자들이 처해 있는 그리고 처할 수 있는 삶에 대한 서술을 통해서, 그리고 그것이 동시대인의 심금을 울리고 연대성을 구축함으로써 사회의 변화에 대한 희망을 비로소 기대할 수 있다고 생각한다. 물론 이런 로티의 시도가 성공하리라는 어떤 선험적인 보장은 없다. 그러나 "꼭 마찬가지로 (기독교, 칸트, 마르크스에게는 미안한 말이지만) 이런 시도가 실패할 수밖에 없다는 어떤 선험적이고 철학적인 근거도 없는 것이다."[137]

3) 비합리주의와 프래그머티즘

로티를 상대주의자라고 보는 비판자와 이에 대한 로티의 해명은 로티에 대한 다른 비판과 관련해서도 어떻게 논박이 진행될지를 알려주는 예고편과도 같다. 상대주의라는 비판과 이에 대한 로티의 반발에서 나타난 것과 유사한 논쟁은 그치지 않을 것이다. 왜냐하면 전통적인 인식론의 훈련을 조금이라도 받은 사람에게 로티의 프래그머티즘은 아무런 철학적 정초를 갖추진 못한, 설(說)로 보일 수밖에 없기 때문이다. 아무리 로티가 부정해도, 강단 철학의 물을 먹은 사람들은 그에게 상대주의라는 혐의를 씌울 수밖에 없는 것처럼 말이다. 로티는 무덤에서도 자신의 프래그머티즘에 대한 해명을 계속해야 할 판이다. 철학자들이 로티를 비판하는 일은 어렵지 않을 것이다(반면 로티도 그들을 비판하는 일이 어렵지 않다는 것을 알아 두어야 한다).

이런 간극에 기초해서 전통적인 철학자들은 때때로 그를 아예 상대하지 않는 것이 그를 대하는 최상의 방법이라고 여기는 것 같다. 로티를 헛소리를 늘어놓는 사람으로 간주하고, 그를 대화의 진지한 상대자로, 또는 철학자 그룹에 끼워주지 않으려는 것이다(사실 로티를 상대

---

137) Richard Rorty, "Cosmopolitanism without emancipation: A response to Jean-Francois Lyotard", 앞의 책(1991a), p. 217.

주의자로 비판한 이유도 이런 의도와 아주 무관하지는 않다). 최소한 갈 길이 다른 사람으로 로티를 취급하는 것이 아니라, 집도 없이 헤매는 지적 행인(行人) 취급을 하는 것이다. 아마도 강단 철학자들이 로티에게 보이는 이런 반감은 로티가 오랜 세월 유지되어왔던 철학의 독점권을 없애버렸기 때문일 것이다. 철학자가 진리뿐 아니라 실천적인 면에서도 무엇인가 다른 사람보다 — 예컨대 만화가나 소설가나 예술가보다 — 더 우월하다는 자부심을 로티는 산산조각 내버렸다. 강단 철학자들은 자신의 밥벌이를 위해 플라톤과 칸트의 전문용어를 마치 값진 목걸이처럼 애지중지한다. 그러나 로티가 볼 때 그 목걸이는 현금 가치가 전혀 없는 짝퉁 목걸이일 뿐이다.

로티도 자신이 이성과 상식의 적으로 취급받는다는 것을 잘 알고 있다. 로티의 표현에 따르면, 절대적인 근거 설정의 무용성과 진부함을 말하는 프래그머티스트들은 마치 "입에 거품을 물고 있거나 동물처럼 행동하는"[138] 비합리적이며 무책임한 사람들로 치부된다. 그러나 로티가 이런 종류의 비난에 대해 어떻게 반응할 것인지는 어느 정도 예상할 수 있다. 이런 성토는 합리적이라는 것이 바로 절대적인 것과 상대적인 것, 찾아진 것과 만들어진 것, 객관과 주관, 본질과 현상, 자연과 관습 간의 구별을 존중하는 데 있다고 믿을 때만 성립한다는 것이다. 따라서 로티는 자신의 프래그머티즘이 비합리주의라고 경멸받는 데 개의치 않는다. 왜냐하면 결국 이것은 바로 프래그머티스트가 거부하고자 하는 그런 구별을 전제하고 있기 때문이다(그렇다고 로티가 구별 일반에 대해 반대하는 것은 아니다. 그는 단지 특정한 어떤 일련의 구별들, 즉 플라톤적인 구별들에 반대할 뿐이다). 이성과 상식을 대변

---

138) Richard Rorty, 앞의 책(1999), p. xix.

하고 있는 토대주의자들이나 이원론자들의 입장에서는 이런 구별의 용어들을 폐기하는 것이야말로 합리성을 포기하는 짓일 것이다. 로티는 만약 합리성이 이런 것이라면, 프래그머티스트는 의심할 바 없이 '비합리주의자'라고 말한다. 물론 여기서 비합리주의자란 아무렇게나 말하고 행동하는 사람을 지칭하는 것이 아니라, 단순히 플라톤적인 구별들의 방식을 사용해서 말하는 것을 거부할 뿐인 반이원론자를 의미한다. 프래그머티스트는 전통적인 형이상학자의 어휘를 갖고 진리를 말하는 것을 거부할 뿐이지, 결코 논의 자체가 불가능한 비합리주의자가 아니다.

로티의 경우, 전통적인 형이상학의 의미에서 비합리주의자냐 혹은 합리주의자냐의 쟁점은 사실상 "우리의 문화나 목적이나 제도들이 대화적인 것 말고는 지지의 근거가 없다고 생각하는 사람들과, 그것 말고도 다른 종류의 지지에 대해 여전히 희망을 갖고 있는 사람들 사이의 쟁점"[139] 이외의 아무것도 아니다. '합리주의자'가 볼 때, '비합리주의자'로서의 프래그머티스트란 아무런 형이상학적 보증이나 인식론적 근거를 추구하지 않으면서, 즉 지속적으로 떠들기만 하는 얼빠진 사람들을 일컫는다. 그러나 프래그머티스트가 볼 때 "'합리적'이라는 것은 단지 '설득적'이라는 것을 의미할 뿐이고, '비합리적'이라는 것은 단지 '폭력에 호소하는 것'을 의미할 수 있을 뿐이다."[140]

로티가 귀에 딱지가 앉을 정도로 반복해서 말하고자 하는 바는 우리의 믿음, 언어 등이 실재를 반영하는 표상이 아니라 단지 유용한 도구라는 것이다. 그에 의하면, 모든 인간 탐구는 진리 자체를 위한 것

---

139) 리처드 로티, 앞의 책(1996a), 346쪽.
140) Richard Rorty, "Cosmopolitanism without emancipation: A response to Jean-Francois Lyotard", 앞의 책(1991a), p. 220.

이 아니라 환경과의 상호작용에서 좀 더 유용한 결과를 얻기 위한 것이며, 인간 탐구는 있는 그대로의 사물에 대한 정확한 설명보다는 유용성을 그 목표로 하는 것이다. 그러나 이렇게 로티가 인간적인 필요와 관심과 연관된 유용성에만 주목한다고 해서, 계산가능성과 유용성에 매진하는 이성의 차가운 빛 아래서는 새로운 야만의 싹이 자라난다는, 이른바 '계몽의 변증법(Dialektik der Aufklärung)'을 그가 경험할 수밖에 없으리라는 비판도 적절하지 않다.

인간이 말하고 행하고 믿는 모든 것이 진리 자체나 보편적인 도덕적 원리의 의무를 위한 것이 아니라, 바로 인간의 필요와 관심들을 충족시키기 위한 일종의 도구라고 여긴 점에서, 로티는 계몽주의와 닮아 있긴 하다. 그러나 계몽주의가 유용성의 준거로 '이성'에 의지하고 호소함으로써 변증법적으로 경험할 수밖에 없게 되는 '이성의 부식'은 로티의 프래그머티즘에서는 발생하지 않는다. 왜냐하면 로티는 잠정적인 문제에 대한 잠정적인 해결을 넘어설 수 있는 어떤 본질로서의 특수한 절대적 능력(이성)을 거부함으로써, 어느 순간 인간의 지배자로까지 둔갑할 수 있는 어떤 기제도 미리 제거해버렸기 때문이다. 로티가 말하는 유용성이란 단지 그 언어가 혹은 그 믿음이나 계획이 지금 인간의 필요와 관심을 잠정적으로 충족시켜줄 수 있는가에 초점이 맞추어져 있을 뿐, 그것이 '합리성'이나 '이성', '신'에 근거하고 있는가는 전혀 문제가 되지 않는다(따라서 로티 자신을 배반할 어떤 반란의 싹도 로티의 프래그머티즘은 자체 내에 갖고 있지 않다고 볼 수 있다). 프래그머티스트에게 '비합리성'이란 "이성이라 불리는 무역사적 권위의 명령과 결별하는 것을 뜻하는 대신에, 과거 경험의 결과를 무시할 준비가 되어 있음을 뜻할"[218] 뿐이다. 반면 '합리주의자'에게 '비합리성'이란 과거 경험의 결과를 무시하는 대신에, 저 유서 깊고 권위 있는 이성의 명령과 결별하는 것을 나타낸다.

사실상 로티의 철학을 이론적인 논변이나 근거 설정의 차원에서 비판한다는 것은 매우 어렵다. 왜냐하면 로티는 전통적인 철학의 시각에서 보자면 어떤 고정적인 이론의 준거점도 갖지 않는 전략을 구사함으로써, 특정한 잣대로 그의 이론을 비판하거나 그와 대결하려는 상대방을 무력화하고 있고, 제기된 문제를 해소하고 있기 때문이다. 로티는 "반론자의 비평에 맞대응하여 반론자가 선택한 무기와 싸움터를 인정하는 것보다는 오히려 그러한 반론을 이루는 어휘가 형편없는 것으로 보이도록 노력하고, 그렇게 함으로써 주제를 바꿔버리는"[142] 자신의 전략을 고백하고 있다. 만약 어떤 절대적 근거에 의존하여 로티를 비판하는 순간, 로티는 바로 그런 정당화의 작업이 자신이 폐기하고자 하는 작업이라고 재차 반복할 것이다. 실제로 어떤 기초, 척도, 근거 없이 상대방을 비판하는 일이 거의 불가하다는 신념하에, 일단 '참이나 거짓'을 구별할 수 있는 기반에 의거하여 로티의 이론을 비판할 경우, 로티는 자기가 폐기하고자 하는 어휘를 사용하고 있기 때문에, 자기는 전혀 상처받지 않는다고 말할 것이다. 실재에 다가간다거나 실재와의 대면에 근거한 기준 같은 것이야말로 로티가 부정하고자 하는 바로 그것이기 때문이다. 로티는 이런 기준보다는 "좀 더 나은 미래를 창조할 수 있는 유용성"[143]에 주목하자고 말할 뿐이다. 그리고 이 미래는 사회적이고 역사적인 우연성에 의해 공동체에 속한 사람들 간의 자유로운 대화를 통해 결정되는 것이다.

---

141) Richard Rorty, 앞의 책(1999), p. 275.
142) 리처드 로티, 앞의 책(1996b), 99~100쪽.
143) Richard Rorty, 앞의 책(1999), p. 27.

5

로티 진리관의 의의

프래그머티스트가 꿈꾸는 유토피아는 절대적인 진리를 인식해서 마침내 인간이 모든 구속으로부터 해방된 공간이 아니다. 그곳은 우리가 자유롭고 열린 만남 속에서 함께 사회를 고쳐 나갈 수 있는 방식들을 논의하고 제안하고 검토해보는 공간이다. "프래그머티스트에게 진정 관건이 되는 것은 인간의 고통을 감소시키고, 평등을 증가시키며, 모든 아이들이 동등한 행복의 기회를 부여받은 상태에서 삶을 시작할 수 있는 가능성을 증가시킬 방법을 고안해내는 일이다."[144] 그리고 그 방법은 상상력을 동원하여 고통받고 또한 고통받을 사람들의 처지를 생생하게 서술하는 데 있다. 철학이 어떤 진보를 이루어낸다면, "그것은 [학적으로] 엄격해짐으로써가 아니라 더 상상력이 풍부해짐으로써"[145] 그렇게 하는 것이다.

로티가 현실과는 무관한 아카데믹한 (철학적) 진리를 추구하는 데서

---

144) Ibid., p. xxix.
145) Richard Rorty, "Introduction", 앞의 책(1998), p. 8.

일탈하여, 미국의 젊은이들이 부조리한 현실의 상황에 분개하도록 영감을 주어야 한다고 생각하는 까닭도 여기에 있다. 미국의 대학생들이 꼭 읽어야 하는 저서로『신약성서』와『공산당 선언』을 추천하면서 로티는 다음과 같이 말하고 있다. : "책상에 앉아서 키보드를 치는 우리들이 화장실을 청소하느라 그들의 손을 더럽히는 사람들보다 10배나 많은 돈을 번다는 사실에, 우리들이 제3세계에서 키보드를 조립하는 사람보다 무려 100배나 더 좋은 대우를 받고 있다는 사실에 우리의 아이들이 분개하도록 그렇게 우리는 우리의 아이들을 양육해야 한다."[146] 변화된 현실의 문제와 유리된 철학이란 지식인의 밥벌이의 수단이거나 지적 허영일 뿐이다. 이런 맥락에서 로티는 표상주의의 진리대응설이란 이해할 수도 없고 특별히 중요하지도 않은 낡아빠진 철학적 독단이며, 따라서 이제 이런 '진리를 위한 진리'의 패러다임에서 벗어나자고 말하는 것이다. 부르주아를 가장 부유한 20%가 차지하고 프롤레타리아를 나머지 80%로 대체하는 우리 시대의 부조리한 상황을 자유로운 상상과 비유를 통해 새롭게 재서술(re-description)함으로써 이런 고통에 대해 사회 구성원의 주의를 환기시키고, 이 문제를 어떻게 풀 것인가에 대한 합의를 이끌어내는 데에 철학은 진력해야 한다. 철학은 인식론적인 문제에 집착하기보다는 우리 삶의 희망을 북돋아주고 좀 더 나은 미래의 삶에 대해 우리에게 영감을 주는 텍스트들을 산출하는 데로 방향을 전환하지 않으면 안 된다. 프래그머티스트가 진리는 유용성이라 말할 때, 이 유용성이 어떤 맥락에 놓여 있는 것인지를 로티의 다음 말이 극명하게 드러내준다.

---

146) Richard Rorty, 앞의 책(1999), p. 203.

["그녀가 당신의 며느리가 될지도 모르기 때문이다.", 혹은 "그녀의 어머니가 그녀 때문에 비탄에 젖을 것이다."라고 시작되는] 길고 슬프고 감정적인 이야기, 즉 수 세기를 걸쳐 반복되고 변형되어온 그런 이야기가 부유하고 안전하고 힘 있는 사람들이 힘없는 사람들에게 관용을 베풀고 심지어 그들을 소중하게 여기게끔 해왔던 것이다.[147]

프래그머티스트의 유토피아는 철학적 지식의 증대에 의해서가 아니라 이렇게 길고 슬프고 감정적인 이야기를 통해 사람들의 마음을 움직임으로써 약한 처지에 놓인 사람들의 문제를 대화를 통해 해결하는 세상이다. 현대 한국 사회에서는 최소한의 인간적인 삶을 누리지 못하는 사람들이 유례를 찾아볼 수 없을 만큼 급속도로 증대하고 있다. 산업자본주의와 신자유주의는 전 지구로 뻗어 나가서 우리의 삶에 거의 절대적인 지배권을 휘두르게 되었다. 이로 인해 필연적으로 나타날 수밖에 없는 부익부 빈익빈 현상과 무력감과 박탈감, 소외 현상을 포함하여, 더 근원적으로는 모든 것이 돈으로 환원되는 자본적 질서의 상황에서 하나의 생명체로서 겪어야 하는 인간적 고통은 점점 외면당하고 있다. 한국 사회에서 가난한 자는 서럽다. 우리 사회는 급성장한 고도로 산업화된 사회가 안고 있는 여러 병리적 현상을 고스란히 노정하고 있는 시공간의 상징적 지점이라고 말할 수 있다. 로티에 따르면 철학은 이런 상황에서 단지 공소한 이론적 담론에 매몰되기보다는 당면 문제를 풀기 위해 무엇을 실제로 할 수 있고, 무엇을 희망할 수 있는가를 말해야 한다. 로티 철학의 전회에는 다른 생명체, 혹은 다른 인간이 겪고 있는 고통에 대한 감수성이 깔려 있다. 이런

---

147) Richard Rorty, "Human Rights, Rationality, and Sentimentality", 앞의 책(1998), p. 185.

점에서 로티 철학은 단순히 이윤만을 목전에 두고 계산적인 유용성만을 추구하는 (널리 오해된 채 유포되어 있는) 소위 실용주의가 아니다.[148] 오히려 로티 철학은 도구적 합리성에서 기인할 수 있는 문제뿐만 아니라, 다양하고 예기치 못한 형태로 나타날 현대의 현실 문제들을 정면으로 바라볼 것을 촉구하고 있다. 로티는 타인이 받고 있는 고통을 나의 것으로 느끼고 타인과 연대함으로써 자유롭고 좀 더 나은 삶을 추구하는 데 진력할 것을 우리에게 요구하고 있다. 그것은 부조리한 현실에 대한 분개와 더불어 실천적 비판을 동반하는 것이다.

권력과 부와 언론을 가진 탐욕스런 소수의 사람들을 제외하고는 대부분의 사람들은 수많은 부조리와 고통에 고스란히 노출되어 있고, 점차 삶의 견딜 수 없는 쓰라림을 뼛속까지 경험하게 된다. 현재 고통의 도가니에 빠져 있는 (그리고 빠질) 사람들은 대한민국 도처에 널려 있다. 중요한 것은 당연하게 여겨지는 ─ 그러나 비참한 ─ 상황에 대해 새로운 각도에서 새롭게 문제를 제기하는 것이다. 우리가 희망 없는 사회에 안주해서는 안 되며, 타인의 고통과 어려움에 대해 늘 깨어 있고 그것을 해결하기 위해 구체적으로 사유해야 한다는 것이 로티의 반표상주의가 지니는 실천적 울림이라고 할 수 있다. 우리를 구원하는 것은 우리뿐이다.

---

148) 실용주의가 갖는 부정적 함의에 관해서는 이유선, 『실용주의』(살림, 2008), 3~7쪽 참조.

제3장

로티의 예술적 세계관

임건태

1

철학의 예술적 변형

1) 철학의 새로운 정체성으로서의 예술적 세계관

현대 미국의 네오프래그머티스트(neo-pragmatist) 리처드 로티는 철학의 정체성(identity)을 새롭게 규정하고 있다. 아니 좀 더 직설적으로 말하면 그는 서양의 전통 철학을 전면적으로 부정하고 있다고 해야 할 것이다. 로티가 제도권 철학과(哲學科)에서 비교문학과로 자신의 적을 옮긴 사실 역시 이 같은 급진적 경향과 무관하지 않을 것이다. 기존의 철학이 스스로 형이상학을 자임하면서 보편적 진리를 추구해왔다면, 로티는 그러한 경향성을 비판하면서 이제 더 이상 철학이 공적인(public) 의미에서 누구나 받아들일 만한 보편적 진리를 목표로 삼아서도 안 되고, 그럴 수도 없다고 말한다. 그렇다면 철학에게 앞으로 여전히 남겨진 과제가 있다면 그것은 무엇이며, 그 역할과 기능은 과연 어떠해야 하는가? 물론 로티의 입장을 따라 더 극단적으로 말하자면, 이처럼 철학의 역할과 기능을 묻는 물음 자체가 전적으로 불필요하다고도 할 수 있을 것이다. 왜냐하면 그런 물음은 철학과 관련하여 일반화될 수 있는 기능이나 역할을 전제하고서만 가능한 물음일 것이기 때문이다. 그럼에도 우리는 느슨한 방식으로 다음과 같은 의문은 충분히 제기해볼 수 있다. 로티의 이 같은 도발적 의견의 바탕에는 무슨 생각이 놓여 있는 것일까?

로티에 의하면 철학은 많은 경우 문학 활동과 마찬가지로 사적인 (private) 차원의 자아창조 작업처럼 됨으로써만 유의미하다. 그리고 이 같은 사적인 자아창조 작업으로서의 철학을 몸소 실천하는 자를 로티는 진정한 아이러니스트(ironist)라고 부른다. 여기서 분명해지는 사실은 로티가 바라보는 철학은 결과적으로 예술적이며 문학적인 창조 과정과 일치할 수 있다는 점이다. 요컨대 로티가 말하는 새로운 형태의 철학이란 소위 긍정적 의미의 문화정치(cultural politics)이자 예술로서의 철학이란 개념으로 표현해볼 수 있겠다. 로티가 자신의 여러 논문이나 저술들 속에서 기존의 철학자들뿐만 아니라 프루스트 (Marcel Proust)와 같은 작가들을 적극적으로 끌어들여 문제삼고 있다는 점 역시 이 같은 맥락에서 이해할 수 있다.

그런데 우리가 이 시점에서 굳이 로티가 말하는 문화정치이자 예술로서의 철학에 대해 새삼스럽게 주목해야 하는 이유는 무엇인가? 그 한 가지는 로티가 이를 통해 소위 영미 분석철학과 유럽 대륙철학으로 양분되어 있는 현대철학의 흐름에 대해 나름대로 통합적인 대안적 관점을 제공할 수 있기 때문이다. 사실상 방금 언급된 두 진영의 철학계는 서로 간에 소통하기를 거부하며, 그에 따라 전혀 별개의 분야처럼 점점 더 소원해지고 있다. 이 같은 상황에서 로티는 그러한 구분 자체를 넘어서서 철학을 바라보는 하나의 새로운 혁명적 입장을 제시함으로써 그 같이 편협한 관점들을 탈피하는 동시에 그것들을 비판할 수 있는 한 가지 준거점을 제공하고 있다.[1] 물론 로티가 단순히 두 진영을 통합하려는 시도를 하고 있지는 않다. 오히려 그는 분석철학과 대륙철학을 단일화시키려는 노력 자체가 무의미함을 역설하고 있다. 왜냐하면 그 두 진영 사이에는 서로 공통된 문제들이나 그러한 문제들에 접근하기 위한 상이한 방법들이란 존재하지 않기 때문이다. 요컨대 로티에 의하면 "우리는 분석철학과 대륙철학의 분열을 무해한 것으로 볼 수 있다. 우리는 그 분열을 철학을 찢어 놓는 것으로 보지 말아야 한다. 철학이라고 불리는 어떤 단위체, 과거에는 하나의 전체였다가 지금은 쪼개진 그런 단위체란 존재하지 않는다."[2] 또 한 가지 우리가 로티에게 주목해야 할 이유는 로티가 대부분의 다른 현대철학자들과 달리 자신의 견해를 전혀 숨김없이 매우 직설적으로 제시하고 있다는 점이다. 이는 로티 자신의 학문적 역량에서 나오는 자신감의 표현으로 볼 수 있을 뿐만 아니라 다분히 의도적으로 모호한 표현 등에 기대어 권위를 내세우려는 얕팍한 수준의 지식인들과도 현저히 차이가 있다는 사실을 나타내준다.

이 같은 몇 가지 측면에서 로티가 보여준 일련의 사유 과정에 대해 연구한다는 것은 철학에 대한 포괄적인 관점을 습득할 수 있는 좋은 기회이다. 하지만 아직 한국에서는 로티에 대한 본격적인 소개와 연구 작업이 미미한 것이 현실이다. 그래서 부디 이 작은 연구 작

---

[1] 로티는 영미 분석철학과 대륙철학이라는 지역적이고 피상적인 구분 대신 나름대로 새로운 방식의 구분을 제시하고 있다. 그것은 스스로 유사(quasi) 과학적인 분과를 수행하고 있다고 믿는 분석철학자들과 그보다는 대화에 참여하고 있다고 생각하는 역사주의적 경향을 지닌 대화철학자들 간의 구분이다. Richard Rorty, "Analytic and conversational philosophy", *Philosophy as Cultural Politics*, Volume 4(Cambridge University Press, 2007), pp. 120-130.

[2] 리처드 로티, 「오늘날 미국에서의 철학」, 『실용주의의 결과』, 김동식 옮김(민음사, 1996), 443쪽.

업의 성과가 그러한 미래의 연구를 촉발하기 위한 작은 초석이 되기를 바라본다. 여기서 로티와는 주로 상반된 입장을 보여주기도 했었지만 또한 많은 부분에 대해 공감하기도 했던 현대의 공동체주의 윤리학자인 맥킨타이어(Alasdair MacIntyre, 1929~)가 2007년에 세상을 떠난 로티를 추모하는 글을 마무리하면서 남긴 인상적인 구절 하나를 인용하고 싶다. "우리 모두가, 즉 로티에 대해 찬성 혹은 반대하거나 나처럼 양쪽 다인 우리 모두가 로티에게 커다란 빚을 지고 있는 셈이다."[3] 이런 맥락에서 우리는 로티가 말하는 문화정치이자 예술로서의 철학이라는 입장을 통해 앞으로 다가올 철학의 새로운 미래상을 조망해볼 수 있을 것으로 기대한다. 물론 새로운 철학은 전통적인 철학의 지양(Aufhebung)[4]을 통해서만 비로소 가능한 모습으로 나타날 것이다.

우리는 이 글에서 철학의 정체성에 대한 로티의 입장을 분석한 뒤, 로티의 이 같은 예술적 세계관을 독일의 철학자 니체(Friedrich Nietzsche, 1844~1900)의 입장과 비교하여 고찰해보고자 한다. 이에 대한 이유는 두 가지를 들 수 있다. 우선 타 사상가와의 비교를 통해 로티 사상의 위상이나 의미가 좀 더 분명하게 파악될 수 있는 가능성이 생길 수 있기 때문이다. 둘째, 로티의 입장이 근거하고 있는 여러 가지 사상적 기반 가운데 니체의 예술적 세계 해석이 궁극적 지향점과 관련하여 판단해볼 때 로티의 전반적인 예술적 세계관과 충분히 비견될 수 있다고 보았기 때문이다. 니체 역시 서양의 전통 형이상학을 플

---

3) Alasdair MacIntyre, "Richard Rorty", *Common Knowledge* 14:2(Duke University Press, 2008), p. 192.
4) 헤겔(G. W. F. Hegel)은 자신의 사상 속에서 독일어 Aufhebung을 세 가지 의미로 사용하고 있다. 그것은 부정, 보존 및 고양이다. 여기서 사용된 지양 역시 이 같은 의미로 이해될 수 있을 것이다.

라톤주의(Platonism)로 비판하면서 오직 이 세계 안에서만 가능한 예술적 창조의 중요성을 역설하고 있다. 물론 이 예술적 창조는 우리가 단순히 좁은 의미의 예술 작품 창조를 통해서 경험할 수 있는 한정된 차원을 초월해서 삶 자체의 지평으로까지 확대된 포괄적 의미의 행위라고 할 수 있다. 니체는 이 같은 예술 활동과 같은 차원으로 이해될 수 있는 창조적 삶이라는 착상을 그리스 비극에 대한 독특한 해석을 통해 구상했으며, 비록 어느 정도 관점의 변화는 있었으나, 그리스 비극을 통해 도달된 이 같은 예술적 세계 해석이라는 아이디어는 힘에의 의지로 대변되는 후기 사상에 이르기까지 일관되게 유지되고 있었다고 보아야 할 것이다.

2) 로티 탐구 과정의 특징

후기 구조주의자로 흔히 분류되곤 하는 프랑스의 철학자 들뢰즈(Gilles Deleuze, 1925~1995)가 1962년에 출간한 『니체와 철학(*Nietzsche et la philosophie*)』[5]이란 제목의 책이 있다. 당연히 그 내용은 니체의 전반적 철학 사상을 들뢰즈 나름의 입장에서 해석하고 거기다가 자신의 독특한 견해를 덧붙이고 있는 글이다. 그렇다면 들뢰즈는 왜 그런 식의 책 이름을 붙였을까? 물론 책의 이 같은 제목에 큰 의미를 부여하지 않고 단순히 그것은 니체의 철학적 입장을 다루는 저술이라는 뜻 정도로 풀이해볼 수도 있을 것이다. 하지만 그렇다고 해도 왜 굳이 '니체의 철학'이라는 좀 더 일반적인 표현을 사용하지 않았을까 하

---

5) Gilles Deleuze, *Nietzsche and Philosophy*, trans. by Hugh Tomlinson(London, 1983).

는 물음은 여전히 남는다. 이에 대한 한 가지 대답으로 추정해볼 수 있는 사실은 들뢰즈가 선택한 바로 지금의 제목이 니체의 사상이 가진 특징을 함축적으로 표현해주기 때문이라는 것이다. 다시 말해 니체 사상은 여타의 많은 사상가들의 그것과는 달리 그 자신이 속해 있었던 동시에 거기서부터 벗어나고자 했던 서구철학 전체와의 비판적 대결이었기 때문에 니체라는 한 철학자의 이름을 과감하게 철학 전체와 대등한 위치에 놓는 '니체와 철학'이라는 명칭이 니체의 입장을 다루는 책의 제목으로는 가장 적합했다는 말이다.

　다소 생뚱맞게 들뢰즈의 책 이야기를 언급한 이유는 현대 미국의 네오프래그머티스트 리처드 로티에 대해서도 들뢰즈가 본 니체의 경우와 똑같은 상황이 적용될 수 있다고 여겨지기 때문이다. 즉 로티의 견해란 한마디로 요약하자면 니체와 마찬가지로 서구의 철학적 전통 전체와의 비판적 대결로 압축될 수 있을 것이며 따라서 로티를 다루려는 어떠한 시도든 간에 이 점을 염두에 둘 수밖에 없다는 말이다. 따라서 우리는 니체의 사상에 대해 접근할 때와 마찬가지로 로티를 이해하려는 경우에도 그와 동일하게 심각한 어려움에 직면하게 된다. 이 어려움이란 로티가 비판적으로 검토하고 있는 철학적 전통의 내용에 대해 어느 정도 숙지하고 있지 않다면 로티가 거침없이 펼치고 있는 사상적 내러티브의 향연에 쉽게 동참할 수 없다는 것을 뜻한다. 앞으로 글이 전개되면서 좀 더 분명해지겠지만 서구철학이라는 전통을 과감하게 벗어던져버리고 새로운 철학함으로 나아가자는 로티의 혁명적 주장을 이해하기 위해서는 적어도 서구철학의 전통을 제대로 파악해야만 한다는 점을 전제한다. 이는 그 전통에서 벗어나기 위해 오히려 전통 속에 들어서야 한다는 역설적인 상황인 동시에 전통과의 비판적 대결을 위해 불가피한 측면이기도 하다. 하지만 이 같은 중대한 난점은 단시일 내에 해결될 수 없기 때문에 지금 시점에서 가능한 수준에서나마 서구철학에 대한 로티의 핵심적 논점을 포괄적으로 개괄한 뒤 그 사상적 반향을 검토하고 여기서 얻어진 결과를 니체 사상과 비교 고찰함으로써 로티 사상의 위상을 지금까지보다 좀 더 분명하게 하고자 한다.

2

예술적 세계관의 지형도

1) 개괄적인 사상적 계보[6]

우선 로티의 사상적 계보를 간략하게나마 개괄해보는 것이 필요하다. 첫째, 로티의 근본적인 사상적 토대라고 할 수 있으며 믿음을 행위의 습관[7]으로 간주하는 미국 프래그머티즘(pragmatism)[8]의 전통이

---

6) 로티의 사상적 계보에 대한 개괄적 이해를 위해서는 A. MacIntyre, 앞의 책, pp. 185-192. 참조.

7) "믿음의 본질은 습관의 정립이다." Charles Sanders Peirce, "How to make our ideas clear", *Philosophical Writings of Peirce*, ed. by Justus Buchler(Dover Publications, 1955), p. 29. 제임스 역시 이 같은 퍼스의 기본적인 입장을 수용한다. 즉 사유의 의미를 발전시키기 위해서는 그 같은 사유가 어떤 행위를 산출하기에 적합한지를 결정하기만 하면 되며 결국 "우리에게 행위는 사유의 유일한 의미"(윌리엄 제임스, 「실용주의가 의미하는 것」, 『실용주의』, 정해창 편역(아카넷, 2008), 258쪽.)가 된다는 것이다.

8) 한국 철학계에서는 프래그머티즘을 통상 실용주의(實用主義)라고 번역하고 있다. 하지만 이 번역어는 프래그머티즘이 단순히 돈이 되는 것이면 무엇이든 좋다고 보는 얄팍한 조류라는 부정적 뉘앙스를 강하게 풍기고 있다는 점에서 앞으로 이 글에

있다. 이 전통 가운데서도 특히 로티는 제임스(William James)보다는 듀이(John Dewey)의 입장을 거의 전적으로 수용한다.[9] 다음으로 로티는 서양철학사에서 발생했던 언어적 전회(linguistic turn)와 관련하여 비트겐슈타인(Ludwig Wittgenstein)의 철학을 적극적으로 받아들인다. 물론 로티에게 강한 영향을 준 것은 그림 이론(picture theory) 등 정통적인 영미 분석철학적 견해를 주로 보여주고 있는 전기 비트겐슈타인이라기보다는 언어 게임(language game)을 중심으로 하는 화용론적 관점에 서 있는 후기 비트겐슈타인이라고 할 수 있을 것이다. 로티는 통상적인 비트겐슈타인 해석과는 달리 이 같은 모습의 비트겐슈타인이 철학의 문제를 해소시킴으로써 전통 철학의 종언을 초래하는 데 크게 공헌했다는 점에서 긍정적으로 평가하고 있다.[10]

또 로티는 처음 철학 공부를 시작하면서 자신이 속해 있었던 정통적인 분석철학적 전통에 대해 비판적 거리를 두고 콰인(Willard van Orman Quine, 1908~2000)의 전체론(holism)적 견해를 취하게 된다. 여기서 전체론이란 마음과 언어가 어떻게 작동하는지에 대한 탐구가 아

서는 실용주의라는 말 대신 프래그머티즘이라는 원어를 그대로 사용하기로 한다. 실용주의에 대한 한국 학계의 오해와 그 비판에 대해서는 이유선, 『실용주의』(살림 지식총서, 2008). 참조.

9) 흔히 프래그머티즘의 시조로 간주되곤 하는 퍼스(Charles Sanders Peirce)는 제임스나 듀이식의 프래그머티즘과는 그 경향을 어느 정도 달리한다고 할 수 있다. 로티가 적극적으로 찬성하고 있는 듀이식의 프래그머티즘의 입장에서 보면 퍼스는 일종의 형이상학자라고도 할 수 있을 것이다. 그리고 사실 퍼스 자신도 통상적인 프래그머티즘과 자신을 구분하기 위해 자기 입장을 프래그머티시즘(pragmaticism)으로 표현하고 있기도 하다. 덧붙여 퍼스는 현대 기호학 이론의 기초를 제공한 철학자로 평가받고 있기도 하다.

10) "내 생각에 비트겐슈타인의 저술에 힘을 부여하는 것은 우리가 원할 때 철학함을 멈출 수 있는 지점에 대한 비전이다."(리처드 로티, 「철학의 순수화: 비트겐슈타인에 대한 에세이」, 『실용주의의 결과』, 김동식 옮김(민음사, 1996), 130쪽.)

니라 대화가 어떻게 작동하는지에 대한 탐구에서 희망을 보는 입장[11]을 말하며, 데이빗슨(Donald Davidson)이나 브랜덤(Robert B. Brandom) 같은 현대철학자들이 이에 해당된다. 다음으로 로티는 우리의 개념적 관여와 동떨어진 소여의 신화(the myth of the given)에 대한 비판과 관련하여 셀라스(Wilfrid Sellars)의 철학을 받아들임으로써 칸트식의 개념(concept)과 도식(scheme) 간의 전통적 구분을 거부하며, 우리는 오직 언어적 행위 내에서만 참과 거짓을 말할 수 있고 그에 대해 논의할 수 있다고 주장하는 데이빗슨의 근본적 취지 역시 수용한다. 그런데 흥미롭게도 데이빗슨과 관련해서 보면 로티는 데이빗슨을 자기에게 우호적으로 해석하고 있으나 데이빗슨 자신은 이를 인정하고 싶어 하지 않는다고도 할 수 있다.[12] 사실 로티와 데이빗슨의 차이는 극히 복잡미묘하기 때문에 여기에서 명확하게 적시할 수는 없지만, 로티 자신의 언급을 통해 대체적으로 볼 때 그와 데이빗슨의 차이는 데이빗슨이 로티와는 달리 여전히 철학에서 진리의 문제가 의미 있다고 보고 있으며, 그에 따라 그러한 진리를 결정하는 요소이자 의문시되지 않은 대부분의 믿음으로서 세계라는 관념을 유지하고 있다는 점일 것이다.[13]

이와 더불어 로티는 우리의 언어나 마음은 이미 실재에 너무 깊숙이 침투해 들어가 있다고 주장함으로써 실재론과 상대주의를 모두

---

11) Richard Rorty, "Holism and historicism", 앞의 책(2007), p. 181.
12) 따라서 이 같은 철학자들에 대한 로티의 참조는 어디까지나 치료적이라는 점에 주의할 필요가 있을 것이다. "로티는 비트겐슈타인, 콰인 및 셀라스를 자유롭게 끌어들이지만 그들을 구성적 목적이라기보다는 치료적 목적으로 이용한다."(Michael H. McCarthy, *The Crisis of Philosophy*(State University of New York Press, 1990), Ⅹ Ⅴ.)
13) 리처드 로티, 「잘 잃어버린 세계」, 앞의 책(1996), 95쪽.

비판할 수 있는 무기가 될 수 있다[14]는 면에서 내재적 실재론(internal realism)자라고 불리는 퍼트남(Hilary Putnam)의 프래그머티즘을 창조적으로 해석함으로써 흡수한다. 마지막으로 과학철학자 토마스 쿤(Thomas Kuhn)은 논리적이고 객관적이고 과학적인 것들이 위에 오고, 수사적이고 주관적이고 비과학적인 것들이 밑에 오는 식의 인식론적이고 존재론적인 위계 문화로부터 로티를 비롯한 많은 사람들을 벗어나게 해주었다.[15] 이상이 대략적으로 살펴보았을 때 로티가 주로 관계하고 있는 영미 철학적 전통이라고 할 수 있다.

하지만 로티의 사상적 계보는 여기에서 그치지 않는다. 로티는 대륙철학적 전통 속에서도 자신의 사상적 자양분을 풍부하게 빨아들이고 있다. 그 대표적인 사상가가 바로 헤겔(Georg Wilhelm Friedrich Hegel, 1770~1831)이다. 물론 로티에 의해 해석된 헤겔은 절대적 관념론자로서의 헤겔이 아니라 자신이 긍정적으로 평가하고 있는 아이러니스트적인 특징을 보여주는 역사주의적 헤겔이기는 하지만 말이다.[16] 로티는 특히나 과거 철학사에 대한 재(再)서술(redescription)

---

14) Richard Rorty, "Hilary Putnam and the Relativist Menace", *Truth and Progress*, Philosophical Papers, Volume 3(Cambridge University Press, 1998), p. 43.

15) Richard Rorty, "Thomas Kuhn, Rocks, and the Laws of Physics", *Philosophy and Social Hope*(Penguin, 1999), p. 180.

16) 헤겔에 대한 로티의 이 같은 평가는 로티를 정신적 스승으로 삼고 있는 브랜덤(Robert B. Brandom)의 입장으로까지 이어진다고도 볼 수 있다. 헤겔의 관념론을 프래그머티즘적으로 독특하게 해석하고 있는 브랜덤은 영미 철학 쪽에서 헤겔 르네상스를 주도하고 있는 인물로 평가받고 있다. 브랜덤의 문제의식은 자신의 사상적 스승인 로티를 따라 개념의 의미가 객관적 대상에 의해 결정된다는 표상주의를 극복하는 데 있다. 그러나 로티와는 달리 브랜덤은 단순히 반표상주의적 입장에 머물지 않고 그러한 반표상주의를 가능하게 만들 수 있는 구체적 메커니즘을 제시하고자 한다. 바로 그러한 메커니즘이 브랜덤이 말하는 추론이라고 할 수 있다. 여기서 추론이란 좁은 의미의 형식논리적인 추론을 포함해서 넓은 의미의 사회적 추론 즉 주장의 근거를 묻고 답하며 서로 인정을 요구하고 받는 과정 전

의 전형을 잘 보여주고 있다고 스스로 해석하고 있는 헤겔의『정신현상학(Phänomenologie des Geistes)』에서 이 같은 특징을 간파할 수 있다고 주장하고 있다. 다음으로 로티의 글에서는 니체의 숨결이 항상 느껴진다고도 할 정도로 로티는 니체의 입장에 적극적인 지지를 보내고 있다. 사실 진리를 삶을 위한 오류로 바라보는 니체의 견해 등은 프래그머티즘의 복사판이라고도 할 수 있을 정도이다. 더 나아가 포스트모던이라는 애매한 용어에 대한 오해를 피하기 위해서 로티는 흔히 포스트모던 철학이라고 하는 흐름을 포스트 니체적 철학(post-Nietzschean philosophy)이라고 부르고 있기도 하다.[17]

또 로티는 니체의 탁월한 해석자이자 철저한 비판자였던 하이데거의 입장을 적극적으로 참조한다. 그에게 하이데거는 형이상학을 극복하려는 이론적 작업을 확립하는 바로 그 순간 또 다른 형이상학에 빠질 수밖에 없다는 형이상학의 역리에 빠지지 않기 위해 의식적인 노력을 지속적으로 기울였던 대표적인 사상가였다. 그런데 하이데거 역시 로티에게는 아직까지는 진정한 아이러니스트는 아니다. 왜냐하면 그 역시 자기 사유의 우연성과 유한성을 인정하는 데는 실패하고 말았기 때문이었다.

다음으로 로티는 데리다(Jacques Derrida)의 해체 전략을 적극적으

체를 지칭한다. 이러한 추론의 과정을 통해 개념의 의미 내용이 정해진다. 요컨대 브랜덤이 말하는 추론주의의 기본적 입장이란, 개념의 의미는 사회적 추론 과정을 통해서 결정될 수밖에 없다는 것이다. 그런데 브랜덤이 보기에 개념이 가진 의미의 사회적 차원에 주목한 철학자가 바로 헤겔이다. 그리고 개념의 현실적 사용(혹은 현실적 유용성)이 개념의 의미 내용을 규정한다고 주장한다는 점에서 브랜덤이 보기에 헤겔은 프래그머티스트이다. 브랜덤의 주요 입장에 대해서는 Robert B. Brandom, *Making it explicit*(Harvard University Press, 1994) 참조.

17) 물론 로티에게서 니체에 대한 비판이 전무한 것은 아니다. 이에 대해서는 앞으로 곧 살펴볼 것이다.

로 수용한다.[18] 물론 로티는 데리다가 말하는 차연(différence)이라는 개념 자체의 절대화에 대해서는 거리를 둔다. 이 같은 맥락에서 로티는 어떠한 것도 적극적으로 주장하지 않고 단지 말놀이의 모습만을 보여주고 있는 데리다의 후기 사상에 대해 오히려 더 큰 지지를 보낸다. 그에 의하면 여기서 데리다는 비로소 어떤 견해도 절대화시키지 않는 참된 아이러니스트의 전형적 모습을 보여준다는 것이다. 그리고 이와 함께 그는 드만(Paul de Man) 등 미국의 신비평주의자들이 보여주는 데리다에 대한 해체주의(deconstructionism)적 오남용으로부터 데리다의 진의를 구해내려는 노력도 지속적으로 기울이고 있다.[19]

물론 이 밖에도 문학 방면에서는 프루스트를 비롯해서 쿤데라, 디킨스, 나보코프, 오웰(George Orwell) 등의 여러 소설가와 에머슨, 휘트먼, 예이츠 같은 낭만주의 시인들이 로티가 발휘하는 영감의 지속적인 원천이 되어왔다고 할 수 있다. 가령 쿤데라가 소설을 개성이 꽃필 수 있는 영역으로 보고 있다는 점에서 로티는 쿤데라가 말하는 소설이 자신이 꿈꾸는 민주주의적 유토피아와 거의 동의어로 사용되

---

18) 데리다 역시 기본적으로 프래그머티즘의 입장에 공감한다. "나는 해체가 프래그머티즘의 어떤 모티브들과 많은 점을 공유하고 있다고 생각한다."(Jacques Derrida et al., "Remarks on Deconstruction and Pragmatism", *Deconstruction and Pragmatism*, ed. by Chantal Mouffe(Routledge, 1996), p. 78.)

19) "내 입장에서 하나의 지적 세계를 대체할 수 있는 유일한 것은 또 다른 지적 세계, 즉 오래된 대안에 대항한 논증이라기보다는 새로운 대안이다. 로고스중심주의만큼 커다랗고 중요한 것에 대항한 논증을 갖추기 위한 어떤 중립적 기반이 있다는 생각은 또 하나의 로고스중심주의적인 환상으로 보인다. 내 생각에 진정으로 독창적인 사유의 결과는 우리의 이전 믿음들을 반박하거나 전복시키는 것이라기보다는 우리에게 그 믿음들에 대한 대체물을 제공함으로써 우리가 그것들을 잊어버리게 도와주는 것이다."(Richard Rorty, "Is Derrida a transcendental philosopher?", *Essays on Heidegger and others*, Philosophical papers Volume 2(Cambridge University Press, 1991A), p. 121.)

고 있다고 판단한다. 이 상상의 사회에서는 누구도 신이나 진리가 자기편이라고 여기지 않으며, 쾌락의 추구와 고통의 회피보다 더 실제적인 것이 있다고 생각하지 않는다. 그리고 이 같은 유토피아에서는 진리의 추구보다는 관용과 호기심이 주요한 미덕이 된다고 할 수 있다.[20] 더불어 로티는 쿤데라가 지향하는 개인들의 유토피아가 디킨스의 소설에서 구현되고 있다고 본다. 왜냐하면 디킨스의 소설에 나타나는 인물들은 범주화할 수 없는 특이체질을 보여주고 있기 때문이다. 또 로티에 의하면 러시아 태생의 소설가 나보코프는 심미적 기쁨에 대한 사적 추구가 타인에 대한 잔인성을 낳을 수 있음을 보여주고 있으며, 오웰 역시 소설 『1984』에 등장하는 오브라이언의 모습을 통해 유사한 사실을 폭로하고 있다.

덧붙여 로티는 에머슨의 『에세이 1』(Essays: First Series, 1841)에 나오는 'Circles'이라는 글의 한 구절에 대해서 창조적 행위를 강조하기 위해 다음과 같이 인용하기도 한다. "인간의 삶은 끊임없이 확장되는 원이다. 이 원은 극히 작은 고리에서 시작하여 모든 방향에서 끝이 없는 더 새롭고 더 큰 원으로 확장되어 나아간다." 로티는 이 에세이에서 에머슨이 제기하는 가장 주요한 요점은 바로 실재라고 하는 폐쇄된 벽이 더 이상 존재하지 않는 것이라는 사실을 지적한다.[21]

끝으로 로티가 자신의 사유와 관련하여 그 누구보다 더 중요성을 인식하고 있는 사상가 중의 하나가 바로 다윈(Charles Darwin)이다. 로티에 의하면 다윈의 진화론은 우리 인간 종의 두드러진 특징이란 의식이나 정신이 아니라 대상 세계와 직면하기 위한 도구로서의 언어라는 점을 분명하게 해줌으로써 다윈 이전에는 참된 것을 알고 올바른

---

20) Richard Rorty, "Heidegger, Kundera, and Dickens", 앞의 책(1991A), p. 75.
21) Richard Rorty, "Pragmatism and romanticism", 앞의 책(2007), p. 109.

것을 행하려는 욕구의 실현으로 해석되었던 고등한 행위를 포함한 인간의 모든 행위를 동물의 행위와 연속적인 것으로 이해할 수 있게 해주었다. 왜냐하면 진화론에 따르면 언어의 기원은 자연주의적 측면에서 이해할 수 있기 때문이다.[22]

2) 시화된 철학

다음으로 로티 사상이 서 있는 전체적 국면(constellation)을 살펴보면 그것은 플라톤(Platon)이 『국가(politeia)』(607b5-6)에서 언급하고 있는 철학과 시(詩)의 싸움 혹은 불화(diaphora)라고 할 수 있다.[23] 시 혹은 예술 일반을 향한 이 싸움은 소크라테스(Socrates)와 플라톤에 의해 본격적으로 수행된 결과 이후 서구에서 철학(과학) 혹은 철학이 대변한다고 하는 소위 합리성 일반이 예술이나 여타 다른 분과의 학문들에 대해 절대적 우위를 점하게 되는 결정적 계기가 된다. 물론 시나

---

22) Richard Rorty, "World without Substances or Essences", 앞의 책(1999), p. 68.

23) 이 같은 싸움은 플라톤의 수사학(rhetoric) 비판과도 그 맥이 닿아 있다고 볼 수 있다. 플라톤은 그의 대화편들(특히 『소크라테스의 변명』, 『고르기아스』, 『메넥세노스』, 『향연』, 『파이드로스』 등을 참조할 것)에서 무지한 사람들에게 진정한 지식(episteme)이 아니라 믿음(doxa)만을 주는 수사학을 철학과 근본적으로 구분하고 더 나아가 그것을 배제하려고 지속적으로 시도하고 있다. 물론 그 와중에 플라톤 자기 자신도 수사학적 기법을 사용하기는 하지만 그것은 변증술(dialektike)로서, 아첨술로서의 수사학과는 질적으로 차이가 난다. 이에 비해 로티나 니체에 의하면 지식과 믿음의 구분은 전혀 적절하지 못하다. 지식과 믿음의 차원을 구분하는 것은 로티가 말하고 있는 이분법 즉 발견하기와 만들기의 이분법을 무비판적으로 수용한 결과일 뿐이다. 플라톤에게서 시작된 바로 이 같은 편견에 대항하려는 시도를 하고 있는 사람들이 바로 로티나 니체와 같은 사상가들이라고 할 수 있을 것이다.

예술에 대한 철학의 압도적 지배에서 그 오랜 기간 동안 전혀 예외가 없었다고 단언할 수는 없지만, 전반적인 경향은 이 같은 흐름에서 크게 벗어나지 않았다.

그런데 그러한 지배적 흐름에 대해 거의 최초로 전면적인 반기를 들고 나온 사람이 바로 니체(Friedrich Nietzsche)였다. 이런 맥락에서 니체는 자신의 철학을 전도된 플라톤주의(umgekehrter Plantonismus)라고 명명하기도 했다. 로티도 언급하고 있듯이 니체는 최초의 저술인『비극의 탄생(Die Geburt der Tragödie)』에서 시와 철학의 싸움이라는 구도 속에서 시나 예술 일반의 복권을 시도하고 있다고 평가할 수 있다. "『비극의 탄생』에서 니체는 시와 철학의 싸움을 재연했다. 소크라테스를 신화를 깨기 위해 이성을 사용한 사람으로보다는 신화를 만들어낸 사람으로 다룸으로써 니체는 파르메니데스와 플라톤을 모두 강력한(all-too-strong) 시인으로 보게 했다."[24] 그리고 로티는 니체의 이 같은 야심찬 시도를 이어받아 2000년 넘게 이어져온 이 거대한 싸움을 바야흐로 갈무리하고자 한다.

로티가 철학과 시 사이의 싸움을 나름대로 마무리하는 방식은 니체의 경우와 유사하게 단순히 철학과 시의 수직적 위계 관계를 그대로 거꾸로 뒤집는 것이 아니다. 그렇게 되면 예술이 철학의 위에 서게 되는 또 다른 비생산적 위계질서만이 탄생하게 될 뿐이기 때문이다. 그 대신 로티는 철학 자체를 시화(詩化, poeticized)[25]시키고자 한다. 로티가 시화된 문화나 문학 문화(literary culture) 등에 대해 비교적

---

24) Richard Rorty, "Pragmatism and romanticism", 앞의 책(2007), p. 110.

25) Richard Rorty, "Inquiry as recontextualization: An anti-dualist account of interpretation", *Objectivity, Relativism, and Truth*(Cambridge University Press, 1991B), p. 110.

자주 언급하고 있는 것은 바로 이와 같은 맥락에서이다. "지난 200년 동안 부상하기 시작한 문학 문화에서는 '그것은 참인가?'하는 물음이 밀려나고 그 자리를 '무엇이 새로운 것인가?'하는 물음이 대신하게 되었다. 이러한 진보는 '존재가 무엇인가?', '실제로 실재하는 것은 무엇인가?' 그리고 '인간이란 무엇인가?'와 같은 나쁜 물음이 '우리 인간이 어떠한 삶을 살 수 있는가에 대한 새로운 착상을 누가 가지고 있는가?'와 같은 민감한 물음으로 대치되는 바람직한 변화를 보여준다."[26] 또 이 같은 시화된 문화나 문학 문화 등은 로티가 구상하고 있는 유토피아의 모습과도 일맥상통한다. 로티가 말하는 문학 문화란 전통적인 종교와 철학을 대체한 문화로서 인간이 아닌 인격체, 가령 신과 같은 인격체에 대한 관계를 통해 구원을 찾지 않는 동시에 명제들에 대한 인지적 관계에서 구원을 찾지도 않는 문화를 말한다. 이런 문화 속에서 긍정적인 의미의 구원은 타인들과의 비인지적 관계 속에서 구해진다. 이 관계란 책과 건축물, 그림과 노래 같이 인간에 의해 구축된 인공물을 통해 매개된 관계이다.[27]

또 로티가 말하는 그런 유토피아는 포스트모더니스트 부르주아 자유주의[28] 사회로서 타인들의 굴욕과 고통에 대한 감수성이 잘 발휘되

---

26) Richard Rorty, "Philosophy as a transitional genre", 앞의 책(2007), p. 92. 결국 로티가 목표로 하는 "문화는 철학자가 아니라 시인을 지식인의 전형으로 간주해야 하는"(리처드 로티, 앞의 책(1996), 11쪽) 문학 문화라고 할 수 있을 것이다.

27) Richard Rorty, "Philosophy as a transitional genre", 앞의 책(2007), p. 93.

28) "나는 칸트주의적인 버팀목이 없는 부유한 북대서양 민주주의의 제도와 실천을 옹호하고자 하는 시도를 '포스트모더니스트 부르주아 자유주의'라고 부르고자 한다. (……) 나는 '포스트모더니스트'라는 단어를 리오타르가 거기에 부여한 의미로 사용하는데 그는 포스트모던적 태도가 '메타 서사에 대한 불신' 즉 본질적인 자아, 절대정신, 프롤레타리아 등과 같은 실재의 행위를 서술하거나 예측하는 서사에 대한 불신이라고 말한다."(Richard Rorty, "Postmodernist bourgeois liberalism", 앞의 책(1991B), pp. 198-199.)

고 그것을 위한 장치가 민주주의 제도들 속에서 지속적으로 구현되고 있을 뿐만 아니라 그러기를 제한 없이 바랄 수 있는 사회를 말한다. 물론 로티는 이 같은 사회가 다른 곳보다는 서구 민주주의 속에서 실현될 가능성이 크다고 보고 있다. 그리고 이와 같은 생각은 니체와 푸코(Michel Foucault)[29]나 호르크하이머(Max Horkheimer) 및 아도르노(Theodor Adorno)[30] 등과 같이 자본주의를 바탕으로 한 서구 민주주의 사회 일반에 대해 더 이상 희망을 갖지 못하고 비관적인 진단과 철저한 절망의 기조를 표현하는 사상가들과 로티를 뚜렷하게 구분시켜주는 특징이기도 하다.

---

[29] 푸코에 대한 로티의 비판은 Richard Rorty, "Moral identity and private auto-nomy: The case of Foucault", 앞의 책(1991A), pp. 193-198.

[30] 이들의 비관적인 전망이 비교적 잘 드러나 있는 책은 『계몽의 변증법』(M. 호르크하이머, 김유동 옮김(문예출판사, 1995))일 것이다.

3

예술적 세계관의 면모와 그 영향

1) 사적인 자아창조

그렇다면 로티가 말하고 있는 철학의 시화는 과연 어떻게 가능한 가? 우리는 이에 대해 두 가지 방향에서 대답해볼 수 있다. 우선 로티는 전통적인 서양철학에서 거의 변함없이 전승되어왔던 근본적인 인식론적 구도 자체를 철저하게 비판함으로써 그 자신의 독특한 입장으로 여겨지는 반(反)이원론적 반(反)표상주의(anti-representationalism)에 이르며, 그 결과 철학은 시화된다고 할 수 있다. 로티는 자신의 최초의 체계적 저술이라고 할 수 있는 『철학 그리고 자연의 거울』[31]에서 바로 이 같은 방식의 비판을 수행하고 있다. 인간의 마음이나 정신은 자연 세계의 대상을 있는 그대로 맑게 비춰주는 거울과 같은 역할을 하며, 그러한 역할을 제대로 해낼 때 대상과의 일치로서 표상적 진리에

---

31) Richard Rorty, *Philosophy and the Mirror of Nature*(New Jersey: Princeton, 1979).

도달할 수 있다는 믿음이 인식론적이고 형이상학적인 통상적 견해였다면 로티는 이를 근본적으로 거부한다. 로티에 의하면 대상 세계를 거울처럼 명료하게 반영해주는 인간의 마음이나 정신은 존재하지 않을 뿐만 아니라, 인간의 지식이란 대상 세계와의 일치를 목표로 할 수 없으며 대상 세계에 대처하기 위한 실천적 관심이나 목적과 결코 동떨어진 것이 아니라 대상 세계와 불가분의 관계에 놓여 있다. 이 같은 주장에서 우리는 지식이란 현실에 대해 잘 작동하는 경우에만 유의미하고 진리라고 불릴 수 있다는 프래그머티즘의 대표적 테제를 확인할 수 있다. 요컨대 로티에 의하면 "'정확한 표상'이라는 개념은 우리가 하고 싶은 것을 하도록 성공적으로 도와주는 그러한 믿음에 대해 자동적으로 붙게 되는 찬사에 불과"[32]하다.

이 반표상주의적 견해와 관련하여 특히 또 한 가지 주목할 만한 로티의 생각은 심신 문제와 직접적으로 관련되어 있을 뿐만 아니라 전통적인 인식론적 구도의 분쇄를 위해서도 결정적인 역할을 한다고 할

---

32) 리처드 로티, 『철학 그리고 자연의 거울』, 박지수 옮김(까치, 1998), 18쪽. 로티의 이 책이 갖는 의의는 다음과 같은 언급에서 비교적 적절하게 표현되고 있다. "『철학 그리고 자연의 거울』의 한 가지 주요한 타깃은 표상 개념에 기초한 지식 이론을 제공하려는 토대주의적인 기획이다. 로티의 접근은 이 같은 생각의 구축에 이르렀던 의심스러운 역사적 동기들을 폭로하고 분석철학의 최근 논의들이 그러한 어떠한 접근도 유지할 수 없게 만든다는 점을 보이는 것이다. 이런 식으로 『철학 그리고 자연의 거울』은 포괄적인 의미의 토대주의와 표상주의에 빚을 지고 있는 모든 철학적 기획을 파괴하기를 목표로 삼고 있다. 그러나 로티는 이보다 훨씬 더 나아간다. 왜냐하면 그는 또한 다음과 같이 간주하기 때문이다. 즉 '철학'이라고 불리는 독립적이고 체계적인 분과가 있다는 바로 그 생각이 철학이 지닌 원래의 토대주의적인 동기들과 불가분하게 관련되어 있다는 것이다. 결과적으로 로티는 비(非)토대주의적이고 비(非)표상주의적인 기초 위에서 (전통적인 의미의) 철학을 새롭게 다시 시작하려는 시도들 역시 단념시키기를 목표로 하고 있는 셈이다."(James Tartaglia, *Rorty and the Mirror of Nature*, (London and New York, 2007), p. 18. 괄호 안은 역자의 첨가).

수 있는 비환원적 물리주의(non-reductive physicalism)이다. 비환원적 물리주의란 로티가 데이빗슨(Donald Davidson)을 따라 수용한 태도를 일컬으며 물리적 세계와는 독립된 정신이나 자아를 인정하지 않지만 모든 것을 물리적 세계로 환원시키지는 않는 독특한 태도를 의미한다.[33] 즉 여기서 물리적 세계로 환원되지 않은 것들은 우리가 우리 자신과 인과적으로 독립된 물리적 세계에 대해서 갖는 믿음이나 욕망들이다.

다시 말해 철학에서 전통적으로 정신이나 자아 개념으로 여겨졌던 것들은 이런 측면에서 보자면 그러한 믿음과 욕망들의 다발에 불과하게 된다. 더 나아가 비환원적 물리주의라는 태도를 취하는 것은 우리의 전통적인 인식론적 틀을 부수는 데 효과적일 수 있다. 즉 로티가 보기에 전통적인 인식론의 가장 큰 문제는 그것이 인과(causation)의 맥락과 정당화(justification)의 맥락 사이를 혼동해왔다는 점이다. 인과의 맥락은 외부의 물리적 세계가 인과적 원인으로서 우리에게 가하는 자극을 포함하는 상황과 관련된 것인 반면 정당화의 맥락은 그러한 원인에 관한 논의를 통해 결과하는 우리의 언어적 견해의 정당함 등과 관련된다. 따라서 한 가지 사건이나 사태에 관한 인과적 설명과 정당화는 서로 상충할 필요가 전혀 없으며, 충분히 양립 가능하다고 할 수 있다. 즉 동일한 사태에 대해 각각 원인(cause)과 이유(reason)가 제시될 수 있다는 말이다. 그럼에도 불구하고 로티나 데이빗슨에 의하면 전통적인 인식론에서는 정당화의 이유들을 인과적 원인들 속에서 찾으려는 헛된 수고를 되풀이해왔다는 것이다. "우리는 (더밋(Michael Dummett)의 '실재론'과 '반실재론' 간의 대조에서 중심적인) 다음과 같은 물

---

33) Richard Rorty, "Non-reductive physicalism", 앞의 책(1991B), pp. 113-125.

음 즉 대수적(algebraic) 진리와 도덕적 진리 혹은 미적인 판단들을 참으로 만들어주는 것들이 세계 안에 존재하는지 하는 물음을 제기할 필요가 없다. 왜냐하면 믿음을 획득하는 원인들이 존재하고 믿음을 유지하거나 변경하는 이유들이 존재한다고 해도 믿음들의 진리에 대해서는 그 어떤 원인들도 없기 때문이다."[34]

로티의 이 같은 반이원론적 태도를 그의 인상적인 글 제목을 이용해서 한 구절로 표현해보면, 발견하기와 만들기(finding and making)라는 이분법의 극복이라고 할 수 있다.[35] 발견하기란 플라톤식의 전통적인 철학함을 말하는 것으로서 진리와 그 근거(객관적 진리든 아니면 그 근거로서의 주관적 자아든)의 발견이 바로 철학적 탐구의 목표이자 기반이라고 간주하는 입장을 말하며, 이 입장에는 발견의 주체와 객체라는 그릇된 인식론적 이분법 역시 고스란히 전제되어 있다고 할 수 있다. 로티는 이러한 이분법적 구도가 전제되어 있는 발견하기로서의 철학함을 철저하게 거부하고 다원식으로 우리의 실천적 필요를 만족시키기 위해 세계에 대처하는 방식이라고 진리를 간주하는 만들기로서의 탐구 과정만이 유일하고 중요하다고 주장한다. 여기서 만들기의 과정이란 확고 불변한 진리를 발견하는 행위 대신 대상 세계에 대처하는 가운데 우리 인간이 형성해나가는 실천적 습관 및 그 변화 등을 포함하는 넓은 의미의 실천과 비교될 수 있을 것이다. 이런 측

---

34) Richard Rorty, "Non-reductive physicalism", 앞의 책(1991B), pp. 120-121. "자연적인 것과 규범적인 것 사이의 이러한 구분을 강하게 주장하는 것은 로티가 우리의 환경은 기껏해야 믿음을 형성하게 하는 원인이 될 수는 있으나 그 믿음들을 정당화할 수 없다고 주장하는 데로 이끈다."(Robert B. Brandom, "Introduction", *Rorty and his critics*, ed. by Robert. B. Brandom (Blackwell Publisher, 2000), XV).

35) Richard Rorty, "Introduction: Relativism: Finding and Making", 앞의 책(1999), pp. xvi-xxxii.

면에서 철학이나 기타 이론적 학문 일반은 창조적 지식 형성 과정으로서 시화된다고 할 수 있을 것이다. 이 같은 로티의 입장은 유기체의 원초적인 경험 자체의 맥락 안에 예술적 창조 활동의 차원이 이미 포함되어 있다고 보았던 자신의 철학적 영웅 듀이의 생각과도 일맥상통하는 면이 분명히 있다고 할 수 있다.[36]

전통적인 이원론적 표상주의에 대한 반표상주의적 비판의 결과로서 가능하게 된 창조적 만들기로서의 철학의 모습이 로티가 철학을 시화시킨 첫 번째 방향이었다면, 우리가 추적해볼 수 있는 두 번째 방향은 여러 가지 방식의 철학이나 문학 등에 대한 치밀한 분석을 통해 좀 더 구체적으로 시적 창조로서의 철학의 모습을 예시하는 작업의 흐름이라고 할 수 있다.

그런데 로티가 이 두 번째 방향에서 견지하고 있는 중요한 근본적 구분이 바로 사적인 것(the private)과 공적인 것(the public) 사이의 구분이다. 사실상 로티가 이 구분 자체를 분명하고 직접적으로 길게 서술하거나 설명하고 있는 부분은 거의 없다. 그럼에도 불구하고 로티의 기본적 입장을 이해하기 위해서는 반드시 통과해야 할 관문이 바

---

36) 이에 대해서는 듀이의 『경험으로서의 예술』이라는 발췌 번역된 저술을 참고할 것. 여기서 듀이는 예술적 차원을 유기체의 가장 근본적인 삶의 차원과 직접적으로 연결시켜서 설명하고 있으며, 이 같은 생각은 니체의 견해와도 충분히 연결될 수 있는 부분이라고 보인다. 가령 다음과 같은 구절은 이런 맥락에서 중요하다. "경험은 개인적인 감정과 감각 안에 갇혀 있는 것을 의미하지 않고 세계와의 활발하고 민첩한 교제를 의미한다. 그리하여 최고의 경험은 자아와, 대상과 사건의 세계 사이의 완전한 상호침투를 의미한다. 그것은 변덕과 무질서에 빠지는 것을 의미하지 않고 정체가 아니라 율동적이고 발전적인 안정의 유일한 증거를 제공한다. 경험은 한 생명체가 사물의 세계 내에서 투쟁하고 성취함으로써 실현하는 것으로 예술의 맹아이다. 경험은 초보적인 형식에서조차 미적 경험이라는 유쾌한 지각에 대한 전망을 안고 있다."(Ibid., p. 42.)

로 이 구분이라고 해도 과언은 아닐 것이다.[37]

우선 주목할 수 있는 부분은 『우연성 아이러니 연대성』의 서문이다. 거기서 로티는 플라톤이나 기독교에서 나타났던 전통적인 시도라고 할 수 있는 자아창조와 정의, 사적 완성과 인간의 연대성 등을 단일한 비전으로 통합하는 일이 불가능함을 주장하고 있다. 즉 철학이나 어떤 분야든 그러한 통합을 가능하게 하는 방식은 없다는 말이다. 결국 이 같은 두 분야나 영역에서 우리가 할 수 있는 최선이란 그 사회의 시민들이 타인들에게 해를 끼치지 않고 혜택이 덜 돌아가는 자들에게 필요한 자원을 마음대로 사용하지 않는 한, 그들을 사적인 의미의 심미주의자나 비합리주의자가 되도록 내버려두는 것이다. 그리고 로티가 보기에 이것이 바로 자유주의 유토피아의 목표이다. 중요한 점은 이러한 실천적 목표에 도달했다고 여겨질 수 있는 실천적 방식들은 있으나, 자아창조와 정의를 함께 논할 수 있는 이론적 차원의 방법은 어디에도 없다는 사실이다. "자아창조의 어휘는 필연적으로 사적이고 공유되지 않으며 논변에 부적절하다. 정의의 어휘는 필연적

---

37) 로티가 기본적으로 공리주의(Utilitarianism), 즉 인간은 누구나 행복을 원하며 고통을 피하려고 하기에 행복의 증진과 고통의 회피가 우리의 삶에서 최대의 지상 과제라는 입장을 받아들인다면, 밀(John Stuart Mill)이 『자유론(On liberty)』에서 하고 있는 식의 개인적 자유의 영역과 그것을 넘어선 사회적 영역 사이의 구분을 로티가 큰 수정 없이 수용하고 있다는 가정도 충분히 해볼 수 있다. 물론 이 같은 구분에 대한 비판 역시 꾸준히 제기되어 왔다. 가령 사적인 차원의 관심을 실현하기 위해 공적인 차원의 갈등 조절이 필요한 경우나 반대로 공적인 차원의 역할을 맡기 위해 사적인 이해를 배제해야 하는 경우 등 깔끔하기는 하지만 여전히 거친 로티의 구분만으로는 설명하기가 힘든 여러 가지 사례들을 충분히 생각해볼 수 있을 것이다. 이에 대한 최근의 비판적 언급은 Sterling Lynch, "Romantic Longings, Moral Ideals, and Democratic Priorities: On Richard Rorty's Use of the Distinction Between the Private and the Public", *International Journal of Philosophical Studies* Vol. 15(1)(Routledge, 2007), pp. 97−120 참조.

으로 공적이고, 공유되며 논변의 교류를 위한 매개물이다."[38]

　요컨대 로티는 자아창조의 요구와 연대성의 요구를 똑같이 타당하지만 영원히 공약 불가능한 영역으로 취급하고 있는 셈이다. 그래서 로티가 자유주의 아이러니스트라고 부르는 사람은 공적인 차원에서 잔인성이야말로 우리가 행하는 가장 나쁜 짓이라는 입장을 견지하는 동시에 사적인 차원에서 자신의 가장 핵심적인 믿음과 욕구들의 우연성을 기꺼이 승인하는 자이다. 다시 말해 인간들이 다른 인간들에 의해 굴욕당하는 일이 멈추어지리라는 희망을 근거 지을 수 없는 소망 속에 포함시키는 사람이 로티가 이상적으로 보는 자유주의 아이러니스트이다. 더 나아가 로티가 말하는 자유주의 유토피아에서 인간의 연대성은 성취해야 할 목표이며, 그것은 이론적 탐구가 아니라 낯선 사람들을 고통받는 동료로 볼 수 있는 상상력에 의해 창조되는 것이다. 즉 연대성은 낯선 사람들이 겪는 고통과 굴욕의 세부 내용들에 대한 우리의 감수성을 증대시킴으로써 만들어진다는 것이다. 이는 다른 사람들을 단순히 제3자로서의 그들이 아니라 우리 중의 하나로 볼 수 있게 만드는 과정이며, 낯선 사람들이 어떤지에 대한 서술과 우리가 어떤지에 대한 재서술의 과정이고, 이론적 논증 등을 통해서가 아니라, 주로 소설 등의 예술 작품을 통해서 가능하게 된다.

　다음으로 간접적으로나마 사적인 것과 공적인 것에 관한 로티의 생각을 확인할 수 있는 곳은 「트로츠키와 야생란」[39]이라는 짧은 자전적 에세이에서이다. 여기서 로티는 자신의 유년 시절 가장 큰 화두가 트로츠키(Leon Trotsky)나 사회주의로 상징되는 사회 정의와 야생란(蘭)에 대한 관심으로 대변되는 개인의 특이한 사적 취미 사이를 어떻게

---

38) 리처드 로티, 『우연성 아이러니 연대성』, 김동식·이유선 옮김(민음사, 1996), 21쪽.
39) Richard Rorty, "Trotsky and the Wild Orchids", 앞의 책(1999), pp. 3-20.

조화시킬 수 있겠는가 하는 문제였다고 술회하고 있다. 사회 정의와 관련된 측면이 공적인 것이라면 개인의 취미 영역과 관계된 것이 사적인 것이라고 할 수 있다. 그러한 실천적 문제의식을 갖고 이후 로티는 플라톤의 작품들을 읽었고, 기타 여러 가지 차원의 연구를 진행해 보았지만 거기에 대해 만족스러운 답을 얻지는 못하였다. 그리고 그러한 사상적 편력의 결과로서 가다듬어져서 나타난 것이 공적인 것과 사적인 것 사이의 명확한 경계 설정의 요구와 필요성이다.

다시 말해 그 두 영역은 더 이상 결코 관련될 수 없으며, 따라서 그러한 두 영역을 서로 통합하려는 모든 시도는 도리어 실패할 수밖에 없는 운명에 처해 있다. 로티가 보기에 그 같은 시도는 멀게는 이미 플라톤이 이성, 마음(감정), 욕구라는 자신의 영혼삼분설을 통치자, 수호자, 생산자라는 이상 국가의 계급들과 관련시켰을 때부터 시작되었으며, 가깝게는 하버마스(Jürgen Habermas)가 니체나 하이데거(Martin Heidegger)의 비의적(esoteric) 철학을 민주사회의 사회 정의에 무책임하기 그지없는 무용한 철학이라고 비판[40]하는 가운데서도 잘 드러난다. 그래서 로티는 사적인 차원에서 유용한 철학이나 문학과, 공적인 관심이나 행위에 도움을 줄 수 있는 문학이나 철학을 분명하게 선별하기를 제안한다.

가령 니체나 하이데거의 철학은 우리가 사적인 차원에서 읽고 즐긴다면 매우 훌륭한 사상이 될 수 있지만, 그와 반대로 그들이 말하는 바를 사회적이고 공적인 차원에서 일반화시키려고 하는 경우에는 여

---

40) "니체는 이성 개념의 새로운 수정을 포기하고 계몽의 변증법과 결별한다. 특히 현대의식의 역사적 변형, 자의적 내용의 범람과 본질적인 것의 공동화는 그로 하여금 현대가 자신의 척도를 스스로 창조할 수 있다는 점을 회의하게 만든다."(위르겐 하버마스, 『현대성의 철학적 담론』, 이진우 옮김(문예출판사, 1994), 114쪽.)

러 가지 부작용을 초래할 수밖에 없다는 말이다. 또 같은 맥락에서 니체나 하이데거에 대한 하버마스의 비판은 초점이 빗나간 비판일 수밖에 없다. 왜냐하면 니체나 하이데거를 현대에 되살릴 수 있는 유일한 길은 사적인 자아창조를 위한 개인적 취향을 만족시켜주는 데 있지 공적 차원의 사회 정의를 실현하는 데 있지 않기 때문이다.

다시 말해 여기서 개인적 취향의 만족이란 과거의 사상가나 그와 관련된 역사 등에 대한 재(再)서술(redescription)을 통한 자아창조 활동의 결과를 말한다. 사적 영역에서는 오직 이 같은 방식의 재서술만이 가능한 이유를 로티는 자아, 언어, 역사 등의 우연성에서 찾고 있다. 즉 이전의 사상이나 개념 등에 대해 현재의 비판이나 사고방식이 맺는 관계는 옳고 그름의 관계가 아니라 과거의 우연성의 결과와 지금의 우연성의 결과 간의 관계일 뿐이다. 결과적으로 로티가 말하는 철학의 시화의 두 번째 방향은 이처럼 자아창조 활동이자 과거의 재서술로서 철학의 모습이며, 이를 통해 철학은 문학과 질적으로 큰 차이가 없게 된다고 할 수 있다.

더 나아가 로티는 과거에 대한 자신의 재서술의 우연성을 기꺼이 인정하는 자를 진정한 의미의 아이러니스트(ironist)라고 명명하고 있다. 로티에 의하면 이 같은 아이러니스트의 일반적 특징은 자신보다 더 큰 어떤 것에 의존함으로써 자신의 마지막 어휘에 대한 의심을 해소하려고 하지 않는다는 점이다. 이는 의심을 해소하는 기준, 다시 말해 사적 완성의 기준이 자신이 아닌 어떤 힘과의 동화(assimilation)라기보다는 자신의 자율성(autonomy)임을 의미한다.[41] 물론 모든 아이러니스트가 성공을 측정할 수 있는 방식은 그것을 과거에 비추는 것

---

41) 이하의 내용에 대해서는 리처드 로티, 앞의 책(1996), 김동식 · 이유선 옮김(민음사, 1996), 183~204쪽.

이기는 하지만, 이는 과거에 따라 사는 것이 아니라 과거를 자신의 용어로 재서술함에 의해서 그와 같이 '나는 그것을 원했다.'라고 말할 수 있게 됨을 뜻한다. 로티는 프루스트(Marcel Proust, 1871~1922)와 니체를 이 같은 맥락에서 전형적인 아이러니스트라고 말한다. 이들은 전통적인 의미의 형이상학자가 아닌데 왜냐하면 그들은 우주를 어떻게 볼 것인가가 아니라 자신을 어떻게 볼 것인가에 대해서만 관심을 가졌기 때문이다. 요컨대 로티에 의하면 프루스트와 니체는 자기 자신에 대한 재서술을 가장 중요하게 여기고 있는 셈이다. 그들은 시간과 우연을 극복하려는 것이 아니라 이용하려고 한다. 따라서 그들에게 하나의 올바른 서술이란 존재할 수 없으며, 더 나은 재서술이라는 개념은 가능하지만 그 기준은 없다. 결국 아이러니스트는 사르트르식의 즉자대자 존재(Anundfürsichsein) 혹은 완성된 존재가 되지 못한다고 해서 자기 자신이 쓸모없다고 생각하지 않는다. 오히려 그는 즉자대자 존재가 되고자 하지 않으며 바로 이 점이 그를 형이상학자와 결정적으로 구분해준다고 할 수 있다.

물론 로티는 프루스트와 니체를 구분한다. 전자가 진정한 아이러니스트였다면 후자는 형이상학으로 다시 퇴행하고 만다. 다시 말해 로티가 보기에 니체는 자신의 반본질주의와 관점주의에도 불구하고 자신의 선행자를 니힐리즘과 같은 일반 개념 아래 포섭시킬 방법을 스스로 발견한 후 그것이 그 선행자에 대한 단순한 재서술 이상이라고 생각하고 싶어 했다는 말이다. 즉 니체는 스스로 자아창조의 의도에 유용한 것 이상을 발견했다고 자부하고 있는 셈이다. 이 같은 생각은 자신의 선행자에게 적용되었던 어떤 서술도 자신에게는 적용되지 않는다고 생각하는 것이다. 이것은 또 자신 이전과 이후를 완전히 다른 차원에서 보려는 극복의 사유이며 전형적으로 형이상학적인 사고방식에 속하는 것이다. 그리고 이는 위에서 언급된 아이러니스트의 전형적인 태도와는 달리 선행자에 대한 재서술이 자신으로 하여금 자신이 아닌 어떤 힘과 접촉하게 해준다는 믿음과 같다. 이 같은 힘은 예를 들자면 대문자로 쓰인 존재, 진리, 역사, 힘에의 의지 등으로 나타난다. 진정한 의미의 아이러니스트는 바로 이런 힘들과 동화되려는 마음가짐을 버렸지만, 니체와 같은 아이러니스트 이론가는 여전히 그 마음을 버리지 못했다고 할 수 있다.[42]

그런데 로티가 보기에 니체와는 대조적으로 프루스트는 니체가 빠졌던 그런 유혹에서 자유로웠다. 프루스트는 자신을 거기에 동화시킬 더 큰 누군가를 찾지 않았다. 프루스트는 유한한 힘의 한계를 분명히 함으로써 오히려 역설적으로 그러한 유한성에서 벗어나고자 했다. 그는 자신이 만난 사람들이 자신에 대해 한 서술에서 벗어나고자 했다. 다시 말해 그는 다른 사람이 알고 있다고 생각하는 그런 모습의 사람이 되지 않으려고 애썼으며, 다른 사람의 관점에 구속되어 있고 싶어 하지 않았다. 그리고 그런 사람들로부터 자유롭게 되는 방식이란 바로 그 자신을 서술했던 사람들을 자기 자신이 스스로 다시 서술하는 것이었다. 프루스트는 다양한 관점을 갖고 시간상 서로 다른 입장을 통해 그들을 서술했으며, 이로써 그들 중 누구도 특권적인 자리를 차지하고 있지 못하다는 사실이 분명하게 드러났다. 그래서 프루스트의 자율성은 다른 사람들이 왜 자신에 대한 권위자가 아니라, 단순히 우연적인 동료일 뿐인지에 대하여 스스로 설명할 수 있었기 때문에 가능했다고 할 수 있다.

프루스트는 나중에 과거의 그 사람들이 세월을 통해 어떤 일을 겪

---

42) 로티의 니체 비판과 그에 대한 니체식의 대응은 아래 4. 「로티와 니체의 접점과 분기점」에서 좀 더 상세하게 서술될 것이다.

었는지에 대하여 책을 써서 보여주었고, 이를 통해 자신이 무엇을 했는지 역시 보여주었다. 그는 이 같은 책을 씀으로써 자신을 창조했다. 프루스트는 다른 사람들이 그에 대해 갖는 권위를 두려워했던 만큼 자신이 아는 사람들에 대한 권위자가 되었다. 이는 결과적으로 그가 권위라는 개념 자체를 버리도록 했으며, 그나 다른 사람들을 서술할 수 있는 어떠한 특권적 관점도 존재할 수 없다는 생각을 하게 만들었다. 그리고 이것이야말로 바로 프루스트가 더 우월한 권력이나 힘에 동화되어야겠다는 생각을 하지 않게 만들었던 것이다. 프루스트는 자신이 만난 권위 있는 인물들을 우연적인 상황의 산물로 보았고, 이로써 그들은 유한한 존재가 되었다. 그는 자신보다 선행하는 진리나 진정한 본질이 있을지도 모른다는 두려움에서 벗어났다. 중요한 점은 프루스트가 자신이 그러한 진리를 자신이 발견했다는 주장을 하지 않고도 그렇게 할 수 있었다는 사실이었다. 이것이 니체나 하이데거처럼 로티의 비판 대상이 되는 철학자들과 프루스트 간의 결정적 차이인 셈이다.

요컨대 프루스트는 자신의 권위를 내세우지 않으면서도 권위의 정체를 폭로했으며, 권위 있는 인물들의 진정한 모습을 파악함으로써가 아니라 그들이 이전과 다른 사람이 되어가는 것을 관찰하고, 다른 권위자들이 그들을 다시 서술할 경우 어떻게 될지를 바라봄으로써 그들이 유한한 존재가 되게끔 만들었던 것이다. 결과적으로 프루스트는 자신의 유한성에 대해 부끄러워하지 않았으며, 자신이 직면한 우연성이 단순한 우연성 이상이 아닐 수도 있다는 점에 대해서도 두려워하지 않았다. 그는 자신을 판단했던 타인들을 고통받는 동료로 바꾸었고, 그럼으로써 자신을 판단할 취미를 스스로 만들어냈던 것이다.

그런데 로티가 보기에 프루스트의 사례를 통해 우리가 얻을 수 있는 한 가지 교훈은 권위 있는 인물의 상대성과 우연성의 인식을 표현하는 데는 이론적 지식보다는 소설이 더 효과적이라는 점이다.[43] 왜냐하면 소설은 주로 사람을 다루며, 그러한 사람은 일반 개념이나 마지막 어휘와는 달리 아주 명시적으로 시간의 제약을 받으며, 우연성의 그물에 걸려 있기 때문이다. 즉 소설 속의 인물들은 나이를 먹고 죽기 때문에, 그들에 대해 취하는 태도가 모든 사람들에 대한 태도와 동일하다는 생각은 좀처럼 들지 않는다는 말이다.

이 같은 자아창조와 관련해서 로티가 독특한 방식으로 참조하고 있는 사람은 우리가 정신분석학자로서 익히 알고 있는 프로이트(Sigmund Freud, 1856~1939)이다. 로티에 의하면 프로이트는 무의식에 관한 입장을 통해 무의식적 자아를 단순한 야수가 아니라, 우리의 의식적 자아의 유의미한 동료이자 대화 상대자로 만들었다고 할 수 있다. 정신분석학적 개념들을 일상적으로 적용하는 것은 우리의 자기 이미지에서 변화를 가능하게 해준다. 그러한 적용은 우리가 플라톤식으로 이성과 감성을 구분하고 의식과 무의식을 구분하는 것을 막아준다. 다시 말해 프로이트의 진정한 공헌은, 이성은 무의식이나 감정의 노예라는 흄(David Hume)식의 진부한 주장이 아니라, 의식과 무의식의 구분은 인간과 동물의 구분 및 이성과 본능 간의 구분을 넘어선다는 주장이라고 할 수 있다. 결국 로티에 의하면 프로이트는 우리

---

43) "모든 시대에는 그 자신의 영광과 어리석음이 있다. 소설가의 임무는 우리가 그 둘을 모두 기록하게 해주는 것이다. 그러나 이는 초역사적인 틀을 꿈꾸지 않는 사람의 건전한 마음을 통해서만 시도될 수 있는 작업이다. 쿤데라의 의미에서 인간사의 본질적인 상대성을 제대로 평가하는 것은 시간과 우연에서 벗어나려는 금욕주의적 사제의 시도가 지닌 최후의 흔적들을, 우리가 무대에 오기 전에 이미 쓰인 드라마 속의 배우로서 우리를 보려는 시도가 지닌 최후의 흔적들을 포기하는 것이다." (Richard Rorty, "Heidegger, Kundera, and Dickens", 앞의 책(1991A), pp. 76-77.)

자신이 공통된 인간 본질의 차이 나는 사례들이 아니라, 중심이 없고 우연적이며 특이한 욕구들의 무작위한 결합물이라고 생각하게 함으로써 미적(aesthetic) 삶을 위한 새로운 가능성을 열어주었다. 요컨대 프로이트는 "우리가 자기 서술의 선택에 있어서 극히 아이러니하고 유희적이며 자유롭고 독창적이게 되게끔 도와주었다."[44] 그리고 이로써 도덕적 반성은 자기지식이라기보다는 자기창조의 문제가 되었다.

2) 사상적 반향

철학의 시화라고 명명해볼 수 있는 로티의 독특한 입지는 적잖은 반향을 불러일으켰다. 그 같은 반응에는 반드시 긍정적인 것들만 포함되어 있지는 않았다. 아니 오히려 부정적인 평가나 비판이 더 압도적이었다고 할 수 있다. 그리고 이 같은 반응의 원인 가운데 하나는 로티가 전통적인 유럽의 선험철학뿐만 아니라 분석철학 역시 동일한 맥락에서 비판하고 있기 때문일 수 있다. "내가 보기에 선험철학의 가장 큰 오류란 한 가지 담론 형식을 받아들이고, 우리가 합리성의 비밀을 발견할 수 있게 하는 어떤 것이 그 안에 분명히 존재할 만큼 그 담론 형식이 성공적이었다고 말하는 것이다. 나는 분석철학이란 이러한 선험적 테마에 대한 최근의 변종이라고 생각한다."[45] 이 같은 점과 관련하여 오래 전에 경험한 개인적인 에피소드 한 가지를 소개하면 다

---

44) Richard Rorty, "Freud and moral reflection", 앞의 책(1991A), p. 155.
45) Richard Rorty, "From Philosophy to Postphilosophy", *Take care of freedom and truth will take care of itself* : Interviews with Richard Rorty(Stanford University Press, 2006), p. 23.

음과 같다. 한국의 철학자들이 모이는 학회에서 한 소장학자가 로티에 대한 논문을 발표한 뒤 질의응답을 하는 시간에 중견 철학교수라는 사람이 일어나서 로티가 과연 철학자이기나 한 것이고, 여기서 다룰 만한 가치가 있는지 하는 우문(愚問)을 했다. 우문이라고 표현한 것은 로티는 오히려 자신이 전통적인 의미의 철학자로 불리는 것을 결단코 거부할 것이 분명하기 때문이다. 스스로 전통적인 의미의 철학자이기를 거부하는 사람에게 왜 당신은 그런 철학자가 아니냐고 추궁하는 것은 과녁을 빗맞히는 오류이자 전혀 납득하기 어려운 비판일 뿐이다.

어쨌든 로티 사상의 어떤 측면이 이처럼 기성 철학자들 사이에서 불쾌함과 낯섦을 유발했던 것일까? 여러 가지로 추측해볼 수 있겠지만 한 가지 확실한 사실은 로티가 제도권 철학에 대해 극도의 혐오감을 보이고 있다는 점이다. 전통적인 의미의 제도권 철학교수들은 스스로 다른 제반 학문들의 기초가 되는 합리성이나 진리를 탐구하고 있으며, 그에 따라 그러한 일반 학문들을 업으로 삼고 있는 학자들보다 자신들이 우위에 있다는 우쭐한 감정에 이제껏 사로잡혀 있었다고 할 수 있다. 더 나아가 그들은 사회·정치적인 문제들에 대해서도 같은 차원에서 다른 분야를 주도해야만 한다는 일종의 싫지 않은 강박증을 갖고 있었다고 할 수 있다. 그런데 로티는 바로 이처럼 철학자들이 자부해왔던 철학의 역할과 기능 자체를 오도된 것이라고 강력하게 비판하고, 주로 그 영역을 자아창조라는 극히 제한된 차원으로 한정하고 있는 셈이다. 따라서 강단철학자들이 로티에 대해서 보이는 반감은 어떻게 보면 너무나도 당연한 일이다. 왜냐하면 로티의 입장을 그대로 수용한다는 것은 자신들의 기득권 내지 전통적 위상 자체를 현저하게 축소시키는 결과를 초래할 수밖에 없기 때문이다.

로티가 서구 민주주의 사회에 대한 긍정적 전망이나 평가 등과 관련하여 일면 찬성하지만 여전히 비판적 거리를 두고 있는 하버마스는 자신의 한 논문에서 전통적인 방식에서 탈피해서 철학의 역할과 기능을 새롭게 규정하고자 시도하고 있다. 거기서 하버마스는 철학이란 더 이상 모든 분야에 지침을 제공하고, 그 분야들을 주도하는 안내자(Platzanweiser)로서의 역할을 할 수 없으며 이제 여러 부문들, 특히 경험적 이론들에 그 자리를 잡아주는 자(Platzhalter)라는 제한된 역할을 맡을 수밖에 없음을 주장하고 있다.[46] 가히 철학의 기능과 역할의 왜소화라고 불릴 만한 이 같은 경향은 로티에 와서 더욱 극단화되었다. 왜냐하면 하버마스가 철학의 영역과 역할을 축소하기는 했으나 여전히 철학에 고유한 선험적(transcendental) 기능을 유지하고자 시도하고 있다면, 로티는 그러한 선험적 기능 역시 철저하게 부인하고 있기 때문이다. 로티는 실제로 나중에 프린스턴대학교 철학과를 떠나 버지니아주립대학교 비교문학과에 재직하게 된다. 이 사건 역시 이 같은 맥락에서 이해해볼 수 있을 것이다.

이 지점에서 위에서 언급했던 에피소드에 등장했던 우문을 다시 한 번 진지하게 물어볼 필요가 있다. 즉 철학의 전통적 기능을 거부하고, 철학을 시화함으로써 그 영역을 문학이나 예술과 거의 유사하게 만들려는 노력을 평생 경주했을 뿐만 아니라, 실제로도 제도권 철학계를 미련 없이 떠났던 로티는 과연 어떤 의미에서 아직도 여전히 철학자인가? 아마도 그것은 파스칼(Blaise Pascal)이 『팡세』에서 말하고 있듯이 "철학을 경멸하는 것이 참으로 철학하는 것이다."[47]라는 아주 역

---

46) Jürgen Habermas, "Die Philosophie als Platzhalter und Interpret", *Moralbewußtsein und kommunikatives Handeln*(Suhrkamp, 1983), pp. 9−28.
47) 블레즈 파스칼, 『팡세(Pensées)』, 최현·이정림 옮김(범우사, 1992), 18쪽. 이는 파

설적인 의미로 설명할 수 있을 듯하다. 다시 말해 로티는 철학의 형이 상학적 정체성을 비판함으로써 철학의 새로운 정체성을 정립하려는 야심 찬 시도를 하고 있다고 볼 수 있다. 물론 이는 로티 자신이 거듭 강조하고 있듯이 철학의 정체성과 관련된 자신의 마지막 어휘(final vocabulary)의 우연성을 기꺼이 인정하고 있다는 사실과 상충할 필요는 없어 보인다. 왜냐하면 로티 역시 자신의 정체성을 자유주의 아이러니스트라고 규정하고 있기 때문이다.

그렇다면 시화된 철학의 시대에 공적인 영역에서 철학의 역할은 무엇인가? 이에 대한 답은 조금은 애매해 보인다. 왜냐하면 로티가 이론철학 일반의 역할을 대개 사적인 자아창조 혹은 완성에 두었던 반면 실천철학이나 그 외의 부분이 공적 영역에서 구체적으로 어떤 역할을 갖게 되는지에 대해서는 명확하게 언급하고 있지 않기 때문이다. 그나마 구할 수 있는 한 가지 단서는 철학에도 공적인 면에서 참조할 수 있는 종류의 철학이 분명히 존재한다는 식의 발언이다. 가령 로티는 듀이나 하버마스 혹은 롤스 철학의 경우 그것은 오직 공적인 유용성만을 갖는 철학이라고 평가하고 있는 듯이 보인다. 그리고 여기서 사회적이고 공적인 의미의 유용성이란 타인의 고통과 굴욕에 대한 감수성을 증진시킴으로써 잔인성을 줄이는 데 쓸모가 있음을 뜻한다고 할 수 있다. 철학의 이 같은 모습은 문화정치로서의 철학[48]의 모습 정도가 될 것이다. 이 같은 철학은 물론 보편성을 지향하는 기구

스칼의 다음과 같은 원문에 곧바로 이어지는 구절이다. "참된 웅변은 웅변을 경멸하고, 참된 도덕은 도덕을 경멸한다. 즉 규칙을 갖고 있지 않은 판단의 도덕은 정신의 도덕을 경멸한다. 왜냐하면 학문이 정신에 속해 있는 것처럼 감각이 해당되는 것이 판단이기 때문이다. 섬세함은 판단의 분야이고 기하학은 정신의 분야이다."

48) 이에 대해서는 아래 5. 「문화정치로서의 철학과 예술로서의 철학」에서 더 자세히 언급될 것이다.

를 제안하는 것 등을 통해 공적인 차원의 실제 현실 정치에 직접적으로 도움을 줄 수는 없다. 오히려 로티의 문화정치로서의 철학은 긍정적인 구성을 통해서라기보다는 파괴를 통해서 가장 도움을 줄 수 있다. 다시 말해 그러한 "철학은 관습의 외피를 깨고, 사회·정치적 실험을 할 수 있도록 길을 열어줄 때 가장 도움이 될 것이다."[49]

　물론 로티는 이 같은 종류의 공적인 유용성을 이론 위주의 철학보다 훨씬 더 많이 갖는 것은 주로 문학 중에서도 소설이라고 보고 있다.[50] 즉 소설 속에서 사람들은 타인의 고통과 굴욕에 대한 감수성을 강하게 체험할 수 있으며, 이 느낌이 고양되면 사람들 사이에는 연대성(solidarity)의 감정이 자연스럽게 생겨날 수 있다는 말이다. 그리고 이 같은 연대성이 공고해진 사회를 로티는 포스트모더니스트 부르주아 자유주의(postmodernist bourgeois liberalism) 사회라고 명명하고 있다. 로티는 이 사회의 전형을 주로 서구 민주주의 사회의 미래상에서 보고 있다. 서구 민주주의 사회의 발전은 주로 이처럼 고통과 굴욕을 감소시키는 쪽으로 흘러왔으며, 앞으로도 그럴 가능성이 농후하다는 것이 로티의 전망이자 바람이다. 로티의 이런 입장에 대해 서구 민주주의의 병폐를 간과하고, 그것을 맹신하는 서구 중심의 안일한 사고방식이라는 비판이 많이 제기된다. 하지만 이 같은 비판은 로티의 진의를 파악하기에는 한참 부족하다. 이에 대한 한 가지 근거만 제시하면 로티가 비애국적 좌파나 미국 내의 문화적 좌파 등에 대해 거리를 두고 비판을 하고 있기는 하지만, 전통적인 좌파의 기본적인 생각, 즉

---

49) 리처드 로티, 「문화정치로서의 철학」, 《지식의 지평》 제5호, 한국학술협의회 편(아카넷, 2008), 247쪽.
50) 가령 로티는 오웰이나 나보코프 등의 소설이 이 같은 종류의 역할을 가장 잘 수행할 수 있다고 진단하고 있다.

부자들과 빈자의 문제가 현재 서구의 민주주의 사회에서 가장 중요한 문제 중 하나라는 점에 대해서는 십분 동의하고 있다는 사실이다. "미국의 좌파가 없어도 우리는 여전히 강하고 용감할 수 있을지 모르지만, 누구도 우리가 선하다고 주장할 수는 없을 것이다. 우리가 일정한 기능을 하는 정치적 좌파를 갖고 있는 한, 우리는 여전히 우리나라를 만들고, 그것을 휘트먼과 듀이가 꿈꾸었던 나라로 만들 기회를 갖는다."[51] 따라서 로티에 대한 좀 더 정치하고도 내재적인 비판을 하기 위해서는 로티가 말하고 있는 사상적 좌표에 대한 한층 더 정확한 파악이 우선적으로 요구된다.

---

51) Richard Rorty, *Achieving our country* : leftist thought in twentith-century America, (Harvard University Press, 1998), p. 107.

4

로티와 니체의 예술적 세계관

1) 로티와 니체의 접점

로티는 니체를 명시적 주제로 삼은 독립된 글을 직접 쓰지는 않았지만, 여러 곳에서 니체를 자주 언급하고 있으며 자신의 사상적 토대로 삼고 있어 보인다. 그렇다면 조금 더 구체적으로 로티와 니체를 연결시켜줄 수 있는 매개 고리를 과연 무엇으로 보아야 할 것인가? 사실 세부적인 측면들을 언급하자면 여러 가지 사항들을 꼽을 수 있을 것이다. 하지만 가장 중요한 요소만을 우선적으로 들면 그것은 표상주의에 대한 비판과 그 귀결로 볼 수 있는 예술적이고 미적인 세계 해석이라고 할 수 있다.

로티는 전통적인 인식론적 패러다임으로 규정될 수 있는 표상주의 일반을 철저하게 비판하고 거부한다. 표상주의란 간단히 말해서 인식 주체가 대상 세계를 있는 그대로 표상(재현)할 수 있으며 그 같은 행위가 성공하는 경우 그것이 바로 진리라고 일컬어질 수 있다는 입장이다. 그런데 로티가 보기에 이 같은 표상주의는 우리의 이성이 대상 세계를 그대로 비춰주는 거울과 같은 역할을 할 수 있다는 전제를 갖는데 그 전제는 전혀 수용될 수 없다. 왜냐하면 상황의 우연성이나 역사성과 독립해서 이성이나 마음이 어떤 기능을 발휘한다는 것은 불가능하며 따라서 우리는 객관적인 세계를 그대로 인식할 수 있는 것이 아니라 항상 우리의 특정한 관점에서 바라본 세계만을 알 수 있기 때문이다. 그런데 로티의 이러한 입장은 지식이란 세계에 대처하는 방식과 다른 차원에 속하지 않는다는 다원식의 사고방식 및 통상적인 프래그머티즘과 관련되어 설명될 수 있을 뿐만 아니라, 니체의 관점주의(Perspektivismus)나 진리에 대한 견해와도 밀접하게 연결되어 있다고 할 수 있다.

니체 역시 진리나 지식이 객관적인 세계를 있는 그대로 보여주거나 전달해준다고 믿지 않았으며, 오히려 진리란 그것이 없이는 우리가 살 수 없는 삶의 필수적 수단으로서의 오류일 뿐이라고 보고 있다. "진리란 그것 없이는 특정한 종의 생명체가 살 수 없는 오류의 일종이다. 삶을 위한 가치가 결국 결정한다."[52] 이런 면에서 프래그머티즘적 진리관과 니체의 진리관은 밀접한 연관성을 보여준다. 요컨대 로티에 의하면 니체의 진리관은 사고 작용은 결국 행위를 위한 것이라는 제임스식의 입장과 일맥상통한다.[53] 그래서 로티는 니체를 듀이와 같은 반(反)본질주의자이며 반(反)데카르트주의자이자 반(反)표상주의자인 동시에 퍼스와 제임스가 그랬듯이 믿음이 우리 행동에 어떤 차이를 만들어낼 것인가 하는 물음에 집중한 사람으로 보고 있다. 물론 이런 관련성은 두 사람 간의 입장 차이를 전적으로 배제하지는 못한다. 가

---

52) N34 〔253〕, KGW Ⅶ-3, p. 226.
53) Richard Rorty, "Pragmatism as romantic polytheism", 앞의 책(2007), p. 28.

령 제임스나 듀이가 애국주의에 바탕을 둔 사회적 희망을 이야기하고 있는 반면, 니체는 그러한 경향을 전혀 보여주지 않는다. 니체는 오히려 자신의 조국 독일과 그 시대를 철저하게 혐오했을 뿐이었다. "니체의 저술에는 새로운 종류의 자유에 대한 에머슨의 미국적 감각과 비견될 수 있는 것이 없다."[54]

이처럼 로티나 니체에게 세계는 우리가 적극적으로 개입함으로써 꾸며서 창조적으로 만들어가야 하는 대상으로 나타난다. 그리고 여기서 중요한 전제로 깔려 있는 사고방식은 바로 우리 인간의 유한성에 대한 승인이다. 과거의 철학적 전통처럼 로티나 니체는 인간이 자신의 이성을 통해 세계 자체의 진리를 파악할 수 있다고 생각하지 않았으며, 그 결과 우리에게 주어진 과제는 우리 자신에게 더 적합한 방식으로 세계를 해석하고, 그 내용을 갖고 세계에 대처하는 것일 뿐이라고 여겼다. 이런 의미에서 인간은 더 이상 다른 동물들보다 더 나은 인식 능력을 가진 고차원적인 동물이라기보다는 여러 동물 가운데 이성이나 인식 혹은 합리성이라는 아주 독특한 수단과 방식으로 자신의 삶을 영위해 나가는 존재라고 할 수 있을 것이다. 물론 이 같은 인간의 유한성에 대한 수용이 니힐리즘이나 염세주의적 경향을 직접적으로 내포한다고는 할 수 없다. 왜냐하면 로티나 니체 모두 자신의 유한성 내에서 가능한 행복이나 자유 등을 인간들에게 충분히 허용하고 있다고 보이기 때문이다. 하지만 그럼에도 불구하고 로티나 니체의 기본적인 사상적 에토스는 인간 이성의 한계에 대한 철저한 인식과 그 결과에 대한 겸허한 수용이라고 할 수 있다. 그런 면에서 로티나 니체를 우리가 포스트모던적 경향의 사상가로 정의하곤 할 때 은

---

54) Richard Rorty, "Introduction: Pragmatism and post-Nietzschean philosophy", 앞의 책(1991A), p. 2.

연중에 염두에 두고 있는 것이 바로 이와 같은 사상적 기조라고도 할 수 있을 것이다.

이제 니체의 견해를 좀 더 구체적으로 살펴보고 거기에 다시 로티의 사고를 연결시켜보도록 할 것이다. 니체의 예술적 세계 해석이 잘 나타나는 유명한 구절은 "과학(학문)은 예술가의 눈으로 보고 예술은 삶의 눈으로 보기"[55]라는 문장이다. 이는 니체의 처녀작인 『비극의 탄생』에 나오는 구절로서 니체의 초기 입장뿐만 아니라 후기 사상까지도 관통하는 대표적 관점을 대변해주고 있다. 여기서 과학 혹은 학문 (Wissenschaft)이란 통상적으로 진리를 추구하는 분야로서 규정될 수 있을 것이다. 물론 이 진리가 보편성과 객관성을 지닌 진리임은 두말할 나위가 없다. 그렇다면 그러한 학문이나 과학의 진리 탐구를 예술가의 관점에서 파악한다는 말은 무엇을 의미하는가? 그것은 학문이나 과학이 초점을 맞추고 있는 이론적 진리는 결코 완성된 보편적이고 절대적인 진리가 될 수 없다는 사실을 깨닫는 행위를 의미한다고 할 수 있다. 다시 말해 니체에 의하면 전형적인 이론적 인간이었던 소크라테스 이래로 널리 퍼져 있던 망상, 즉 인간은 세계의 본질을 인식할 수 있을 뿐만 아니라 더 나아가 그러한 인식을 바탕으로 세계를 개조할 수도 있다는 망상[56]을 버리고 인간 이성과 인식의 한계를 직시하는 것이 중요하다. 그래서 예술의 차원에서 이론적 지식을 바라

---

55) Friedrich Nietzsche, *Die Geburt der Tragödie*, KGW Ⅲ-1, Versuch einer Selbstkritik 2, p. 8., Nietzsche Werke Kritische Gesamtausgabe in 30 Bände, Ⅵ-1, hrsg. von G. Colli und M. Montinari(München/Berlin/New York, 1967) ff, 이하에서는 KGW 및 권수와 페이지로 약칭하고 주로 인용되는 개별 저술은 Za(차라투스트라는 이렇게 말했다, Also sprach Zarathustra), GD(우상의 황혼, Götzen-Dämmerung), GT(비극의 탄생, Die Geburt der Tragödie) 등으로 줄임.
56) F. Nietzsche, GT 15, KGW Ⅲ-1, p. 95.

204 로티의 철학과 아이러니

본다는 것은 이론적 진리란 우리 인간 종이 삶을 살아가기 위해 편의상 꾸며낸 필수적 허구에 다름 아니라는 사실을 적극적으로 인정하는 행위를 뜻하는 셈이다. 니체는 이 같은 깨달음과 인정을 "비극적 인식(tragische Erkenntnis)"[57]으로 명명하고 있기도 하다. 그렇다면 그 다음 구절 즉 예술을 삶의 관점에서 본다는 말은 무엇을 의미하는 것일까? 그것은 위와 같은 맥락에서 우리가 예술적으로 꾸며낸 허구로서 이론적 지식이나 진리는 결국 우리 인간의 삶을 유지하고 상승시키기 위한 수단적 가치를 지닐 수밖에 없음을 가리킨다고 할 수 있다. 니체에게는 삶이 모든 것을 궁극적으로 결정한다. 물론 이 삶은 힘에의 의지와 다르지 않을 것이다.

니체는 그리스 비극에 대한 독특한 해석을 통해서 이런 생각에 도달하게 된다. 그에 의하면 그리스 비극에서 형상화되고 있는 중심 테마는 바로 디오니소스적인 것이다. 디오니소스적인 것은 쇼펜하우어의 의지를 니체식으로 변형한 개념으로서 카오스적인 충동이자 질서의 바탕에 놓여 있는 힘이라고 볼 수 있다. 그리스 비극은 인간의 인식과 판단의 한계에서 비로소 목격될 수 있는 이 같은 디오니소스적인 것을 잘 드러내 보여줌으로써 니체가 이 세계에 관한 예술적 창조 활동이 모든 것을 결정한다는 생각을 하게 만든다. 방향을 바꾸어서 말해보면 그리스 비극은 니체의 예술가 형이상학적인 관점에 의해 해석된다. 여기서 예술가란 인간으로서의 예술가가 아니라 자신의 분신인 아폴론적인 것을 통해 이 세계의 질서를 비로소 창조하는 주체로서 디오니소스적인 것을 의미한다. 그러한 예술가 형이상학은 "세계와 현존은 단지 미적인 현상으로서만 영원히 정당화되어 있다."[58]라

---

57) Ibid., p. 97.
58) Ibid., p. 43.

는 유명한 구절 속에 압축적으로 표현되어 있다. 니체의 예술적 세계 해석은 이론적 지식 일반에 대한 비판의 귀결이라는 점에서 로티의 생각과 근본적으로 일치한다. 로티 역시 이론적 지식이나 진리에 대한 발견이 아니라 세계에 대처하는 가운데서 등장하는 만들기로서 예술적이고 문학적인 창조 활동의 중요성을 강조하고 있기 때문이다.

조금 더 미시적인 측면에서 로티의 반표상주의적 견해와 연결시켜 볼 수 있는 니체의 입장은 그의 초기 유고 논문 가운데 「탈도덕적 의미의 진리와 거짓말」[59]에 나온다. 니체는 여기서 인간이라는 생물 종을 철저하게 상대화시킴으로써 기존의 형이상학이 너무나 자명한 이치로 전제하고 있었던 인간중심주의를 가차 없이 비판하고 있다. 그리고 그러한 비판의 중요한 근거로서 니체가 제시하고 있는 것이 바로 개념이나 언어는 이미 항상 메타포라는 주장이다. 통상 개념이나 언어는 외부 세계를 그대로 반영해주는 역할과 기능을 한다고 알려져 있었으며, 메타포는 그 가운데서 그러한 개념이나 언어를 옆에서 보충해주는 보조적인 기능만을 할 뿐이라는 의견이 지배적이었다. 그런데 니체는 오히려 개념이나 언어 자체가 이미 항상 메타포일 수밖에 없음을 주장하고 있다. 이에 대한 근거로 니체가 내세우는 것이 바로 언어와 세계 사이에는 표상의 관계가 결코 성립할 수 없다는 사실이다. 즉 외부의 세계가 우리에게 준 자극을 통해 우리 머릿속에 일차적으로 그 자극에 대한 메타포(이미지)가 생겨나며 그 다음에 그러한 메타포를 다시 음성으로 옮기는 두 번째 단계의 메타포가 일어난다는 것이다. 그래서 결국 니체에 의하면 이처럼 인식 주체와 대상 세계 사이에는 대응이나 표상의 관계가 성립하는 것이 아니라 오직 미적

---

59) F. Nietzsche, "Üeber Wahrheit und Lüge im aussermoralischen Sinne", KGW Ⅲ-2.

인 태도만이 성립할 수 있다. 여기서 미적인(aesthetic) 태도란 인식 주체가 자극에 반응해서 메타포를 만들어낼 수 있는 그런 정도의 관계를 의미한다고 볼 수 있다. "올바른 지각이라는 것이 내게는 모순되기 짝이 없는 넌센스처럼 보인다. 왜냐하면 주체와 객체처럼 절대적으로 상이한 영역들 사이에는 어떤 인과율, 올바름, 표현도 있지 않으며 기껏해야 미적 태도(ästhetisches Verhalten)만이 있을 뿐이기 때문이다. 이 태도로써 내가 의미하는 바는 (……) 더듬거리며 완전히 낯선 언어로 따라 말하는 것과 같은 번역이다."[60]

이와 같이 니체가 인식 주체와 대상 간의 미적인 관계를 통해 생겨난 메타포 자체가 이미 개념이나 언어의 원초적 형태라고 주장하는 것은 로티가 반표상주의의 입장에서 인과의 맥락과 정당화의 맥락을 구분하고 있는 것에 상응한다고 할 수 있다. 즉 우리에게 주어지는 외부 자극의 측면과 그것을 통해 우리가 갖게 되는 특정한 언어나 믿음 등의 측면은 서로 상이할 수밖에 없으며, 그러한 두 측면의 관계는 기껏해야 메타포적인 것으로 밖에 파악할 수 없다는 말이다.

이제 다시 로티 쪽에서 니체에게 접근하는 길을 따라가보도록 하자. 로티는 니체를 자신의 철학적 영웅이었던 듀이와도 연결시켜 설명하고 있다. 즉 로티에 의하면 니체의 『우상의 황혼』에 나오는 "어떻게 참된 세계가 우화가 되었는가."[61]라는 유명한 서술은 기독교에 대한 냉소를 제외하면 유럽의 지적인 진보에 관한 듀이의 전망과 연결될 수 있다.[62] 물론 그렇다고 니체와 프래그머티즘적 경향의 차이점

---

60) Ibid., p. 378.
61) F. Nietzsche, *Götzen-Dämmerung*, KGW Ⅵ-3.
62) Richard Rorty, "Introduction: Pragmatism and post-Nietzschean philosophy", 앞의 책(1991A), p. 3.

이 없는 것은 결코 아니다. 위에서도 언급되었고 로티가 이어서 언급하고 있듯이 니체의 관점주의란 사적인 완성을 위한 노력의 일부였으며, 니체가 자신의 시대와 조국을 혐오했던 반면 제임스와 듀이[63]는 사회적 희망을 갖고 있었고 에머슨적 애국주의로 무장하고 있었다. 어쨌든 여기서는 로티가 직접 언급하고 있는 『우상의 황혼』의 구절을 통해 니체 사상과의 연결점을 조금 더 분명하게 해볼 것이다. 여기서 우선 니체는 플라톤이 추구했던 이데아의 세계가 참된 세계로 간주되어왔다고 말한다. 그리고 그러한 참된 세계에 지혜가 있고 덕이 있으며, 경건한 자는 거기에 이를 수 있을 것이다. 물론 기독교적인 사고 방식에 의하면 이 같은 참된 세계에 이르는 것이 지금은 불가능하다고 해도, 앞에서 언급된 경건한 성질을 갖는 사람들에게는 약속되어 있다. 여기까지가 아직 플라톤적이고 기독교적인 사상이 맹위를 떨치고 있을 때까지의 상황이다.

그러나 다음 단계로 넘어가게 되면 이 같은 참된 세계는 더 이상 증명될 수 없고 약속할 수도 없는 것으로 밝혀지게 된다. 하지만 그럼에도 그것은 여전히 위안이나 의무 혹은 명령으로서 여겨진다. 이 시기는 바로 칸트가 말하고 있는 물자체가 인식의 대상으로서의 기능을 하는 것이 아니라 도덕적 역할을 하고 있는 때이다. 다음은 이 같은 알려지지 않은 참된 세계에 대한 의무감에서 해방되는 단계이며, 자연을 그러한 세계 자체로 간주하는 소위 실증주의로 대표되는 단계이다. 끝으로 참된 세계라는 관념 자체가 폐기되는 시기로서 니체 자신이 이 단계를 대변하게 된다. 니체에 의하면 "우리는 참된 세계를 없

---

63) "듀이의 프래그머티즘은 '미국이 어떻게 철학적으로 정당화될 수 있는가?'라는 물음이라기보다는 오히려 '철학이 미국을 위해서 무엇을 할 수 있는가?'라는 물음에 대한 답이다."(Richard Rorty, 앞의 책(1998), p. 27.)

애버렸다."[64] 그렇다면 어떤 세계가 남는가? 이에 대한 통상적 답변은 그 세계와 대립적인 가상의 세계가 남게 될 것이라는 입장이다. 그러나 니체는 한 걸음 더 나아가 참된 세계가 없어짐으로써 이제 그와 반대되는 가상 세계 역시 없어지게 된다고 주장한다.

요컨대 우리가 직면하고 있는 세계, 즉 우리가 이론이나 행위를 통해 대처해갈 수밖에 없는 세계만이 우리에게 남게 되며 그것은 참과 거짓의 구분을 넘어선 차원에 속한다. 왜냐하면 그곳은 우리가 삶을 영위할 수 있는 유일한 공간이기 때문이다. 참과 거짓을 결정하는 것은 이론이 아니라 바로 그러한 세계와 대면하고 있는 우리의 삶인 것이다. 참된 세계와 그에 대립되는 가상의 세계를 모두 폐기했다는 니체의 외침은 로티의 다음과 같은 입장 속에서 뚜렷하게 반향되고 있다. 로티에 의하면 실재론을 지지하는 자가 지닌 세계라는 관념이란 일종의 강박관념이다. 그래서 로티는 세계가 진리를 결정한다는 식의 직관이란 하나의 새로운 믿음이 그간 의문시되지 않았던 거대한 지각 덩어리에 부합한다는 직관에 불과하다는 견해를 수용한다. 다시 말해 로티는 여기서 실재론자에 대해 어떤 논변을 통해 대응하고 있다기보다는 실재론자가 사용하는 세계라는 용어가 애매하다는 점을 지적하고 있는 것이다. 로티가 보기에 실재론자가 말하는 세계는 결코 구체화될 수 없는 어떤 것의 관념일 뿐이다. 요컨대 이처럼 우리가 개입하지 않고 관여하지 않은 세계란 우리에게 전혀 의미를 갖지 못하고 따라서 우리의 관심을 끌 수도 없는 세계일 뿐이다. "우리가 세계를 원자들과 공간, 감각 소여와 그것들에 대한 앎, 특정한 유의 유기체에 부과된 특정한 유의 자극들이라고 생각하기 시작하자마자 우리는 게

---

[64] F. Nietzsche, 앞의 책, p. 104.

임을 바꾸었던 것이다."[65] 여기서 게임을 바꾸었다는 것은 이미 그런 식으로 세계에 대응함으로써 세계 자체라는 관념을 불합리한 것으로 간주할 수밖에 없음을 뜻한다고 할 수 있다.

다음으로 로티와 니체의 또 한 가지 접점으로 볼 수 있는 것은 도덕적 입장이다. 로티는 자기 스스로도 동의하는 듀이나 제임스의 입장과 니체가 일치한다고 지적하고 있다. 즉 듀이나 제임스 및 니체는 도덕적 선택의 문제에서 같은 생각을 보여준다는 것이다. 듀이는 모든 악은 거부된 선이라고 말했으며, 제임스에 의하면 모든 인간의 욕구는 충족되어야만 하고, 다른 사람의 욕구와 충돌한다는 사실만이 그런 욕구 충족을 거부하는 데 대한 이유가 될 수 있다고 했다. 그리고 로티에 의하면 니체 역시 이에 전적으로 동의할 것이다. 니체는 이같은 점을 힘에의 의지를 가진 사람들 간의 경쟁이라는 측면에서 설명했다. 요컨대 이 세 사람은 계몽주의적 도덕에 대해 동일한 비판을 수행하고 있는 셈이며, 도덕 원리를 이성이라는 특별한 능력의 산물로 보고자 하고, 문화의 중심에 신 같은 것을 여전히 살려 두려는 칸트적인 시도를 거부하고 있다는 측면에서 서로 일치한다.[66]

2) 로티의 니체 비판과 그에 대한 니체식의 대응

그런데 로티는 이 같은 몇 가지 일치점에도 불구하고 니체를 진정한 아이러니스트로 간주하지 않는다. 그 이유는 니체가 전통 형이상학에 대해 철저하게 비판했음에도 불구하고 그러한 자신의 입장 자체

---

65) 리처드 로티, 「잘 잃어버린 세계」, 앞의 책(1996a), 98쪽.
66) Richard Rorty, "Relativism: Finding and Making", 앞의 책(1999).

를 다시 절대화시킴으로써 자기 입장의 상대화라는 진정한 아이러니스트의 필수 조건을 충족시키지 못했기 때문이다. 아래에서 로티의 견해를 들어보고 거기에 대해 가능한 니체식의 대응을 제시해볼 것이다.

로티에 의하면 아이러니스트 이론가란 자신의 주장을 적극적으로 제시하려는 것이 아니라 형이상학적 사상가들의 이론을 비판함으로써 그 상대성을 폭로하고자 하는 사람을 말한다. "아이러니스트 이론의 주제는 형이상학적 이론이다."[67] 그래서 아이러니스트 이론가의 목표는 형이상학적 충동을 파악함으로써 오히려 거기서 벗어나는 일이다. "아이러니스트 이론은 우리의 선행자들을 이론화하게 부추겼던 것이 무엇인지 파악하자마자 던져버려야 할 사다리이다."[68] 아이러니스트 이론가는 이런 의미에서 모든 진정한 아이러니스트처럼 자율적으로 되기를 원하며 전통적인 우연성에서 탈피하여 자신만의 우연성을 만들려고 하고 낡은 마지막 어휘를 버리고, 자신의 것이 될 마지막 어휘를 창조하고자 한다. 그런데 우리가 주목해야 할 사실은 로티가 말하는 진정한 아이러니스트는 자신보다 더 큰 어떤 것에 의지해서 자신의 마지막 어휘에 대한 의심을 배제하려는 시도를 하지 않는다는 점이다. 로티의 이러한 규정에 의거해서 판단할 때, 니체는 우선적으로 아이러니스트 이론가라고 명명될 수 있을 것이다. 왜냐하면 니체는 전승된 우연성들(마지막 어휘들)을 만들어진 우연성으로 폭로하는 데 집중했으며 자신이 그렇게 하고 있음을 드러내 놓고 밝히고 있기 때문이다. 로티가 해석하고 있는 니체에 의하면 "인간에 관한 가설로 정립된 모든 것은 기본적으로 매우 제한된 시간 속에서 이루어진 인

---

67) Richard Rorty, *Contingency, irony, and solidarity*(Cambridge University Press, 1989), p. 96.
68) Ibid., p. 97.

간에 관한 언명에 불과하다."[69] 니체는 어떠한 것에 대한 어떠한 서술이든 그것은 역사적 상황의 필요에 상대적임을 간파하고 있다. 이는 니체 자신이 다시 서술하고자 하는 위대한 사상가들의 유한성을 드러내기 위한 전략이라고도 할 수 있다. 여기까지는 로티가 니체를 아이러니스트 이론가로서 비교적 긍정적으로 평가하고 있는 부분이다.

이제 로티가 니체를 비판하면서 자신과 거리를 두는 지점을 살펴보도록 하자. 로티가 바라보는 니체의 형이상학적 한계란 니체가 사용하는 개념적 어휘들이 서로 내적으로 연결되어 있으며, 그런 어휘들이 개인들의 삶이 아니라 그보다 훨씬 더 큰 실체의 삶을 서술하기 위해 사용된다는 사실에서 드러난다. 여기서 이 실체란 바로 유럽이다. 그리고 이 같은 유럽의 삶에서 우연성은 철저하게 배제될 수밖에 없다. 이 점은 하이데거의 경우에도 마찬가지라고 할 수 있다. 어쨌든 니체는 유럽과 그것을 지탱해온 형이상학이 그 생명력을 다했다고 보고 그것을 새롭게 혁신하고자 했다. 즉 니체는 이런 의미에서 자신을 새롭게 만드는 데만 관심을 둔 것이 결코 아니었다고 할 수 있다. 오히려 니체에게는 유럽의 개혁이 더 큰 과제였던 셈이다. 이로써 니체 자신의 자율성은 그러한 커다란 과제의 부산물로 전락하고 만다. 더 나아가 급진주의자로서 총체적 혁명을 꿈꾸었던 니체는 과거가 서술되었던 모든 방식과 공약 불가능한 자신만의 서술 방식을 원했으나, 과거에 대한 그러한 자신의 재서술이 그 자신의 후계자가 하는 재서술을 위한 바탕이 될 것이라는 점을 결코 인정하지 못한다. "왜냐하면 니체는 과거에 사용된 어떤 용어들도 적용되지 못할 새로운 시대의 예언자이기 때문이다."[70] 다시 말해 로티에 의하면 니체 같은 아

---

69) 같은 곳.
70) Ibid., p. 102.

이러니스트 이론가는 그 누구도 자신이 다른 사람들을 능가하는 방식으로 그를 능가할 수 있다고는 결코 생각하지 못한다. 그리고 이는 사유가 한계에 도달했음을 의미한다. 이런 의미에서 니체는 단순한 아름다움이 아니라 절정에 도달하기를 원했던 셈이며, 이것이 바로 그가 유럽이나 역사와 같이 자신보다 더 큰 것에 의지할 수밖에 없었던 이유이기도 하다. 니체의 이 같은 절정에 이르려는 시도는 오로지 자신을 판단할 수 있는 사적인 취미를 창조하려는 것이 아니라 오히려 다른 취미를 가진 타인이 자신을 판단하기를 불가능하게 만들려는 야욕에 가깝다고 할 수 있다.

로티에 의하면 니체처럼 자신의 선행자들이 했던 것과는 전혀 다른 일을 할 수 있는 방법을 발견하려는 시도와 그 같은 방법을 발견했다고 하는 참칭은 형이상학으로 역행하는 것에 다름 아니다. 왜냐하면 이 같은 태도는 자신과 자신의 선행자들 사이에 심연이 가로놓여 있다고 주장하는 것이기 때문이다. 그리고 이는 자신이 선행자들에 대해 한 서술을 마치 자신을 자신이 아닌 어떤 큰 힘(가령 힘에의 의지 등)과 접촉하게 해주는 것처럼 가장하는 것이다. "이것이 바로 하이데거가 니체를 단지 (부정적 의미에서) 전도된 플라톤주의자일 뿐이라고 불렀을 때 말하고자 한 요점이었다."[71] 결국 로티에 의하면 아이러니스트 이론가의 핵심적 과제란 다른 이론들의 유한성을 폭로하면서, 자신의 고유한 이론의 유한성도 동시에 인정하는 것이라고 할 수 있다. 이는 스스로 권위를 주장하지 않으면서 권위를 극복하는 문제이다. 요컨대 로티가 해석하는 니체는 이 문제를 해결하지 못했다고 할 수 있다. 왜냐하면 니체는 다른 이론들을 유한하게 만들고 상대화하는

---

71) Ibid., p. 107. 괄호 안은 역자의 첨가.

데는 성공했으나, 바로 그 성공의 순간에 오히려 자신의 입장을 절대화하고 거기에 절대적 권위를 부여하는 우를 범했기 때문이다.[72]

하지만 로티의 이 같은 입장에 대해서도 충분히 반박이 가능하다. 즉 니체는 자신의 여러 가지 견해들을 결코 절대화시키지 않았다는 말이다. 이는 니체가 이른바 사구논법을 구사하고 있음을 뜻한다. 사구논법이란 고대의 회의주의자들인 퓌론주의자들이 비판을 받았을 때 사용한 것으로서 자기들의 전략적 입장(은유적으로 표현해서 사다리)을 끝까지 고수하고 견지하는 것이 아니라, 타자의 입장들을 비판하는 데까지만 사용하고 그것을 과감하게 버려 버리는 행위를 뜻한다. 그렇게 함으로써 그들은 자기 입장의 절대화라는 역설에 빠지지 않게 되는 셈이다. 푸코 역시 니체와 마찬가지로 이 같은 전략을 구사하고 있다. 푸코는 스스로 자신의 철학을 비판의 임무를 다하기 위해 산화할 수밖에 없는 화염병에 비유하고 있기까지 하다.

그렇다면 니체의 이 같은 전략은 어디서 확인해볼 수 있을까? 우선 한 가지만 꼽자면 니체의 주저인 『차라투스트라는 이렇게 말했다』[73]에서 등장하는 차라투스트라의 발언이 그 증거가 될 수 있다. 여기서 차라투스트라는 자신의 견해를 절대적으로 신봉하는 자는 결코 자신의 진정한 제자가 될 수 없으며, 오히려 자신의 입장을 과감하게 부정하는 자가 참된 제자로서의 자격이 있음을 역설하고 있다. 그래서 차라

---

72) 우리는 로티식의 니체 비판의 여러 가지 변주를 발견할 수 있다. 가령 하이데거가 니체를 형이상학자로 비판하는 경우가 있으며, 데리다가 하이데거를 다시 형이상학자로 비판하는 경우도 있다. 또 로티가 데리다의 차연 개념을 실마리로 데리다의 형이상학적 경향성을 비판하는 경우가 있다. 사실 이러한 형이상학이라는 비판에 대한 결정적 답은 불가능해 보인다. 왜냐하면 각각의 사상가가 바라보는 형이상학 자체가 서로 공약 불가능할 수 있기 때문이다.

73) F. Nietzsche, *Also sprach Zarathustra*, KGW VI-1.

투스트라는 제자들이 자신을 부정할 때 비로소 다시 그들에게 돌아오겠다고 약속하고 있다. "너희들에게 명하노니, 이제 나를 버리고 너희 자신을 찾도록 하라. 너희가 모두 나를 부인하고 나서야 나 다시 너희들에게 돌아오리라."[74] 다음으로 니체의 사상 가운데 가장 난해한 것으로 손꼽히는 영원회귀 사상이 있다. 이 사상에 대한 해석은 아직까지 정설이 없을 정도로 논란이 분분하다. 하지만 영원회귀에 대한 비교적 합의된 견해에 의하면 그것은 완전한 극복의 사유를 피하기 위한 니체의 고도의 전략적 선택이었다. 다시 말해 니체는 초인(위버멘쉬) 사상 등을 통해 과거의 인간과는 다른 새로운 인간에 대한 비전을 제시하고 있는 것처럼 보이며 따라서 결국에는 자신이 그토록 비판하여 마지않았고, 거기서 벗어나고자 했던 니힐리즘적 경향에 다시 빠지고 말기 때문에 그러한 역설에서 벗어나기 위해 고안해낸 것이 바로 영원회귀라는 것이다. 이 사상은 니체가 극복과 경멸의 대상으로 삼았던 최후의 인간까지도 항상 다시 돌아올 수밖에 없으며, 그러한 불가피한 퇴락조차 기꺼이 수용할 수 있을 경우라야만 진정한 해방이 가능하다는 메시지를 담고 있다. "오, 차라투스트라여, 그대의 짐승들은 그대가 누구이며 누구여야 하는지를 잘 알고 있다. 보라, 그대는 영원회귀를 가르치는 스승이시다. 이제는 그것이 그대의 숙명인 것이다! 다른 사람이 아닌 그대가 처음으로 이 가르침을 펴야 한다. 이 막중한 숙명이 어찌 그대에게 더없이 큰 위험이 되지 않으며 병이 되지 않으랴! 보라, 그대가 무엇을 가르치고 있는지, 그것을 우리는 알고 있다. 만물이 영원히 되돌아오며, 우리 자신도 더불어 영원히 되돌아온다는 것 아닌가. 우리가 이미 무한한 횟수에 걸쳐 존재했으며, 모든

---

74) F. Nietzsche, Za I, "Von der schenkenden Tugend 3", KGW VI-1, p. 97.

사물 또한 우리와 함께 그렇게 존재해왔다는 것이 아닌가."[75]

끝으로 사구논법과는 별 관계가 없으나 로티의 니체 해석에 대해 가능한 한 가지 대응방법으로 힘에의 의지를 로티와는 다르게 보는 방식이 있다. 로티는 니체를 형이상학자로 해석하는 하이데거를 좇아서 힘에의 의지를 형이상학적 원리와 유사한 것으로 보고 있다. 하지만 힘에의 의지에는 반드시 그렇게만 볼 수 없는 측면이 존재한다. 즉 힘에의 의지는 힘들이 서로 관계를 맺고 영향을 주고받는 모든 현실적 상황들에 대한 메타포라는 말이다. 이렇게 보면 니체가 힘에의 의지라는 거대한 원리 내지 주체에 스스로를 동화시킴으로써 자신의 관점주의를 배반하고 있다고 볼 필요까지는 없을 것이다. "권력에의 의지란 형이상학적인 관점이 아니다. 그것은 세계의 불확정성 및 가치의 다의성을 강조하면서 다양한 세계관이 한꺼번에 공존할 수 있다는 입장을 취하기 때문이다. 이러한 불확정성과 다의성을 인정하지 않는 견해를 제외하면, 권력에의 의지는 세계에 대한 어떠한 견해도 거부하지 않는다. 심지어 이러한 독단주의적 견해에 대해서도 권력에의 의지는 그러한 견해 자체를 기계적으로 거부하는 것이 아니라 그것이 유일한 진리라는 주장만 거부한다."[76]

더 나아가 니체는 자신을 읽는 사람들이 자신의 견해나 판단 등을 수용하기를 바라는 동시에 그 입장이 단순히 니체 자신의 개인적인 견해와 판단이나 가치관의 결과라는 점을 알리기를 원했다는 사실이 중요하다. 니체의 해석자 네하마스는 이 같은 태도가 니체로 하여금 다양한 문체를 사용하게끔 하고 있다고 해석하고 있다. 즉 니체는 의도적으로 다양한 스타일을 구사함으로써 모든 이론이란 그것을 표

---

75) F. Nietzsche, Za Ⅲ, "Der Genesende 2", KGW Ⅵ-1, pp. 271-272.
76) 알렉산더 네하마스, 『니체 — 문학으로서의 삶』, 김종갑 옮김(책세상, 1994), 153쪽.

현하는 문체만큼 다양하고 개성적일 수 있음을 암시하고 있다. 반대로 동일한 스타일을 계속 일관되게 사용하는 것은 마치 어떤 견해들은 스타일과 무관하게 독립해서 존재할 수 있다는 인상을 줄 수 있으며 이는 그 밖의 다른 스타일로는 그 견해를 표현할 수 없다는 사실을 함축한다고 할 수 있다. 결국 니체는 이 같은 인상을 없애기 위해 다양한 문체를 사용하고 있다. 니체의 스타일적 다원주의는 이렇게 보면 독단주의에 빠지지 않기 위한 니체 나름의 해결책인 셈이다. 즉 그는 긍정적인 견해의 제시 자체가 독단주의라는 혐의를 벗을 수 있게 하기 위해 노력을 하고 있는 것이다. "그의 스타일상의 다원주의는 독자들이 읽고 있는 니체의 글이 삶이나 세계에 대한 그의 개인적 해석이라는 사실을 독자들에게 상기시키기 위한 그의 특유한 방법이다. 그의 다양한 스타일로 인하여 독자들은 쉽사리 니체에게 익숙해질 수 없다. 쉽게 익숙해지지 않기 때문에 독자는 니체를 쉽게 잊어버리지도 않는다. 다양한 스타일로 표현된 그의 입장은 그것이 많은 다양한 입장 중에서 하나의 특정한 입장이라는 사실을 암시한다."[77] 요컨대 니체는 해석을 제시하는 형식과 스타일을 통해 자신의 글 역시 하나의 해석임을 드러내주고 있다. 이런 의미에서 니체에게는 글의 스타일과 내용은 불가분의 관계에 있다. 그리고 더 나아가 니체의 그러한 글쓰기는 사유 자체의 표현이며 니체에게 사유란 그 자신의 삶과 밀접한 관계에 놓여 있기 때문에, 결국 글 자체가 바로 자신의 삶을 구성하는 가장 중요한 부분이 된다. 네하마스 책의 부제가 '문학으로서의 삶'인 것은 바로 이 같은 문맥 속에서 이해할 수 있을 것이다. 니체에게 "글이란 삶의 가장 중요한 부분이다."[78]

---

77) 같은 책, 69쪽.
78) 같은 책, 70쪽.

3) 로티와 니체의 궁극적 지향점 — 문화의 예술적 개혁

이제 한 가지 관점을 통해 로티와 니체의 전반적 견해를 종합적으로 서술해보도록 하자. 그 한 가지 관점이란 문화이다. 니체 철학을 바라보는 관점은 수없이 많지만 그 가운데 가장 설득력 있는 것 중 하나가 바로 문화의 개혁이다. 거칠게 말해보면 니체는 당대 자신이 처해 있던 유럽 및 독일 문화 일반에 대해 철저하게 비판한다. 그 비판은 여러 각도에서 조명될 수 있으나, 제일 핵심적인 측면은 바로 데카당스적 경향을 겨냥하고 있다. 즉 그 당시의 거의 모든 분야가 니체가 보기에는 데카당스에 빠져 있다는 것이다. 그리고 그러한 데카당스의 원인은 사소하고 일시적인 것이 아니라 깊고 심각한 것으로서 서구 문화 전반에 퍼져 있는 니힐리즘이라고 할 수 있다.

니체는 이 같은 진단을 바탕으로 나름의 입장에서 거기에 대한 처방을 제시한다. 그러한 처방이란 유럽이나 독일 문화가 퇴폐적이지 않았던 시기의 재생이다. 이 시기는 바로 니체 당시의 거의 모든 사상사들이 가지고 있었던 이상향이라고 할 수 있는 고대 그리스의 문화 시기이다. 물론 니체는 고대 그리스 문화에 대한 당시의 일반적인 해석을 받아들이지는 않는다. 여기서 일반적 해석이란 질서와 미에 빛나는 이상적 모범으로서의 그리스를 의미한다. 니체는 오히려 그러한 찬란한 질서의 세계 이면에 감추어진 어두운 충동과 무질서의 세계가 더 근원적이라고 보며 그러한 것을 명확하게 인식하고서야 비로소 우리가 현재 바라보고 있는 올림포스의 그리스 문화에 대한 올바른 이해가 가능하다고 주장하고 있다. 그래서 니체가 보기에 그리스 문화의 위대함과 건강성은 그러한 충동과 무질서로서 디오니소스적인 것을 바탕으로 해서만 성취될 수 있었다고 할 수 있다. 그리고 그러한 건강성을 많은 시민들이 공유하게 만들었던 정치적 장치가 바로 그리스 비극이었던 것이다.

이런 맥락에서 니체는 예술적 활동의 전개에 발맞추어 그리스 문화의 단계를 몇 가지로 나눈다. 1단계는 호메로스 이전의 시기로서 거인시대이며, 2단계는 아폴론적 정신이 지배했던 호메로스의 시기이었고 3단계는 디오니소스적인 정신이 주도적이었던 디오니소스적인 시대였으며 4단계는 아폴론적인 도리스 예술의 시기이다. 그리고 마지막으로 아폴론적인 것과 디오니소스적인 것의 결합에 의해 탄생했으며 니체가 가장 높이 평가하고 있는 아티카 비극의 시대가 있다. 물론 비극적 문화가 몰락한 뒤 등장했던 소크라테스적 시기도 있다.[79] 이 마지막 시기는 니체가 부정적으로 평가하는 것으로서, 이후 서구 문화가 니힐리즘과 데카당스에 빠지게 되는 결정적 원인을 제공한다. 이 시기는 소크라테스로 대변되며 세계를 이론적 지식을 통해 알 수 있고 그것을 바꿀 수도 있다는 형이상학적 망상이 지배하게 된 때이다. 그러나 이 같은 망상은 이론적 지식과 논리가 한계에 부딪히자마자 정체가 폭로된다. 이 지점에서 이론적 지식은 예술적 차원으로 이행하며 삶은 예술의 차원에서 파악될 수 있다.

결국 니체는 문화적 건강성의 원천으로 보았던 그리스 비극 문화의 재생을 염원했다. 물론 그 형식이나 내용의 면에서 그리스의 완전한 재생은 불가능할 것이다. 하지만 전체적인 경향이나 틀에서의 부활은 충분히 가능할 것으로 보았다. 그리고 이 같은 가능성을 니체는 독일 음악 가운데서도 특히 바그너의 음악에서 보았다. 다시 말해 바그너의 음악을 통해 독일에서 비극적 문화의 재생을 도모하려고 한 사람

---

79) F. Nietzsche, GT 4, KGW Ⅲ-1, pp. 34-38.

이 바로 니체였다고 할 수 있다. 물론 이 염원은 나중에 바그너가 다시 기독교적인 경향으로 후퇴함으로써 물거품이 되기는 했으나, 니체가 바그너의 음악을 통해 독일 문화의 부활을 목표로 했다는 점은 비교적 분명하다. 요컨대 니체는 당대의 문화를 병든 문화로 진단하고 그것을 건강한 문화적 모범을 통해 치유하려는 의사처럼 행동하고 있는 셈이다.

로티 역시 니체와 유사하게 여러 가지 측면에서 해석을 할 수 있는 다면적인 사상가이다. 그러한 로티를 해석할 수 있는 여러 각도의 관점 가운데 가장 중요한 것들 중 하나가 바로 문화이다. 로티는 서구 문화를 크게 두 가지 흐름으로 구분하고 있다. 그것은 구원적 진리가 중심이 되었던 시기와 그 후 그러한 진리가 쇠퇴한 시기이다. 구원적 진리의 시기는 다시 형이상학적 진리가 지배적이었던 시기와 종교적 구원의 시기로 나누어진다. "우리가 무엇을 할 것인가에 대한 반성의 과정이 단번에 끝날 수 있다는 일련의 신념을 지칭하기 위해 나는 '구원적 진리'라는 말을 사용하려고 한다. 구원적 진리는 사물들이 어떻게 서로 인과적으로 영향을 미치는가에 대한 이론과는 관계가 없으며, 대신에 종교와 철학이 만족시키려고 한 욕구를 충족시키려 한다."[80] 기독교와 같은 일신론적 종교는 인간이 아닌 초월적인 존재와 관계를 맺음으로써 구원이 가능함을 주장했다. 철학에서 이루어지는 구원은 사물을 실제 존재하는 방식대로 표상하는 일련의 신념을 얻음으로써 성취될 수 있다고 했다.

로티는 이 같은 두 가지 문화적 흐름은 이제 바야흐로 쇠퇴하기 시작했으며 그 대신 자신이 말하는 문학 문화가 등장했다고 본다. 로티

---

80) 리처드 로티, 『구원적 진리의 쇠퇴와 문학 문화의 발흥』, 7쪽.

는 이 같은 문학 문화가 지난 200년간 부상하기 시작했다고 보고 있다. 이 문화에서는 이것이 참인가 하는 물음 대신에 새로운 것이 무엇인가 하는 물음이 주요한 위치를 차지하게 된다. 로티는 이 변화를 진보라고 여긴다. 이 같은 진보는 존재란 무엇인가, 실제로 실재하는 것은 무엇인가 및 인간이란 무엇인가와 같은 나쁜 물음들이 '인간이 어떤 삶을 살 수 있는지에 대한 새로운 생각을 누가 갖고 있는가'와 같은 물음으로 변화됨을 의미한다. "문학이 종교와 철학을 대체한 문화는 인간이 아닌 존재에 대한 비인지적 관계나 명제에 대한 인지적 관계에서 구원을 찾지 않고 다른 인간에 대한 비인지적 관계 즉 책과 건축물, 그림과 노래 같은 인공물에 의해 매개된 관계에서 구원을 찾는다. 이러한 인공물은 인간이 추구할 수 있는 대안적인 방법에 대한 실마리를 제공한다. 이러한 종류의 문화는 종교와 철학에 공통적인 가정 곧 인간은 인간의 창조물이 아닌 것과의 관계에서 구원을 얻어야 한다는 가정을 하지 않는다."[81]

　로티가 언급하고 있는 문학 문화는 철저하게 인간의 유한성을 수용하는 성숙한 모습을 보인다. 왜냐하면 언급되었듯이 인간은 인간이 아니거나 혹은 인간이 만들어낸 것들이 아닌 그 무엇도 기대할 수 없으며, 그것을 추구할 수 있는 능력 역시 없다고 할 수 있기 때문이다. 다만 사람들은 지금까지 이 점을 기꺼이 인정하지 못하고 있었던 것일 뿐이다. 이는 니체가 말하는 비극적 인식을 지닌 비극적 문화의 특징과도 일맥상통한다. 물론 로티가 말하는 문학 문화라는 것은 니체의 입장과 마찬가지로 반드시 부정적인 면만을 갖는 것은 결코 아니다. 로티에 의하면 오히려 문학 문화에 속한 사람들은 인간의 상상력

---

81) 같은 책, 13쪽.

의 한계와 접함으로써 구원을 성취한다. 인간의 상상력은 한계가 있지만 이런 상상력의 한계는 끊임없이 확장될 수 있다. 우연의 지배를 받는 인간의 상상력은 항상 자신이 만든 것을 파괴하고 자신이 직면한 이전의 한계를 끊임없이 초월할 것이기 때문이다.

종교와 철학에서 문학 문화로의 이행을 진보로 보고자 하는 로티는 과학 역시 이 같은 맥락에서 파악하고자 한다. 종교나 형이상학의 시대가 가고 19세기가 오자 많은 사람들은 경험과학만이 우리에게 객관적 진리를 전달해줄 수 있다고 믿게 되었다. 19세기에 생겨난 실증주의 역시 그러한 과학 중심적 사고방식을 철학에 직접 적용해보려는 시도였다고 할 수 있다. 하지만 로티는 과학이 실재 세계에 관한 진리를 우리에게 보여줄 수 있다는 이 같은 사고방식은 전통적인 관념론적 형이상학과 마찬가지로 하나의 형이상학에 불과하며, 단지 차이가 있다면 이것이 유물론적인 입장을 취하는 것일 뿐이라고 지적하고 있다. 그래서 로티가 보기에 이 같은 유물론적 형이상학은 단지 자만에 가득찬 물리학일 뿐이다. 즉 현대과학은 사물을 기술하는 상상력 넘치는 방식이고, 자신의 목적이었던 현상에 대한 예측과 통제를 대단히 성공적으로 수행하기는 했지만, 그렇다고 해서 관념론적 형이상학이 실패한 그런 종류의 구원적인 힘을 자신이 갖고 있다고 주장해서는 안 될 것이다.[82]

로티는 과학 만능주의자들이 주장하는 객관성이란 상호주관성에 불과하다고 여긴다. 물론 이 같은 과학의 상호주관성으로서의 객관성은 문학에서 말할 수 있는 상호주관성과는 다르다. 왜냐하면 과학자들의 공동체는 문학적 지식인이 시도할 수 없는 방식으로 자신들의

---

82) 같은 책, 28쪽.

전문가 문화를 조직하기 때문이다. 그러나 그렇다고 해서 그러한 문화에 의해서 가능하게 된 객관성이 단순한 상호주관성을 넘어선 차원을 가리킨다고 생각할 이유는 전혀 없다. 이런 의미에서 로티는 과학을 많은 과학자들이나 분석철학자들이 생각하듯이 구원적 진리의 원천이 아니라 '합리적 협동의 모델'로 축소시키기를 원하고 있는 셈이다. 결국 과학은 현상을 실재로 대체하는 방법이 아니라, 환경을 점차적으로 더 잘 지배할 수 있게 만들어주는 생리적인 장비를 사용할 수 있게 해준다.

요컨대 이는 과학을 문제 해결의 연장선에서 파악하는 것과 다르지 않다. 그런데 과학을 이렇게 이해하는 것은 동시에 과학을 인간 상상력의 전개 과정 속에서 파악하게 되는 것이며, 결과적으로 과학을 문학 문화라는 큰 맥락 속에 위치하게 만드는 것이 될 것이다. "우리는 예술뿐만 아니라 과학이 항상 대안적 이론, 운동 및 학파들 간의 격렬한 경쟁의 장면을 제공할 것이라는 생각을 즐겨야 한다. 인간 활동의 목표는 휴식이 아니라 오히려 더 풍부하고 더 나은 인간 활동이다."[83] 로티와 같은 프래그머티스트들은 객관성에 대한 욕망, 즉 우리 공동체 이상(以上)의 실재와 접하려는 욕망을 그 공동체와의 연대성에 대한 욕망으로 대체하고자 한다. 프래그머티스트들의 입장에서 보면 과학자들의 미덕이란 폭력보다 설득에 의존하고 동료들의 의견을 존중하며 새로운 자료와 아이디어에 호기심과 열정을 갖는 습관이다. 이같은 도덕적 덕목들을 넘어선 지적 덕목으로서 과학의 합리성이란 결

---

83) Richard Rorty, 앞의 책(1991B), p. 39. 사실 과학의 객관성을 상호 합의의 문제로 보고 과학자들의 공동체를 강조하는 로티의 입장은 토마스 쿤의 영향으로 볼 수 있을 것이다. 쿤은 자신의 『과학혁명의 구조』에서 이처럼 과학 활동을 과학자 공동체의 수수께끼 풀기로 정식화하면서 과학에 대한 기존의 모습을 송두리째 흔들어 놓고 있다고 할 수 있다.

코 존재하지 않는다. 따라서 이런 면에서 보면 과학자들이 다른 사람들보다 더 객관적이거나 더 논리적이라거나 더 진리에 헌신한다고 말할 이유는 없다. 단지 과학자들이 발전시켜왔고 그들이 작업하는 제도들을 칭찬하고 그것을 나머지 문화의 모델로 이용할 이유는 많다. 왜냐하면 과학의 이 제도들은 강제되지 않은 합의라는 이념을 구현해주고 있기 때문이다. 로티는 바로 이런 측면에서도 서구 과학기술문명의 성과에 대해 부정적으로 평가하고 있는 일군의 사상가들과 분명히 어느 정도 거리를 둔다고 할 수 있다. 즉 로티가 보기에 과학기술문명의 가장 큰 성과 중 하나는 가시적인 발전에 있다기보다는 방금 언급되었듯이 과학과 관련된 여러 가지 제도적 틀 안에 구현되어 있다고 평가할 수 있는 강제되지 않은 합의라는 이념에 있기 때문이다. 그리고 이 같은 이념은 결국 로티가 바라는 포스트모던 부르주아 자유주의라는 유토피아와도 연결되어 있다고도 볼 수 있다.

5

예술적 세계관의 결정체:
문화정치로서의 철학과 예술로서의 철학

이제 철학의 정체성에 관한 로티와 니체의 예술적 세계관이 귀결되는 결론적 입장을 살핌으로써 논의를 마무리하고자 한다. 그 전에 한 가지 단서에 유의할 필요가 있다. 그것은 로티나 니체의 입장이 모든 철학적 입장들의 문학적이고 예술적인 귀결을 내세우기 때문에 어떠한 철학적 입장이든 쉽게 그것을 부정하거나 무시하기 어려운 듯이 보이기는 하지만, 그럼에도 불구하고 거기에 대한 직접적이고 강력한 반론들이 결코 전무한 것은 아니라는 점이다.

가령 철학에 대한 로티나 니체의 예술적 변형과 해체에 대항하여 오히려 전통적인 의미에서 존재와 진리를 적극적으로 되살려내자는 견해를 노골적으로 표명하고 있는 알랭 바디우(Alain Badiou, 1937~) 같은 철학자들 역시 존재한다.[84] 그는 철학이 펼쳐져야 하는 지평을 크게 시(詩), 수학, 정치, 사랑으로 나누고 그것들 중 하나에만 집착하

---

84) 바디우의 핵심적 입장을 비교적 간략하게 보여주고 있는 저술로는 『철학을 위한 선언』(알랭 바디우, 서용순 옮김(도서출판 길, 2010)) 참조.

고 거기에 제한될 수밖에 없는 철학을 비판한다. 그에 의하면 참된 철학은 이 네 가지 영역을 통합할 수 있어야 하며 그런 의미에서 우리가 결국 궁극적으로 다시 돌아가야만 하는 철학의 모범은 플라톤 철학이다. 왜냐하면 플라톤 철학 내에서 우리는 그러한 네 가지 영역을 통합하려는 위대한 시도를 목격할 수 있기 때문이다. 요컨대 니체 이후 많은 포스트모던적 철학의 중심 화두가 반(反)플라톤주의였다면 바디우는 역으로 플라톤주의의 부활을 꿈꾸고 있다고 할 수 있다. 물론 바디우가 문자 그대로 플라톤의 모든 입장을 전적으로 수용한다고는 할 수 없지만 전반적인 경향에 있어서는 플라톤을 따른다고 해도 크게 틀린 평가는 아닐 것이다. 이 글은 바디우의 이 같은 반론을 상세하게 고려할 수 있는 장이 아니기 때문에 바디우의 견해에 대한 소개는 이 정도로 마치기로 한다. 하지만 한 가지 분명한 사실은 바디우 입장의 설득력 여부나 정도를 떠나 그것이 로티나 니체식의 철학에 대한 해체적 작업에 대한 지양이라는 점이다. 달리 말해 전통 형이상학에 대한 그러한 반발이 없었다면 바디우의 시도 역시 그렇게 큰 의미를 갖지 못했을 것이라는 말이다. 즉 바디우 나름의 도발적 생각 역시 로티나 니체의 입장에 대한 규정적 부정(bestimmte Negation)에 다름 아닐 것이며 그로 인해 더 큰 의미를 얻을 수 있는 가능성이 있다고 할 수 있다. 또 역으로 아이러니스트로서의 로티나 니체 역시 이처럼 자신들과 반대되는 입장들이 존재해야만 비로소 자신들의 입지가 유의미하게 되며 강화될 수 있다는 점을 충분히 인정하고 있다고 보인다.

로티는 1996년에서 2006년까지 쓴 글을 모아 2007년에 출판한 자신의 네 번째 논문집 제목을 『문화정치로서의 철학(*Philosophy as Cultural Politics*)』이라고 달았다. 이 제목에서 확인할 수 있듯이 로티가 서구의 전통 형이상학을 비판함으로써 궁극적으로 염두에 두고 있었던 형태의 철학이란 문화정치의 모습을 띤 철학이라고 할 수 있다. 그렇다면 문화정치란 과연 구체적으로 어떤 것을 가리키는가? 로티는 방금 언급된 논문집에 포함된 첫 번째 글에서 문화정치로서의 철학의 모습과 그 특징을 비교적 분명하게 밝혀주고 있다. 여기에서 로티의 핵심적 주장은 문화정치가 존재론을 대체해야 한다는 것이다. 여기서 존재론이란 전통적인 의미에서 실재 세계의 진리에 도달하기를 목표로 하는 이론 전체를 의미한다. 로티에 의하면 기존의 철학들은 이 같은 존재론이 인간 사회의 행복에 무엇이 도움이 되는가 하는 실질적인 논의보다 우선적이며 오히려 그러한 존재론적 진리에 도달한 이후에만 비로소 사회적이고 정치적인 논의들이 이루어질 수 있다는 편견을 갖고 있었다. 그러나 로티에 의하면 이 같은 논의 구도는 역전되어야 한다. 즉 사회·정치적인 목표를 언급함으로써만 우리는 무엇이 존재하는지에 관해 말할 수 있게 된다는 것이다. 그리고 이 같은 사회·정치적 목표에 대한 언급과 논의 과정이 바로 로티가 구상하고 있는 문화정치의 모습일 것이다. 로티는 이 지점에서 윌리엄 제임스의 견해를 적극적으로 수용한다. 제임스의 견해란 진리와 실재에 접근하는 데 있어서 유일하게 문제되는 것은 오직 거기에 관련된 위험성과 이익에 관한 논증이라는 점이다. 이 같은 "제임스의 요지를 또 다르게 표현하는 방식은 진리와 실재는 사회적 실천을 위한 것이지 그 반대는 아니라고 말하는 것이다."[85] 가령 안식일이 인간을 위해 만들어진 것처럼 그러한 진리와 실재 역시 인간을 위해 만들어진 것이라고 할 수 있다.

---

85) Richard Rorty, "Cultural politics and the question of the existence of God", 앞의 책(2007), p. 7.

더 나아가 로티는 자신이 견지하는 제임스의 문화정치적 견해가 현대의 신혜겔주의자인 브랜덤의 입장을 통해서도 옹호될 수 있다고 본다. 물론 로티는 브랜덤의 사유 노선이 밀에서 제임스로 이어지는 흐름이 아니라 칸트에서 헤겔로 이어지는 계통을 따르고 있다는 점을 분명히 알고 있다. 그럼에도 로티가 보기에 브랜덤을 제임스와 같은 맥락에서 이해할 수 있는 여지는 충분하다. 왜냐하면 브랜덤은 우리가 하는 주장들이란 세계나 진리에 대해서 어떤 책임을 떠맡는 행위라기보다는 다른 사회 구성원들에 대해서 책임을 떠맡는 행위라고 보고 있기 때문이다. 따라서 브랜덤에 의하면 주장은 사회적 책임을 전제한다. 다시 말해 브랜덤은 제임스와 마찬가지로 사회의 권위를 넘어섬에도 불구하고 사회가 인정해야 하는 그러한 종류의 권위, 가령 전통적인 의미의 신이나 진리, 실재 등을 결코 수용하지 않는다는 것이다. 이런 의미에서 전통적으로 인간이 아닌 어떤 것에 귀속된 권위는 사회학적으로 충분히 설명될 수 있으며, 그러한 사회학적 설명에서는 권위에 대한 신학적이거나 철학적인 취급 방식이 요구하는 것과 같은 신비적인 요소가 더 이상 필요하지 않다. 결국 브랜덤의 관점에 의하면 "사회의 권위보다 우월한 권위에다가 이름을 붙이려는 모든 시도는 문화정치의 게임 속에서 이루어지는 속임수이다."[86]

　　물론 로티가 보기에 브랜덤의 이 같은 입장에 대해 경험주의적 측면에서 다음과 같은 반론을 생각할 수 있다. 즉 우리는 경험을 통해 실재와 무매개적으로 접촉함으로써 사회의 권위로부터 벗어날 수 있다는 것이다. 그러나 브랜덤은 그의 스승이었던 셀라스와 데이빗슨 등의 노선을 따라 감각을 통해 실재와 직접 접촉한다는 생각은 명제

---

86) Ibid., p. 8.

사이에서 성립하는 정당화의 관계와 사건들 사이에서 유지되는 인과적 관계를 혼동한 결과라고 여긴다. 다시 말해 사물이 실제로 어떻게 존재하는지를 발견할 수 있는 감각을 사용함으로써 공동체의 언어적 실천을 간과하는 것은 두 가지 이유로 인해 불가능하다. 첫째 모든 비(非)추론적 지각 보고(가령 '이것은 붉다.', '이것은 신성하다.' 등)는 하나 혹은 또 다른 공동체의 언어 속에서 이루어지며, 그러한 언어는 그 공동체의 필요에 맞추어진 것이기 때문이다. 둘째 그 공동체가 그러한 보고에다가 권위를 부여하는 것은 인간의 감각 기관과 실재 사이의 특별한 관계를 신뢰해서가 아니라 그런 보고가 믿을 만하다는 경험적 근거를 바로 그 공동체가 갖고 있기 때문이다. 요컨대 브랜덤과 로티에 의하면 우리가 무엇에 관해 이야기해야 하는가 하는 문화정치적 문제와 무엇이 실제로 존재하는가에 관한 문제를 우리는 경험을 통해서는 구분할 수 없다. 같은 맥락에서 공간, 시간, 실체, 그리고 인과성 역시 인간이 자신들의 요구에 따라 어떤 것들을 이루기 위해 어떤 방식들로 말할 필요가 있어서 그런 식으로 존재하는 것이라고 할 수 있다. 그래서 "브랜덤은 칸트가 말한 마음의 해명할 수 없는 선험적 구조라는 자리에다가 어떤 하나의 생물학적 종이 번성하도록 만들었던 실천들을 위치시키고 있다."[87] 물론 여기서 로티가 브랜덤에게 귀속시키고 있는 개념, 즉 인간이라는 특정한 하나의 생물학적 종이 번성하게끔 만들었던 실천들을 현재와 미래의 차원까지 확대시킨 것이 바로 문화정치의 구체적인 모습이라고 할 수 있을 것이다. 이는 또 어떤 언어 게임을 할 것인가의 문제인 동시에 민주주의 사회의 구성원들이 자신에 대한 책임과 자신의 동료 시민들에 대한 책임 간의 균형을 어

---

87) Ibid., p. 17.

떻게 잘 조정하는가의 문제이기도 하다.

더 나아가 이처럼 철학을 인간의 행복을 목표로 하는 사회적 실천으로 간주하려는 로티의 문화정치적 입장은 그 최초의 근거를 자신의 철학적 영웅이었던 듀이와, 로티가 사상적 전회를 이루는 데 결정적 역할을 했을 뿐만 아니라 브랜덤의 정신적 동반자였던 헤겔에게서 발견할 수 있다고 보인다. 듀이와 헤겔은 철학자들이 사물들을 영원성의 관점에서 파악할 수 없다는 점에 대해서 동의한다. 그들에 의하면 철학자들은 그 대신 스스로에 대해 무엇을 할 것인지에 관해 이루어지는 인간의 계속적인 대화에 기여하려고 해야 할 것이다. 로티가 보기에 그러한 대화의 과정은 새로운 사회적 실천을 유발해왔으며, 도덕적이고 정치적인 의도에서 사용되는 어휘들의 변화를 가능하게 만들었다. 그리고 바로 "그러한 더 진전된 새로움을 제시하는 것이 문화정치에 개입하는 것이다. 듀이는 철학 교수들이 그러한 개입을 자신들의 주요한 임무라고 간주하기를 바랐다."[88] 결국 듀이에게 철학이란 지식의 형태가 아니다. 오히려 그에게 철학이란 작동할 수 있는 행위 프로그램으로 바뀐 사회적 희망이라고 할 수 있다. 이런 의미에서 듀이에게 철학의 역사란 자신들이 누구이며 자신들에게 무엇이 문제이고 무엇이 가장 중요한지에 대한 사람들의 감각을 개선하려는 일련의 노력 과정으로 가장 잘 파악될 수 있을 것이다. 결국 로티나 듀이의 공통된 견해에 의거하면 철학의 전문화와 아카데믹한 분과로의 변화는 불가피했으나 그것이 결코 바람직한 것은 아니었다. 왜냐하면 그러한 흐름이 철학을 자율적인 유사 과학으로 만들려는 시도들을 유발했기 때문이었다. 로티는 이 같은 시도들이 오히려 저지되어

---

88) Ibid., "Preface", p. ix.

야 한다고 단언한다. 오히려 다른 분과학문들과의 밀접한 교류가 문화정치로서의 철학[89]을 위해서는 더 절실하다. "철학이 인간의 다른 활동들 — 단지 자연과학뿐만 아니라 예술, 문학, 종교 및 정치 — 과 더 많이 교류하면 할수록, 철학은 문화정치에 더 적합하게 되며 따라서 더 유용하게 된다. 철학이 자율성을 위해 노력하면 할수록, 철학은 주목할 만한 가치가 더 떨어진다."[90]

철학을 문화정치로서 규정하려는 로티의 생각은 언뜻 보기에는 니체의 예술적 세계 해석과 큰 공통점을 갖지 않는 듯하다. 하지만 이 같은 외관을 탈피하여 조금 더 면밀하게 검토해보면 둘 사이의 연결 지점은 그리 어렵지 않게 드러난다. 특히 니체가 예술을 좁은 의미의 예술이 아니라 넓은 차원의 창조 활동 일반으로 이해하고 있다는 사실을 감안하면 더욱 그렇다.

일단 니체에게 예술은 진리보다 더 가치가 있다. 왜냐하면 진리란 자신의 절대성과 불변성을 고집하는 경향이 있으나 예술은 그렇지 않고 자신의 입장 자체의 허구성을 기꺼이 받아들이고 인정할 수 있기 때문이다. 그런데 여기서 가치 평가를 하는 주체가 중요하다. 왜냐하면 바로 그런 주체의 관점에서만 가치 평가가 가능하기 때문이다. 니

---

89) 이런 의미에서 로티가 말하는 문화정치를 넓은 의미에서 파악하면 문학 문화와 거의 동일한 것으로 볼 수 있다. 다시 말해 로티에게 좁은 의미의 문화정치란 이론적 활동으로서의 철학이나 강단 좌파의 모습을 지칭하며 따라서 다소 부정적인 뉘앙스를 풍기는 것이 사실이기는 하지만 방금 위에서 언급된 문화정치란 그러한 제한된 영역을 가리키는 것 같지는 않다. 오히려 여기서 문화정치란 로티가 긍정적으로 목표로 삼고 있는 교화 철학 혹은 대화 철학을 의미한다고 할 수 있으며 더 밀고 나가면 종교나 철학을 대체한 문학 문화 자체를 지칭한다고도 볼 수 있을 것이다. 그런데 이렇게 되면 실제 현실 정치는 문화정치의 과정을 통해서 더 용이해진다고도 할 수 있다. 왜냐하면 현실 정치의 바탕을 이루는 것이 지식인들의 그러한 담론을 통해 가능해지는 사회 구성원들 상호 간의 논의나 대화의 과정이기 때문이다.
90) Richard Rorty, Ibid., "Preface", p. ⅹ.

체에게 이 같은 주체는 바로 삶(Leben)이다. 모든 것은 삶의 관점에서 판단되고 평가될 수밖에 없다. 다시 말해 삶이 모든 것을 평가하고 결정한다. 그래서 예술이 진리보다 가치가 있다고 할 때 그러한 평가의 주체 역시 당연히 삶이다. 그렇다면 삶의 가치 평가에 있어서 왜 예술이 진리보다 더 가치가 있을까? 그것은 니체에게 삶 자체란 바로 인간이라는 특정한 종이 자신의 유지와 상승을 위해 꾸며낸 일련의 오류들로 구성되어 있으며, 그러한 점을 가장 솔직하게 있는 그대로 인정하고 있는 것이 바로 예술적 창조 활동일 수 있고 따라서 예술적 창조 활동이야말로 삶을 위한 것이자 삶 자체라고 할 수 있기 때문이다. 이에 비해 니체가 보기에 그러한 사실을 제대로 승인하지 못하고 자기 주장의 절대성만을 고집해왔던 것이 플라톤적인 전통 철학의 모습이라고 할 수 있을 것이다. 그리고 그 결과 전통적인 철학적 흐름은 어느 정도의 예외는 있었으나 대개는 니힐리즘(nihilism)에 빠지게 된다. 물론 여기서 니힐리즘이란 단일한 개념이라고 할 수 없다. 오히려 니힐리즘은 최초에 이 가변적이고 무상한 세계의 무가치성을 통해 그리고 그것 때문에 그 세계를 버리고 역으로 다른 세계의 가치를 추구했던 플라톤이나 기독교적인 경향을 가리킬 뿐만 아니라, 바야흐로 그러한 이상적 가치 세계의 허구성이 폭로됨으로써 더 이상 아무 것도 가치 있는 것이 없게 되어버린 공허한 상태를 지칭하기도 한다. 이 같은 두 가지 상이한 내용을 함께 함축하고 있는 개념이 니체가 해석하고 있는 부정적 의미의 니힐리즘(negative nihilism)이라고 할 수 있다. 따라서 부정적 의미의 니힐리즘이란 서구 전통 형이상학의 필연적인 귀결이라고 볼 수 있다.

하지만 니체는 단순히 부정적 니힐리즘의 계기나 국면에만 머물지는 않는다. 그는 부정적 니힐리즘에서 탈피할 수 있는 니힐리즘의 세 번째 계기에 주목한다. 이 세 번째 계기란 니힐리즘의 자기극복으로 표현될 수 있으며, 더 이상 초월적 가치 세계가 존재하지 않는다는 절망적 외침을 오히려 그러한 가치들이 없기 때문에 도리어 적극적으로 가치를 창조할 수 있는 여지가 생겼다는 긍정적 깨달음으로 변화시킬 수 있는 능동적 태도이다. 니체는 니힐리즘의 이 같은 세 번째 계기를 고전적 니힐리즘(classical nihilism)으로 지칭하면서 그것을 가치 창조의 원동력으로 삼고 있다. 그리고 바로 이 니힐리즘의 상황에서 적극적인 의미의 가치 창조 활동은 삶 자체를 위한 허구를 만들어낸다는 의미에서 예술적 창조 활동과 다름 아닐 것이다. 물론 이 같은 예술적 창조 활동의 주체는 삶이다. 결국 삶이 가치를 창조하는 활동은 예술적 창조 활동이며 이 같은 활동의 예외는 세상에 결코 존재하지 않는다. 더 나아가 니체에게 삶은 곧장 힘에의 의지이기 때문에 힘에의 의지에 의한 가치 창조 활동 역시 예술적 차원에서 파악될 수밖에 없다. 그리고 이 같은 가치 창조 활동은 끝이 없이 반복된다. 왜냐하면 이 세계에서는 그러한 활동을 넘어서 있는 절대적인 진리나 실재란 전적으로 무의미하기 때문이다. 이러한 상황 속에서는 자칫 삶에 대한 회의로도 빠질 수 있는 가능성이 없지는 않지만 그것을 오히려 긍정적으로 받아들이는 사람이 존재한다면 그야말로 니체가 말하는 진정한 위버멘쉬가 될 수 있다.

물론 니체의 예술적 세계 해석은 초기 사상과 후기 사상에서 서로 상이하게 나타난다. 흔히 초기의 견해를 예술가 형이상학(Artisten-Metaphysik)이라고 한다면 후기의 그것은 예술 생리학(Physiologie der Kunst)으로 표현된다. 이 두 가지 입장은 미묘한 차이들을 보여준다. 그러한 차이 가운데 가장 중요한 것은 초기 입장이 쇼펜하우어식의 이원론적 형이상학을 전제로 한 것이었다면 후기 입장은 그러한 이원론을 이미 넘어서 있다는 점이다. 이 같은 관점의 변화는 니체 자신에 의해서도 여러 번 언급되고 있는 사항이다. 그렇지만 이 같은 차이를 도외시하고 포괄적인 의미에서 삶을 위한 삶의 예술적 창조 활동에 대한 강조라는 특징에만 초점을 맞추어본다면 초기와 후기는 오히려 연속적인 입장으로 파악할 수 있을 것이다. 즉 초기에 아폴론적인 것과 디오니소스적인 것으로 이원화되었던 예술적 창조의 힘이자 원리는 후기로 가면서 디오니소스적인 것으로 통합되며 결과적으로 그러한 일자를 다른 식으로 표현한 것이 바로 니체가 말하는 힘에의 의지라고 할 수 있을 것이다. 따라서 후기 사상에서 나타나는 예술 생리학이란 힘에의 의지에 의해 모든 것이 설명되는 상황에서 등장하는 예술의 위상에 대한 니체의 또 다른 규정으로 볼 수 있다. 다시 말해 힘에의 의지에 의한 창조 활동의 예외가 전무한 세상에서 예술 역시 힘에의 의지가 발현되는 모습으로 형상화될 수밖에 없으며, 결국 그러한 차원이 가장 잘 드러나는 장이 바로 인간의 몸이라고 할 수 있기 때문에 예술은 생리학적인 차원에서 파악되어야 한다는 말이다. 중요한 것은 힘에의 의지와 예술이 결합될 때 등장하는 것이 바로 예술 생리학이라는 개념이라는 사실이다. 어쨌든 예술가 형이상학에서든 아니면 예술 생리학에서든 삶의 가치 창조 활동으로서 예술이라는 위상이 변함없이 강조되고 있다는 점은 잊지 말아야 할 것이다.

이상에서 간략히 살펴본 니체의 예술적 세계관은 로티의 문화정치로서의 철학의 모습과 큰 유사성을 보여준다. 우선 니체가 비판적으로 넘어서고자 하는 전통적인 플라톤적인 형이상학은 로티 역시 비판하고 있는 형이상학과 그 범위가 일치한다. 따라서 니체는 로티와 비판의 대상을 공유하고 있는 셈이다. 다음으로 니체는 철학을 더 이상 진리를 발견하기 위한 이론적 탐구과정이라기보다는 우리의 삶을 위해 필요한 여러 가지 가치들을 창조하고 만들어내는 과정으로 보고 싶어 한다는 점에서 또한 로티의 입장과 통한다고 할 수 있다. 물론 니체는 이 같은 과정을 삶의 예술적 활동에 비유하고 있기는 하지만 큰 맥락에서 파악한다면 그 내용은 로티의 문화정치로서의 철학 활동과 크게 어긋나지는 않는다.[91] 다시 말해 로티가 제임스나 프루스트와 공유하는 희망이란 "삶이 예술작품이 될 수 있다."[92]는 희망이며 그것은 니체의 입장과도 일맥상통한다고 할 수 있기 때문이다. 더 나아가 위에서 언급되었듯이 니체가 전통 형이상학을 비판하는 자신의 입장조차도 충분히 반박 가능하다는 점을 기꺼이 인정하고 있다는 측면에서 그의 모습은 자기 견해의 우연성을 적극적으로 수용하는 진정한 아이러니스트의 면모를 보이려는 노력을 지속적으로 경주하는 로티의 모습과 크게 다르지 않다고 할 수 있다.

물론 로티가 기존의 이론적 철학 활동을 정치화한다면 니체는 기존의 정치를 철학화한다는 식의 이해도 충분히 가능할 것이다. 그리고 이렇게 본다면 니체와 로티를 서로 긴밀하게 연결시키려는 시도는 분명 난관에 봉착하게 된다. 하지만 이 같은 식의 대립 구도 역시 일종의 피상적 파악의 결과일 수 있다. 왜냐하면 로티가 철학의 정치화

---

91) 이런 맥락에서 로티에 대한 다음과 같은 평가는 수긍할 만하다. "로티는 미국의 대중적 상상력에 대한 가장 솔직하고 강력한 설명가이며, '미적 삶'을 좋은 삶으로 적극적으로 옹호하는 사상가이다. 로티에게서 미적 삶은 '개인 완성' 및 '자아창조' 중의 하나이다. 미적 삶은 '스스로를 넓히려는 욕망', '더욱 많은 가능성들을 품으려는' 그리고 스스로에 대한 '선천적 규정'의 제한을 회피하려는 욕망이 동기가 되어 이루어지는 삶이다."(리처드 슈스터만, 『프라그마티즘 미학』, 김광명 · 김진엽 옮김 (북코리아, 2009), 434쪽.)

92) Richard Rorty, "Redemption from Egotism: James and Proust as Spiritual Exercises", *The Rorty Reader*, ed. Christopher J. Voparil and Richard J. Bernstein(Wiley-Blackwell, 2010), p. 405.

를 주장함으로써 노리는 바와 니체가 정치를 철학화함으로써 목표로 하는 바가 크게 어긋나지 않아 보이기 때문이다. 바로 그러한 목표란 삶의 자유로운 가치 창조 활동이 가능한 문학 문화적 세계일 것이다. 물론 로티가 서구 민주주의 사회에 대해 희망을 여전히 버리지 않고 있는 반면 니체는 '위대한 정치(Große Politik)'라는 개념을 통해 오히려 그러한 정치 체제를 초월한 곳을 지향하고 있기는 하지만 말이다. 어 떻든 간에 니체와 로티의 궁극적인 지향점 내지 목표를 로티의 말을 빌려 표현하자면 그것은 자유를 돌봄으로써 진리가 스스로 돌볼 수 있는 사회 혹은 공동체가 될 것이다. 요컨대 로티가 꿈꾸었던 유토피 아가 서구의 자유주의 사회에서 나타나는 것과 같은 소극적 의미의 자유가 좀 더 많이 보장됨으로써 가능한 진리 창조의 터전이었던 것 과 유사하게 니체는 어떠한 전통이나 권위에도 종속되지 않은 채 스 스로 진리의 가치를 창조할 수 있는 주권적 개인들의 공동체를 희망 하고 있었다고 잠정적으로나마 결론지을 수 있을 것이다.

제4장

로티의 과학관

이병철

1

로티의 과학철학을 이해하기 위한 조건들

1) 로티의 과학에 대한 이해의 기초: 프래그머티즘의 진리관

근대 이후 인간의 정신활동의 영역들 중에서 가장 주목할 만한 모습을 보여준 영역은 단연 과학이다. 근대 이전에도 과학적 탐구는 꾸준히 이어져왔지만, 과학이 시대를 규정하고 인간의 삶을 압도하는 지배적인 위상을 갖게 된 것은 비로소 근대 이후의 사태이다. 한때 모든 학문의 정점에서 인간의 모든 지적 활동을 관장하는 것으로 간주되던 철학은 이제 과학의 뒤치다꺼리에 골몰하는 정도의 위상에 만족할 정도로 영락한 신세가 되고 말았다. 심지어는 일상의 어떤 주장도 그것이 '과학적'이냐 '비과학적'이냐에 따라 신뢰할 만한 것인지 아닌지가 결정되는 지경이다. 우리가 살아가는 시대는 바야흐로 과학(기술)이 지배하는 시대가 되었고, 우리들의 마음속에는 과학을 우상처럼 숭배하는 '과학주의'의 태도가 깊이 자리 잡게 되었다.

근대라는 시대는 다양한 관점에서 다양한 특징들로 규정될 수 있지만, 하이데거는 근대의 본질적 현상을 논하면서 무엇보다도 먼저 근대 과학(학문)을 거론한다.[1] 그렇다면 근대를 넘어선 시대, 또는 근대를 벗어난(脫) 시대라고도 불리는 포스트모던 시대에는 사정이 어떠한가? 이 시대의 사상가들은 과학을 어떻게 바라보는가?

포스트모던의 시대를 나름대로 진단하고, 문제점들을 지적하며 해결책을 제시하고자 하는 다양한 사상가들 중에 로티는 미국의 프래그머티즘적인 전통을 이어받아 새롭게 변모된 형태의 철학을 제시한다. 주지하다시피 프래그머티즘은 실천의 중요성을 강조하는 입장으로서, 모름지기 철학은 주어진 문제 상황을 해결하는 데 도움이 되어야만 그 존재 의미를 갖는다는 입장이다. 네오프래그머티스트(neo-pragmatist)로서 로티는 퍼스, 제임스, 듀이로 대표되는 프래그머티즘을 계승하면서도, 언어적 전회(linguistic turn)라는 철학적 변환의 한가운데에서 분석철학의 세례를 받았기에, 이전의 프래그머티즘과는 상당한 차이를 보이기도 한다.

로티의 근본 입장을 한마디로 표현하자면, 반표상주의(antirepresen-tationalism)라고 부를 수 있다.[2] 인식론, 과학철학, 사회철학, 정치철학, 도덕철학 등에 관한 그의 주장의 근저에는 반표상주의가 자리 잡고 있다. 반표상주의자로서 로티는 과학에 관하여 전통적인 과학철학자들과는 대립되는 입장을 취한다. 전통적인 과학철학에서는 '진리대응설'에 기초하여 사고 작용의 표상에 대응하는 사태가 객관적으로

---

1) 하이데거는 근대의 본질적 현상들로서, 근대 과학과 더불어 기계 기술, 예술의 미학화, 인간 행위가 문화로서 파악되고 수행되는 것, 탈신성화를 언급한다.(Martin Heidegger, "Die Zeit des Weltbildes", *Holzwege*, GA 5, pp. 75-76 참조.)

2) 로티의 반표상주의는 지식의 문제를, "실재를 올바로 획득하는 문제로 보는 것이 아니라, 실재에 대처하는 행위의 습관을 획득하는 문제로 보는 것"이다.(Richard Rorty, *Objectivity, Relativism, and Truth*(Cambridge University Press, 1991), p. 1.)

실재한다는 입장이 지배적이다. 이에 대해 로티는 '표상'이라든가 '사태'라는 개념이 아무런 유용한 역할을 하지 못한다고 본다.[3] 또한 과학은 합리성이나 객관성을 가진다고 여겨져왔지만, 로티는 이런 생각은 전통적인 인식론의 연장선상에서 과학을 바라본 것이기에 재고되어야만 한다는 입장이다. 전통적인 인식론은 주체와 객체(대상)를 분리하는 이원론의 관점에서 인식 주체(인간)는 대상(자연)을 비추는 거울과 같다는 메타포를 견지하고 있다는 것이다. 즉 우리의 마음은 다양한 표상들을 반영하는 거울과 같고, 이때 참된 지식은 세계를 정확하게 표상해내는 것이 된다. 표상주의적 전통은 데카르트를 비롯한 근대철학의 인식론에만 국한된 것이 아니라, 거슬러 올라가면 플라톤에게까지 소급될 수 있다.[4]

로티는 플라톤주의의 전통을 비판하고 극복하여, 새로운 철학의 길을 보여주려고 한다. 이러한 극복의 길에서 그에게 영향력을 미친 철학자들로는 당연히 듀이를 위시한 프래그머티스트들을 비롯하여, 비트겐슈타인, 데이빗슨, 토마스 쿤 등을 들 수 있다. 또한 로티는 미국의 철학자로서는 보기 드물게 대륙의 철학자들, 특히 헤겔, 니체, 하이데거 등을 적극적으로 수용하고 독창적으로 해석하여 자신의 철학 사상의 자양분으로 삼았다.[5] 로티의 과학에 대한 이해와 관련해서

---

3) Ibid., pp. 1–2 참조.
4) 서양철학의 주된 흐름의 뿌리를 플라톤에게서 찾는 경우는 많다. 서양철학의 역사는 플라톤 철학의 주석의 역사라고 보는 화이트헤드나, '현전의 형이상학'을 비판하는 다양한 입장들은 한결같이 그 시발점을 플라톤에게서 찾으며, 이를 '플라톤주의'라고 명명하기도 한다.
5) 로티는 20세기의 가장 중요한 철학자로서 듀이, 비트겐슈타인, 하이데거 세 사람을 꼽는다. 이들이 중요한 철학자로 간주된 이유는 이들이야말로 많은 전문 철학자들이 수용하는 철학의 개념을 극복하는 데에 결정적인 기여를 했기 때문이다. 이들 "세 사람 모두 후기 저작에서 철학을 기초적인 것으로 간주한 칸트적인 개념을 깨뜨리

는 특히 쿤의 사상과의 긴밀한 관련을 검토하지 않을 수 없으며, 또한 그의 철학적 영웅 중의 한 사람인 하이데거의 과학에 대한 관점을 비교·검토해보는 것도 상당한 의미가 있을 것이다.

로티는 진리 탐구의 독점권을 누려 왔던 과학의 기득권을 타파하고자 한다. 과학도 다른 문화의 영역과 마찬가지로 다양한 목소리 중의 하나일 뿐이며, 오히려 예술과 문학을 중심으로 하는 새로운 문화가 과학을 중심으로 이루어졌던 문화를 대체해야 한다고 본다.

철학자로서 경력이 시작되는 초기에 로티는 분석철학의 전통에 따르는 철학자였지만, 본격적으로 자신의 철학을 전개해 나가게 되면서 프래그머티즘의 강력한 영향하에 놓이게 된다. 그가 과학과 진리를 바라보는 관점도 철두철미하게 프래그머티즘의 입장에 서 있다. 물론 프래그머티즘은 엄청나게 다양한 모습으로 나타났다. 퍼스, 제임스, 듀이 등의 고전적 프래그머티스트들(classical pragmatists)조차 프래그머티즘을 제각기 다르게 규정할 정도로 프래그머티즘은 다채로운 면모를 보여주었다. 로티는 이 고전적 프래그머티스트들 중에서 실재론적 성격을 띠지 않은 제임스와 듀이의 사상을 수용하며, 특히 듀이의 사상을 중요한 발판으로 삼고, 언어적 전회 이후의 철학적 성취들을 보태어 자신의 독자적인 네오프래그머티즘 사상을 펼친다.

고, 자신들이 한때 굴복했던 유혹에 빠지지 말 것을 경고하는 데 일생을 보냈다. 따라서 그들의 후기 저작은 건설적이기보다 치료적이며, 체계적이기보다 교화적이고, 독자로 하여금 자신의 철학함의 동기에 대해 물음을 던지도록 하고 있다."(Richard Rorty, *Philosophy and the Mirror of Nature*(Princeton University Press, 1979), pp. 5-6. 또한 리처드 번스타인, 『객관주의와 상대주의를 넘어서(*Beyond Objectivism and Relativism*)』, 정창호·황설중·이병철 옮김(보광재, 1996), 서문 참조.)

우선 로티가 프래그머티즘에 대해서 어떤 입장을 갖고 있으며, 어떻게 규정하고 있는지 살펴볼 필요가 있다. 로티는 『실용주의의 결과 (*Consequences of Pragmatism*)』에서 프래그머티즘을 세 가지로 특징짓고 있다.

"프래그머티즘에 대해 내가 제시하려는 첫 번째 특징은 '진리', '지식', '언어', '도덕성' 등의 관념이 그것들과 유사한 철학적 이론화의 대상들에 대해 적용될 때, 프래그머티즘은 한마디로 반(反)본질주의(antiessentialism)라는 점이다. 나는 이 점을 '진리'란 '믿어서 좋은 것'이라고 말한 제임스의 정의를 통해 설명하고자 한다. (……) 제임스의 논점은 그 이상 더 심오하게 말해질 아무것도 '없다는' 것, 즉 진리는 본질 따위를 '갖고 있는' 것이 아니라는 점이었다. 더 구체적으로 말하자면, 진리가 '실재에의 대응'이라고 말하는 것이 아무런 효용도 없다는 것이 그의 논점이다. (……)

프래그머티즘의 두 번째 특징은 대략 다음과 같이 말할 수 있을 것이다. 당위와 사실에 관한 진리 사이에 아무런 인식론적 차이도 없고, 사실과 가치 간에 아무런 형이상학적 차이도 없으며, 도덕과 과학 사이에 아무런 방법론적 차이도 없다. (……)

이제 마지막으로 프래그머티즘의 세 번째 특징을 제시함으로써 요약하기로 하겠다. 프래그머티즘은 대화의 제약을 제외하고는, 탐구에 아무런 제약도 없다는 교의, 즉 대상들의 본성이나 정신의 본질이나 언어의 본질에서 파생된 어떠한 도매급의 제약도 없으며, 오로지 우리의 동료 탐구자들이 행한 논평들이 제공하는 소매급의 제약만이 있다는 교의이다. (……) 대화의 제약은 결코 예견될 수가 없다. 누가 '언제' 진리에 도달했는지, 혹은 그 이전보다 더 진리에 접근했는지를 알 수 있는 방법이란 존재하지 않는다."[6]

위의 세 가지 특징은 프래그머티즘의 반본질주의, 사실과 가치의 통합, 반형이상학 등으로 요약될 수 있는 프래그머티즘의 성격 규정인 동시에 로티의 기본적인 철학적 입장이라고 볼 수 있다.[6] 그런데 로티는 프래그머티즘의 이러한 세 가지 특징 중에 자신이 선호하는 규정은 세 번째라고 한다. 왜냐하면 "그것이 반성적인 정신이 대면하고 있는 다음과 같은 근본적인 어떤 선택, 즉 출발점의 우연성을 수용하려는 시도와 그러한 우연성을 회피하려는 시도 사이의 선택에, 초점을 집중시켜주는 것처럼 보이기 때문"이다.[8] 이는 로티가 취하고 있는 역사주의와 반(反)형이상학적 태도를 분명하게 보여주는 부분이기도 하다. 우리의 탐구가 아무런 전제 없는 토대(가령 데카르트적인 '정신')에서 출발하거나, 가장 높은 곳에서 내려다보는 관점을 가질 수 있다는 '희망'을 버리고, 전통과 역사에서 물려받은 유산과 더불어 '대화'하는 것을 출발점으로 삼으라고 권유한다. 이로써 우리는 '형이상학적 위안'을 잃을지는 모르지만, "공동체에 대한 새로운 의미를 얻을" 것이라고 로티는 전망한다.[9]

위에서 본 프래그머티즘의 기조에서 로티는 진리에 대해서도 독자적인 입장을 내세운다. 그는 '진리를 위한 진리 추구'라는 생각을 거

---

6) Richard Rorty, "Pragmatism, Relativism, Irrationalism", *Consequences of Pragmatism*(The Harvester Press, 1982), pp. 162~165. (한글판, 338~344쪽).

7) 이유선, 『리처드 로티』(이룸, 2003), 48쪽 참조. 또한 이유선은 프래그머티즘 철학의 주요한 특징을 다음과 같이 네 가지로 정리하기도 한다. 첫째, 다윈의 영향을 받아서, 자연주의적·반본질주의적 인간관과 지식과 진리에 대한 도구주의적 관점을 수용한 점. 둘째, 모든 지식을 역사적인 우연성의 결과물로 간주하는 역사주의. 셋째, 천상의 진리보다는 이 세상의 삶을 중요시하는 세속주의, 현실주의. 넷째, 절대적 진리를 부정하고 다양한 대안의 존재를 인정하는 다원주의.(이유선, 『실용주의』(살림, 2008), 10~18쪽 참조.)

8) Richard Rorty, 앞의 책, p. 165. (한글판, 344쪽)

9) Ibid., p. 166. (한글판, 345쪽)

부하며, 탐구의 목적이 진리에 있다는 전통적인 믿음을 거부한다. 진리의 추구는 그 자체로서 의미를 갖는다기보다는 단지 우리가 행복을 추구하는 행위들 가운데 한 종류에 지나지 않는 것이다. 따라서 진리 추구는 인간의 삶에 어떤 보탬이 되고, 당면한 문제 상황에서 문제를 해결할 방도를 제공해줄 수 있을 때 비로소 의미를 갖는다고 할 수 있다. 로티에 따르면 탐구의 목적은 "무엇을 할 것인가에 대한 인간의 합의를 달성하는 것"이며, "달성되어야 할 목표에 대한 합의를 도출해내고 그 목표를 달성하기 위해 어떤 수단이 사용되어야 하는가에 대한 합의를 도출해내는 것"이다.[10] 따라서 세상사에 잘 대처해 나가기 위해 어떤 행동을 취할 것인가를 이끌어내지 못하는 탐구는 탐구의 자격을 상실한 말장난에 지나지 않는다는 것이다. 이러한 견지에서 로티는 종래에 지식이나 진리에 대해 지배적인 입장이었던 일치로서의 진리관을 물리친다. 이른바 진리대응설로 불리는 그 진리관은 인식의 주체인 우리의 바깥에 존재하는 객관적인 실재가 우리의 표상 또는 언명과 일치할 때 그것을 진리로 간주하는 입장이다. 그러나 로티는 그러한 진리관을 표상주의 또는 기초주의(foundationalism)에 바탕을 둔 것으로 간주하며, 자신은 반표상주의 또는 반기초주의의 입장에 서 있는 것으로 자리매김한다.

---

10) 리처드 로티, 「상대주의: 발견하기와 만들기」, 『로티와 철학과 과학』, 김동식 엮음 (철학과현실사, 1997), 205쪽.

2) 로티의 인식론 비판과 진리 물음의 해소: 반표상주의 또는 반본질주의

　전통적으로 철학은 본질에 대한 물음을 굳건히 물어왔다. 본질에 대한 물음은 비단 사물에 대해서뿐만 아니라 인간에 대해서도 적용된다. 본질이란 현상과 대별되는 것으로서 모름지기 인식이란 현상을 넘어 본질에 대한 앎을 획득할 경우에만 명실상부한 인식(episteme)의 자격을 얻게 되는 것이다. 이러한 기본 구도하에서 우리 인간의 본성(본질)은 마치 거울과도 같이 우리 바깥에 존재하는 객관적인 대상을 투명하게 비추는(표상하는) 그런 마음(이성)을 가진 것으로 간주된다. 이러한 인식론적 틀에서는 진리란 객관적이고, 보편적이며, 영원한 것이라는 특징을 당연히 갖추고 있어야 하는 것으로 여겨진다. 그런데 로티는 이와 같은 인식론적 전제들을 철저하게 부정하는 입장을 취한다. 플라톤에 기인하는 이와 같은 인식론적 전통이나 데카르트에 주된 혐의를 두는 주객이원론에 대한 비판은 로티 이전에도 이미 몇몇 철학자(가령 니체와 하이데거 등)에 의해 행해진 바 있었지만, 로티는 이러한 이분법적 구도를 더 철저히 무너뜨리려고 시도한다. 그가 이런 작업을 하는 데 많은 도움을 준 것은 그의 선배 프래그머티스트들(제임스와 듀이)뿐만 아니라 대륙의 철학자들(헤겔, 니체, 하이데거, 비트겐슈타인)이다. 그러나 철학자가 아닌 사람 중에서 특히 로티의 사상을 형성하는 데 큰 영향을 준 것은 바로 다윈이다.

　로티는 다윈주의의 관점을 수용하여, 인간을 다른 유기체들과 질적으로 구분해줄 수 있는 인간만이 갖고 있는 어떤 보편적인 요소가 있다는 생각을 거부한다. 이는 그의 철학이 가진 반본질주의 내지 반표상주의적 성격과 연결된다. 반표상주의를 주장하는 로티는 인간의 본성과 관련해서는 '비환원적 물리주의'의 입장을 갖는다. 인간이 저 바깥에 있는 객관적인 세계의 본질을 알 수 있는 본질적인 능력을 갖춘 주체라는 것은 단지 하나의 메타포일 뿐이며, 인간에 대한 모든 다양한 서술들 — 문학적 서술, 과학적 서술, 철학적 서술 등 — 은 언제든지 재서술될 수 있다고 본다. 이렇게 재서술 가능하다는 말은 인간의 본성에 대해 보편적이고 절대적인 서술이 존재함을 부정하는 것이다.[11]

또한 로티는 언어에 대해서도 다원주의적 관점을 수용하여, 언어를 도구로서 간주하는 도구주의적 입장을 취한다. 우리 인간이 사용하는 수많은 도구들과 마찬가지로 언어도 인간의 도구이며 따라서 더 나은 삶을 지향하고, 삶에서 부딪치는 문제들을 해결해 나가는 데 유용한 수단인 것이다. 이렇게 본다면 언어가 외부의 사물을 그대로 묘사하는 그림과 같은 것으로 본다든가(전기 비트겐슈타인처럼), 어떤 형이상학적인 실체로 본다든가(후기 하이데거처럼) 하는 것은 로티의 프래그머티즘적인 언어관과는 동떨어진 것이라고 할 수 있다.

플라톤 이후 철학의 역사는 인간의 마음 바깥에 객관적으로 존재하는 대상과 일치하는 것을 진리라고 간주하고 이를 인식의 목표로 삼아왔다. 로티는 일치로서의 진리관을 철저히 비판하고 있기 때문에, 그와 같은 인식의 목표는 이룰 수 없는 환상과 같은 것이다. 왜냐하면 우리 마음 바깥에 객관적 대상이 실재한다고 보지 않기 때문이고, 우리의 마음이라는 것도 전통적인 인식론에서 생각하듯이 거울과 같은 것이 아니기 때문이다. 따라서 진리를 일치로 간주하는 관점은 결코 해설되어야 할 성질의 것이 아니라 근절되어야 할 것으로

---

11) 이유선, 「합리성의 두 가지 의미」, 《사회와 철학》 제3호(사회와철학연구회, 2002), 151~152쪽 참조.

간주된다.[12]

로티는 이미 『철학과 자연의 거울』에서 인간의 마음이라는 것은 근대 인식론에서 만들어진 산물임을 주장하며, 실재하는 대상을 정확하게 표상하는 것, 즉 실재와의 일치가 진리라는 관점을 표상주의적 관점이라고 불렀다. 이에 대해 반표상주의는 "지식을, 실재를 올바로 획득하는 문제로 보는 것이 아니라, 실재에 대처하는 행위의 습관을 획득하는 문제"로 본다.[13] 반표상주의는 '표상'의 개념이나 '사태'의 개념이 철학에서 어떤 유용한 역할을 한다는 생각을 부정한다.[14] 반표상주의자는 우리의 언어가 우리의 몸처럼 우리가 살고 있는 환경에 의해 형성된 것이라는 것을 기꺼이 받아들인다. 이들이 부정하는 것은 우리의 마음이나 언어의 내용 중에서 어떤 항목을 골라서 그것이 다른 항목은 하지 못하는 방식으로 환경을 "표상"하거나 거기에 "대응한다"고 생각하는 관점이다.[15] 표상주의자들의 시도는 퍼트남식으로 표현하면, 소위 신의 관점(God's-eye standpoint)에 도달하려는 시도이며, 이것은 로티가 보기에는 "쓸모없고 가망 없는" 것이다.[16]

반표상주의자들은 물리학이 점성술이나 문예비평보다 인간의 특성에서 더 독립적이라는 것이 의미 없는 주장이라고 본다.[17] 우리는 보통 자연과학, 특히 물리학이야말로 세계의 실재적인 모습을 그대로 드러낼 수 있는 모범적인 탐구활동으로 간주한다. 그러나 로티는 데

---

12) Richard Rorty, *Objectivity, Relativism, and Truth*(Cambridge University Press, 1991), p. 80 참조.
13) Ibid., p. 1.
14) Ibid., p. 2.
15) Ibid., p. 5.
16) Ibid., p. 7. 참조.
17) Ibid., p. 8.

이빗슨의 생각을 빌려와 반표상주의의 입장을 분명히 한다. 데이빗슨은 우리가 통상적으로 갖고 있는 선입견과는 달리, 물리학을 표상주의적 입장을 예시하는 모범으로 전혀 생각하지 않으며, 물리학이나 그 어떤 자연과학도 우리의 신념과 실재와의 관계를 조망할 수 있는 위치로 끌어올려줄 '스카이 혹(sky hook)'과 같은 것을 제공할 수 없다고 본다. 데이빗슨에 의하면, 우리는 물리학뿐만 아니라 모든 문화 영역에서 '실재와 접촉'하지만, 이 접촉은 '합리적으로 정확하게 표상'하는 것을 뜻하지 않는다. '접촉한다'는 것은 단순히 '……에 기인하거나 원인을 제공하는 것(caused by and causing)'을 의미할 뿐이다.[18]

이러한 관점에서 보면 물리학으로 대표되는 자연과학이 세계에 대한 접근에서 독점적인 특권을 갖는 것으로 보는 기존의 분석철학과 관련된 과학철학의 입장들, 더 나아가 철학을 과학이라는 안전한 길 위에 놓아두고 철학의 공고한 위상을 유지하려는 시도들은 자못 의심스러운 것이 된다. 이제 세계와의 접촉 또는 세계에의 접근은 모든 문화 활동에 열려 있는 것이 되며, 과학이나 철학이 그런 활동에서 유독 권위를 가진, 독점적이고 특권적인 자리를 갖는다는 생각은 심각한 도전에 마주하게 된다.

3) 로티의 철학: 반(anti)철학으로서의 철학

로티의 철학은 어떤 견지에서 보면, 반(反)철학이라고 이름 붙일 수도 있다. 왜냐하면 그의 철학은 어쩌면 철학의 자기 부정의 모습

---

18) Ibid., p. 9.

으로 보이고, 실제로 그가 마지막으로 재직했던 대학교의 소속학과
도 철학과가 아닌 비교문학과였기에, 그의 철학은 철저히 철학을 부
정하는 철학이라는 모순적인 성격을 가진 것으로 보인다. 실제로 로
티의 철학은 종래의 형이상학이나, 인식론 중심의 분석철학적 전통
을 철저히 비판하고 부정하려는 입장에 서 있다. 위에서 살펴보았듯
이, 기존의 주류 철학의 입장이 기초주의(foundationalism), 표상주의
(representationalism), 본질주의(essentialism)라면, 로티의 입장은 반기
초주의, 반표상주의, 반본질주의에 서 있다고 할 수 있다.

　로티 이전에도 니체와 하이데거, 비트겐슈타인과 같은 대륙철학자
들과 듀이 같은 프래그머티스트들은 대체로 로티와 유사한 입장을 가
졌다. 가령 '망치를 든 철학자'라고 불리는 니체는 전통 철학을 망치
로 난타해서 철저히 부수어버리려 했으며, 하이데거는 종래의 철학
또는 형이상학이 '존재 망각'에 빠졌으며, 플라톤주의적인 '현전의 형
이상학'에 머물러 있다고 비판한다. 또한 하이데거는 과학기술의 위
력에 압도당한 현시대는 존재 망각이 극에 달한 시대라고 진단하면서
과학기술 만능의 풍조에 대해 지극히 암울한 어조로 경고하고 있다.
물론 로티는 이러한 하이데거의 시대 진단에 전적으로 동조하지는 않
으며 과학기술이 세상을 좀 더 낫게 만드는 데 기여한 점에 대해서는
충분히 인정하고 있지만, 과학을 다른 어떤 문화 영역보다도 우위에
놓고, 모범적인 사례로 간주하는 과학주의적 관점에 대해서는 비판적
인 거리를 취한다.

　로티와 하이데거 두 사람은 모두 '철학의 종언'에 대해 공공연히 이
야기한다. "철학의 종말과 사유의 과제(Das Ende der Philosophie und
die Aufgabe des Denkens)"에서 하이데거는 '철학의 종말'은 '형이상학
의 완성'을 의미하며, 형이상학은 플라톤주의이며, 또한 '전도된 플

라톤주의'로서의 니체의 철학과 더불어 철학의 극단적인 가능성들은 달성되고, 철학은 종말에 다다르게 되었다고 한다. 또한 하이데거는 "기술에 대한 물음(Die Frage nach der Technik)"에서 과학기술의 시대가 되어버린 근대 이후에 '탈은폐로서의 진리'의 다른 가능성들을 모두 질식시킨 채 오로지 모든 것을 부품화하고 양화하여 계산해내고자하는 기술공학적 탈은폐만이 지배하는 시대를 목도하면서 이를 '형이상학의 완성'이라고 부른다. 이것은 '계산적인 사유', '무사유적인 사고 방식'이 압도하는 것이고, 이러한 분위기가 압도하는 시대는 '위험'이 극에 달한 시대라고 '존재 역사적' 관점에서 진단한다. 하이데거는 이를 극복할 수 있는 길은 '존재의 소리'에 귀 기울이며, 철학의 시원에서 이루어진 존재에 대한 사유를 다시금 '회상(Andenken)'하여 다른 시원을 준비하는 것이라고 이야기한다. 그리고 이러한 '존재 사유'는 기존의 철학과는 완연하게 다르고 오히려 '시 짓기'(Dichtung)와 유사하다는 것이 그의 주장이다.

로티 역시 메타철학적 관점에서 인간 정신의 역사에 대해 논한다. 그가 보기에 인간의 정신이 성장하고 진전된 과정은 종교의 시대, 철학과 과학의 시대를 거쳐 이제는 예술과 문예의 시대가 도래하는 경로를 밟아왔다는 것이다. 따라서 과거 종교의 시대나 철학과 과학의 시대에서는 우리를 구원해줄 수 있는 궁극적인 진리를 추구하는 것이 핵심적인 정신 활동이었다면, 이제 예술과 문예의 시대에는 우리 인간이 살아가는 다양한 모습을 그려내는 이야기를 담고 있는 시나 소설과 같은 문예와 관련한 활동이이야말로 가장 중요한 문화 활동이 된다. 이런 견지에서 철학과 과학이 마치 진리 발견의 주인공인 것처럼 주장하는 것은 거들먹거리는 헛소리에 지나지 않는 것으로 간주된다. 이렇게 되면 과거부터 지금까지 이루어지고 있는 대부분의 철학

활동을 부정하게 되는 결과를 낳게 되고, 결국에는 철학의 자기 청산 작업을 강력하게 추천하는 모양이 되고 만다. 당연히 이러한 주장에 대해서는 많은 철학자들의 반발이 있을 수밖에 없고, 로티는 철학의 주류로부터 소외된 국외자의 위상을 갖게 된다.

로티는 「구원적 진리의 쇠퇴와 문학 문화의 발흥」이라는 글에서, "탐구의 종착점이 있으며", "사물의 실제 존재 방식이 있으며", "사물의 실제 존재 방식에 대한 이해가 우리에게 우리가 해야 하는 것을 말해줄 수 있다."고 생각하며, "우리가 무엇을 할 것인가에 대한 반성의 과정이 단번에 끝날 수 있다는 일련의 신념"을 가리키는 말로 "구원적 진리"라는 용어를 사용한다.[19] 이러한 구원적 진리의 추구는 과거 종교의 시대나 철학의 시대에는 효용이 있었던 것일지 모르지만, 이제는 그 사용가치를 상실한 것으로 본다. 근래 200년 동안 새롭게 부흥한 문학(문예) 문화에서는 신에 대한 탐구를 대신했던 철학이 주로 물었던, '참'이나 '진리'에 대한 물음보다는 '새로움'에 대한 물음이 중요한 물음의 지위를 갖게 된다. 이러한 문화에서는 "다른 인간에 대한 비인지적 관계, 즉 책과 건축물, 그림과 노래와 같은 인공물에 의해 매개된 관계에서 구원을 찾는다. 이러한 인공물은 인간이 추구할 수 있는 대안적인 방법에 대한 실마리를 제공한다."[20] 이러한 문화에서는 합리적 추론이나 논증보다는 상상력이 훨씬 더 큰 역할을 담당

---

19) 리처드 로티, 「구원적 진리의 쇠퇴와 문학 문화의 발흥: 서구 지식인이 걸어간 길」 (대우석학연속강좌 특별강연, 2001), 6~7쪽. 아울러 로티는 "구원적 진리에 대한 믿음은 현상의 이면이나 근저에는 실재가 있으며, 발생하는 사태에 대해서는 참된 서술이 있으며, 궁극적 비밀이 존재하며 (……) 우리 인간의 삶에도 그와 같은 것이 있다는 것을 믿는 것"이라고 부연한다. 이 논문의 번역에서 '문학 문화'라고 옮겨진 'literary culture'는 이 글에서는 주로 '문예 문화'라는 용어로 사용됨을 일러둔다.
20) 같은 글, 13쪽.

하게 된다. 하지만 그렇다고 해서 로티가 철학을 완전히 폐기처분해야 한다는 입장을 취하는 것은 아니다. 문예 문화에서도 종교와 철학은 "상대적으로 원시적이지만 장엄한 문학 장르로 기술"될 것이며, 둘 다 "폐기되어야 할 사다리는 아니"라는 점을 분명히 밝힌다.[21]

---

21) 같은 글, 18쪽.

2

로티의 과학철학의 배경

1) 전통적 과학철학에 대한 로티의 비판

근대의 과학혁명 이후, 서양의 정신사에서 주도적인 역할을 한 것은 종교도 철학도 아니고 과학과 기술이라고 할 수 있다. 19세기를 지나 20세기에 들어와서 철학의 위상은 더욱 더 위축되어, 근대에 비로소 '신학의 시녀'였던 처지로부터 해방되어 어엿하게 자립한 모습을 보여주었던 철학은 다시금 '과학의 시녀'가 되어버리는 듯한 모습을 보이게 된다. 철학은 이제 세계에 대한 진리를 주장하는 가장 보편적이고 권위 있는 활동이라는 과거의 영화를 거의 상실하고 그 자리를 과학에 넘겨주게 된 것이다. 이제 과학은 과거에 종교가 그랬듯이 인류에게 너무도 당당하게 구원의 약속을 하고 있다.

이러한 과학의 위상은 무엇보다도 과학이 종교나 철학에 비해 훨씬 단기간에 이룩해낸 많은 성과로 인해 확보된 것이다. 과학이 이룬 성과는 무엇보다도 과학이 지닌 설명력과 예측력에 힘입은 것이라고 할 수 있다. 다른 문화 활동이 갖지 못한 이런 설명력과 예측력을 갖춘 과학적 탐구는 철학이나 그 밖의 문화 활동과는 구별되는 유별난 특징과 방법을 갖춘 것으로 생각되어, 과학을 과학이게 하는 '과학성'이란 무엇인지, 또 과학의 방법론은 다른 문화 활동과 어떻게 다른지 등의 문제에 대해 천착하는 새로운 철학 영역, 즉 '과학철학'이라는 분야가 등장하게 된다. 그러나 과연 다른 문화 활동과는 차별되는 과학만이 가진 '과학성'이 있는지, 그리고 과학만의 독특한 방법론이 있는지에 대해 로티는 근본적인 의문을 제기한다. 물론 로티도 과학적 탐구가 보여주는, "세계에 관한 단일하고 통합적이며 일관된 기술을, 다시 말해 사건과 행위의 결과들을 예측하는 것을 더 용이하게 하고, 그럼으로써 인간의 어떤 욕구들의 충족을 더 용이하게 만드는 기술을 발견하려는 시도"[22]를 인정하기는 하지만, 과학이 "특별한 방법이나, 실재와의 특별한 관계라고 하는 두 가지 중요한 특징에 의해 (다른 문화 영역으로부터) 구획될 수 있는 문화 영역인, 자연종(natural kind)을 명명"[23]하는 것은 아니라고 본다.

과학철학은 그 역사적 연원에서 볼 때, 종래의 인식론과 진리론의 기본틀을 그대로 물려받고 있다. 그것은 바로 표상주의와 일치로서의 대응설이라고 할 수 있다. 앞에서 보았듯이 전통적인 인식론과 진리론에 대해 프래그머티스트인 로티는 매우 비판적인 입장을 취하고 있다. 따라서 근대 이후 비약적으로 발전한 모습을 보이고, 인간 지식 추구의 모범으로까지 부각된 과학이라는 토대 위에 철학의 터전을 잡으려고 하면서, 다양한 방식으로 과학의 객관성과 합리성, 그리고 방법론을 모색하였던 대부분의 과학철학 이론에 대해 로티는 매우 회의

22) Richard Rorty, *Philosophy and Social Hope*(Penguin, 1999), p. 149.
23) Richard Rorty, 앞의 책(1991), p. 46.

적인 태도를 취한다. 특히 과학은 로티가 시종일관 비판해 마지않은 기초주의 인식론에 기반하고 있으며, 흔히 믿어지고 있는 것처럼 과학이 진리추구의 대표적인 문화 활동도 아니라고 보기 때문이다. 로티가 보기에 과학은 단지 '세상사에 잘 대처하게 해주는 사회적 실행들' 중의 하나에 불과하고 다른 문화 활동과 마찬가지로 우리들 사이의 '연대성'을 이루게 해주는 '하나의 모델'일 뿐 '유일한 모델'은 아니라는 것이다.[24]

근대 이후 과학을 구분하는 대표적인 방식은 딜타이의 경우처럼, 연구의 대상과 방법에 따라서 자연을 탐구하는 과학(자연과학)과 인간을 탐구하는 과학(정신과학)으로 나누는 것이다. 그리고 자연과학 중에서도 물리학은 가장 압도적인 성과를 바탕으로 근대 과학의 모범이 되었고 따라서 다른 모든 과학도 물리학의 방법을 모방해야만 하는 것으로 간주되어왔다. 물리학은 다른 과학보다 특히 객관적이고, 수학적인 성격을 보여주며, 물리학의 언어는 다른 언어보다 훨씬 더 우수한 언어라고 믿어졌다. 그러나 로티는 과학을 이렇게 자연과학과 정신과학으로 구분하는 방식 자체에 대해 부정적이다. 왜냐하면 자연을 탐구하든, 인간을 탐구하든 두 가지 탐구 대상 모두 결국에는 해석의 산물이기 때문에, 근본적인 차이가 없다는 것이다. 또한 로티의 입장에서 보면, 물리학을 비롯한 자연과학의 언어가 우주를 다루는 데 가장 적합한 언어라는 자부심도 이제 접어야만 한다. 그 언어는 이제 너무도 진부해져서 어떤 목적에도 기여하지 못하기 때문이다.[25]

---

24) 김동식, 「로티의 신실용주의적 과학관」, 《哲學》 제42집(한국철학회, 1994), 112쪽 참조.
25) Richard Rorty, 앞의 책(1991), p. 80 참조.

통상적인 과학관에 따르면, 객관성을 추구하는 과학은 "견고한 사실"을 다룬다. 따라서 과학 이외의 다른 문화 영역은 이러한 활동을 하는 "과학자들의 적나라한 사실성에 대한 존경을 모방하든가 아니면 모방하지 못하는 그들의 무능력을 고백해야 한다."는 식으로 과학의 우월성을 뽐낸다.[26] 그러나 로티와 같은 프래그머티스트는 "사실들의 이른바 견고함이 언어 게임에 대한 우리의 선택에 의해 산출된 인공물이라고 해석"하며, "사실의 견고함이란 단지 특정 사건의 결과들에 관한 공동체 내에서의 사전 동의의 견고함일 뿐"이라고 본다.[27]

통상적인 과학관은 그 기초의 측면에서 볼 때, 실재론적 관점에 입각해 있다. 우리는 우리와는 독립적으로 존재하는 우리 바깥의 사물들을 있는 그대로 드러낼 수 있고, 인식할 수 있으며, 또한 그런 것을 진리 탐구의 목표로 삼는다는 입장이 그것이다. 물론 프래그머티스트들도 관념론자들과는 달리 적나라한 물리적 저항과 같은 사물이 있다는 것을 인정한다. 다만, 이런 비언어적인 적나라함을 사실들로, 문장들의 진리로 옮길 수 있다는 것에는 동의하지 않는다. 데이빗슨의 말처럼, 서술되는 것은 인과관계가 아니라 설명인 것이다. 우리가 어떤 문장을 주장할 수 있는 원인은 두 가지이다. 하나는 물리적 자극이고, 다른 하나는 그러한 자극에의 대응에 대한 우리의 앞선 선택이다. 즉 물리적 자극에 대응할 때 이미 우리는 어떤 식으로든 해석을 하고 있는 것이라고 할 수 있다. 이렇게 되면 표상과 사실과의 일치라는 대응설적인 진리관에서 말하는 사실에 대한 존중이라는 것도, 우리가 특정한 언어 게임을 할 때 규칙에 따라서 해야 한다는 것과 다

---

26) 같은 곳.
27) 같은 곳.

를 바 없는 것이 된다.[28]

　과학 역시 다른 문화 활동들과 마찬가지로 언어 활동의 한 형태이
며, 따라서 우리 인간이 세상사를 잘 대처해 나가기 위한 수단들 중의
하나일 뿐이다. 아니 더 나아가 로티는 과학을 문예의 한 장르라고까
지 말한다. "문예와 예술도 과학적 탐구와 똑같은 지위에 있는 탐구"
라는 것이다.[29]

2) 로티의 과학관의 근거로서 쿤의 과학철학

　로티가 과학에 대한 자신의 독자적인 입장을 형성하는 데 그 누구
보다도 많은 영향을 준 사람은 토마스 쿤이다. 『과학혁명의 구조』를
통해 널리 알려지게 된 쿤의 과학철학은 과학철학 내에서도 많은 논
란을 불러일으켰다. 심지어 쿤의 너무도 새로운 주장을 인정하기를
꺼려한 나머지 쿤의 주장을 과학철학적 주장이 아니라, 집단심리 또
는 사회심리학적인 것으로 치부하려는 경향도 있었다. 이러한 경향에
서 읽어낼 수 있는 것은, 기존의 과학철학적 견지를 지탱하기 위해 철
저하게 전통적인 인식론의 기조를 지키려고 하면서, 스스로 과학의
합리성을 옹호하고 있다는 일종의 자부심 같은 것이 깔려 있다는 점
이다. 그러나 로티는 쿤을 자신의 철학적 영웅으로 간주하면서, 그를
위대한 철학자로 간주하는 이유를 이렇게 밝힌다.

　"첫째, 나는 '철학자'라는 것이 문화의 지도를 다시 그린 사람에 대한 가

---

28) Ibid., p. 82 참조.
29) 리처드 로티, 『실용주의의 결과』, 김동식 옮김(민음사, 1996A), 75쪽.

장 적합한 명칭이라고 생각한다. 그런 사람은 인간 행위의 다양하고 폭넓은 영역들의 관계에 대해 새롭고 유망한 방식으로 생각할 수 있는 길을 제안한다. 둘째, 그가 철학교수들에 의해 기껏해야 철학 공동체의 2등 시민으로 간주되어왔다는 사실에 대한 분개이다."[30]

로티가 적극적으로 옹호하고 있는 쿤의 과학관에 대해 간략하게 이렇게 정리해볼 수 있을 것이다. 쿤이 보기에 기존의 과학철학자들이 간직해온 과학관에는 근본적으로 잘못된 점이 있으며, 이 관념은 전통적인 근대 인식론의 흐름에서 비롯되어 깊이 뿌리박은 일종의 독단이라고 할 수 있다. 쿤은 이전의 과학관과는 완연히 다른 과학관을 제시하는데, 그는 자신의 과학관이야말로 과학이 실제로 이루어져온 역사에 충실하게 과학의 실상을 훨씬 더 온전하게 드러내는 것이라고 본다. 그가 그려내는 과학의 발전은 몇 단계로 나누어볼 수 있다. 첫 번째 단계는 전(前) 패러다임 단계로서 경쟁하는 학파들 사이에 주제, 문제, 절차 등에 대해 합의가 이루어지지 않은 단계이다. 이러한 시기에 이어 지배적인 패러다임이 출현하면서 과학자들이 이 패러다임을 채택하게 된다. 여기서 패러다임이란 "어느 일정한 시기에 전문가 집단에게 모형 문제와 풀이를 제공하는 보편적으로 인식된 과학적 성취들"[31]이다. 패러다임은 '수수께끼 풀이'의 한 유형인 '통상과학'으로 이끌어지며, 여기서 패러다임은 더 많은 문제들에 적용되어 더 증대된 정확성과 명확성을 갖게 된다. 하지만 이와 더불어 통상과학의 탐구에 방해가 되는 불일치나 변칙 사례들도 나타나게 된다. 이러한 사례가 증가하면서 통상과학의 패러다임에 의문을 갖게 되는 상황이 도래

---

30) Richard Rorty, 앞의 책(1999), p. 175.
31) 토마스 쿤, 『과학혁명의 구조』, 김명자 옮김(까치출판사, 2001), 15쪽.

한다. 비로소 통상과학과는 다른 '비통상과학'이 시작되는 것이고 또한 대안적인 패러다임이 제출되는 것이다. 이제 새로운 패러다임이 오래된 패러다임과 충돌을 일으키게 되지만, 오래된 패러다임이 쉽게 폐기되지는 않는다. 왜냐하면 변칙 사례들은 기존의 패러다임 내에서도 약간의 수정과 보완을 거치면 충분히 극복될 수 있는 것일 수도 있기 때문이다. 그러나 기존의 패러다임과는 양립 불가능하고 불가공약적인 새로운 패러다임이 등장하게 되면 심각한 위기 상황이 초래될 수 있다. 특히 기존의 패러다임으로 해결하지 못한 변칙 사례를 새로운 패러다임이 해결할 경우에는 그렇다. 이렇게 되면 신구 패러다임 사이에는 심각한 갈등과 충돌이 일어나게 되며, 이 상황은 사회혁명이나 정치혁명에 견주어질 수 있다는 것이 쿤의 생각이다. 여기서 양자 사이의 투쟁을 해소할 논리적 증명의 기준이나 증거를 제시하기란 불가능하다. 왜냐하면 무엇이 패러다임 선택의 결정적인 기준인가에 대한 아무런 공통된 합의를 도출할 수 없기 때문이다.

위에서 간단히 요약한 과학의 발전과정에 대한 쿤의 견해는 많은 논란을 불러일으켰다. 특히 패러다임의 선택에서 어떤 논리적 증명이나 증거도 별다른 호소력을 갖지 못한다는 것은, 과학적 탐구를 비합리적인 활동으로 폄하하는 것으로 보였고, 상대주의의 수렁에 빠뜨리는 것으로 간주되었기 때문이다. 또한 패러다임의 변화를 '형태 변화'(gestalt switches)에 견주며, 그런 변화를 일종의 종교적 개종이라고 말할 때, 그리고 "패러다임 변화들은 과학자들로 하여금 그들의 연구 활동의 세계를 다르게 보도록 만든다. 과학자들이 그런 세계를 다루는 일은 오직 그들이 보고 행하는 것을 통해서인 만큼, 하나의 혁명이 있은 후의 과학자들은 새로운 세계에 대해서 반응하고 있는 것"[32]이라고 단언할 때, 쿤의 수많은 비판자들은 그의 과학관이 과학을 '군중심리학'으로 전락시키고 말았다고 개탄하였다.

로티가 보기에 쿤은 철학자의 세계에서 합당한 평가를 받지 못했지만, 프래그머티즘의 입장에서 보자면, 그는 "문화의 지도를 다시 그리는 데 공헌"한 인물이다. 이는 "자연과학자들이 실재나 진리에 대해 특별한 접근권을 가지고 있지 않다는 것을 알게 해주었다."는 점에서 두드러지게 나타난다.[33] 이렇게 되면 자연스럽게 "과학과 비과학 사이의 구분을 누그러뜨리게" 되는 결과를 가져오게 된다. 쿤은 또한 "어떤 완전하고 객관적이고 참된 자연에 대한 설명이 존재하고, 과학적 성취의 적절한 척도란 그것이 우리를 그 같은 궁극적 목적에 가깝게 데려가는 정도"[34]에 달려 있다고 생각하는 것이 아무런 도움이 되지 않는다는 점을 알려주었다는 데에서 의미가 있다. 이는 과학적인 탐구활동이 어떤 궁극적인 진리로 수렴해갈 것이라는 종래의 일반적인 과학관과는 정면으로 배치되며, 로티가 시종일관 비판해왔던 대응설에 입각한 진리관과도 배치되는 것이라고 할 수 있다.

쿤은 주지하다시피, 『과학혁명의 구조』에서 과학의 발전은 점진적이고, 누적적인 발전의 과정을 거치는 것이 아니라, 이전의 상태와는 완연히 다른 새로운 과학이 종래의 과학을 대체해 나가는 식의 단절과 비약의 변화과정을 보여준다고 주장한다. 과학의 발전 역시 사회가 급격한 혁명에 의해 변동되는 것과 유사한 모습을 띤다. 통상과학(normal science)에서 비통상적인 과학(non-normal science), 즉 혁명적인 과학으로의 변화가 일어난 것은, 통상과학에서 통용되던 패러다임이 더 이상 유효하지 않게 될 때, 즉 기존의 패러다임에서는 더 이상

---

32) 같은 책, 165쪽. 또한 같은 책, 10장 참조.
33) Richard Rorty, 앞의 책(1999), p. 176.
34) Richard Rorty, 앞의 책(1991), p. 38.

과학활동을 유지할 수 없을 정도로 많은 변칙 사례들이 나타나게 될 때이다. 로티는 쿤이 사용하는 통상과학과 비통상과학의 구분을 통상담론(normal discourse)과 비통상담론(non-normal discourse)의 개념으로 바꿔 사용한다. 과학 역시 언어활동의 하나이기에, 로티가 이렇게 개념을 바꿔 사용하는 것은 쿤의 개념이 과학에만 적용되는 것이었다면, 그 개념을 인간의 다른 문화 활동 전반에 적용될 수 있는 것으로 확장하고자 하는 의도라고 할 수 있으며, 또한 과학과 비과학 사이의 경계를 없애버리고자 하는 의도의 산물이라고 할 수 있다.

쿤이 그려내고 있듯이, "혁명적인 이론 변화는 우리의 추론에 따라 이루어지는 것이 아니라, 진리 후보가 형성되는 용어를 변화시키고 그럼으로써 적절성의 기준을 변화시키는 문제라는 것"[35]을 보여주며, 이것은 종래의 진리론의 기관(organ) 역할을 했던 논리학이 수사학과 특별히 구분될 필요가 없다는 것을 시사하는 것이기도 하다는 것이 로티의 생각이다. 이런 식으로 쿤을 독해하게 되면, "논리적이고, 객관적이고, 과학적인 것들이 위에 오고, 수사학적이고, 주관적이고, 비과학적인 것들이 밑에 오는 인식론적-존재론적 위계의 문화"[36]를 그려왔던 기존의 문화 지도는 바뀔 수밖에 없다. 물론 이렇게 문화의 지형을 변경시키려는 시도에 대해 쿤이나 로티를 상대주의자라고 비난하면서 실재론적 입장을 고수하려는 많은 분석철학자들이나, 종래의 인식론적-존재론적 위계질서의 맨 꼭대기에서 물러나기를 거부하는 자연과학자들은, 그와 같은 시도는 과학의 객관적 본성을 부정하는

---

35) Richard Rorty, 앞의 책(1999), p. 76.
36) Ibid., p. 180. 첨언하면 로티는 상하의 위계질서를 대체하는 수평적인 관계를 이렇게 언급한다. "…… 대신, 기준이 항상 바뀌는 혼란스러운 것들이 왼쪽에 있고, 잠정적이나마 고정된 기준들이 존재하는 것이 오른쪽에 점잔을 빼면서 있는 사회학적 스펙트럼의 문화 지도를 그려야 한다."

입장이라고 하여 단호히 배척하려 할 것이다. 그러나 로티는 자신의 시도가 과학의 계급을 강등시키려는 것이 아님을 분명히 밝히며, 다만 그들이 그런 질서를 구성할 때 사용해왔던 '실재'나 '객관'과 같은 용어를 그만 사용하기를 제안하는 것임을 밝힌다.[37]

---

37) Ibid., pp. 180-186 참조.

3

로티의 과학철학

1) 합리성 대 대화

엄밀하게 말하자면, 로티는 '과학'에 대한 '철학'으로서의 '과학철학'에 대해 매우 부정적인 입장을 갖고 있다고 할 수 있다. 로티는 앞에서 살펴보았듯이, 근대 이후 철학의 주된 전통에서 이어져온 인식론 중심의 흐름에 대해 강력한 브레이크를 걸고 있기 때문이다. 인식론 중심의 철학에서 특히 강력한 영향력을 행사하였고, 그 자신도 한때 그 세례를 받았던 영미의 분석철학에 대해서 매우 비판적인 입장을 취하고 있는 로티의 입장에서 보면, 그와 같은 전승의 연장선상에 있는 '과학철학'이야말로 철저한 비판적 재검토의 대상이 된다고 할 수 있다.[38] 그렇기에 철학계에서 그다지 호의적으로 평가받거나 대우받

---

38) 로티는 "'과학철학'은 '인식론'이 논리경험주의자들 속으로 숨어들어갈 때 사용하는 이름"이라고 단언하기에, 기존의 과학철학에 대한 비판적인 태도는 종래의 인식론 중심의 철학에 대한 비판과 나란히 갈 수밖에 없다.(리처드 로티, 『철학 그리고 자

지 못하는 경향이 있던 토마스 쿤의 위상을 오히려 높이 평가하고, 적극적으로 수용하려는 태도를 보여주기도 했던 것이다.

쿤이 기존의 과학철학자들에게 준 충격은 여러 가지 측면에서 이야기할 수 있겠지만, 다른 무엇보다도 통상적으로 믿어져왔던 관념과는 달리, 과학이 철저히 '합리적인' 방식으로 작동하는 것은 아니라는 주장에서 찾을 수 있을 것이다. '합리성'과 특히 연관이 있는 개념은 '공약 가능성' 개념이다. "공약 가능성"이란 "명제들이 갈등하는 것처럼 보이는 모든 점에서 문제를 어떻게 해결할 것인지에 대해서 합리적인 동의에 도달할 수 있는 방법을 알려주는 일련의 규칙을 마련할 수 있음을 의미"한다.[39] 만일 그런 방법이나 규칙, 근거가 없다고 한다면 이는 합리성을 위험에 빠뜨리는 것으로 간주되고, "공약의 필요성에 대한 의심은 만인에 대한 만인의 전쟁으로 되돌아가는 첫 번째 발걸음을 떼는 것으로 간주"된다.[40] 쿤이 제기한 과학이론들 간의 '공약 불가능성'이라는 핵심 테제는 과학의 합리성을 정면으로 부정한 것으로 쿤은 비합리주의자의 전형적인 사례가 되어버린다. 로티는 '합리성' 개념을 역사주의적 관점에서 사고한다.[41] 보통 근대철학의 유산을 물려받은 대부분의 사람들은 이런 식의 물음을 던진다. "어떻게 과학

연의 거울』, 박지수 옮김(까치글방, 1998), 350쪽 참조.
39) 같은 책, 342쪽.
40) 같은 책, 343쪽.
41) 로티에 의하면, 17세기 이전에는 합리성 개념이 (자연)과학 개념과 결합되어 있지 않았지만, 19세기에 들어와서 비로소 결합되었다고 한다. 그리고 역사주의적 관점에 서게 되면, "자연과학자의 절차가 전통과 결합해 있는 사제의 절차보다 더 합리적이라고 말할 수 있게 해주는 어떤 독립적인 기준도 존재하지 않"게 된다.(리처드 로티, 「리처드 로티 교수와의 대화: 합리성에 관하여」, 《사회와 철학》 제3호, 이유선 대담·옮김, (사회와철학연구회, 2002,) 176쪽.

은 그토록 성공적인가? 그 성공의 비결은 무엇인가?"라고 말이다.[42] 하지만 로티에 따르면, 이런 식의 물음 제기는 나쁜 물음 제기이며, 잘못 물어진 물음을 통해서 온갖 잘못된 대답들이 주어져왔다는 것이다. 이 잘못된 대답들은 "현금화 불가능한 메타포, 즉 새로운 과학은 자연 자체가 사용하는 언어를 발견해냈다는 메타포의 여러 변종들"이라는 것이 로티의 생각이다.[43] 과학을 포함하여 인간의 모든 실행들은 인간의 실행 그 이상의 어떤 것, 이를테면 자연 자체에 호소함으로써 결코 정당화될 수가 없으며, 따라서 역사적, 사회적 맥락을 떠나서는 어떤 인간의 실행도 정당화될 수 없다는 것이다. 이렇게 되면, 시공간적 제한을 넘어선 어떤 보편적이고 절대적인 근거를 제시하는 것이 이성에 부합하는, 즉 합리적인 것이라고 생각해왔던 근대 이후의 수많은 철학적 논변들은 잘못된 체계를 구축하려는 시도였다고 할 수 있다. 로티는 인식론적 행동주의, 반표상주의, 반기초주의의 입장에서 기존의 인식론이나 형이상학을 계승하고 있는 종래의 과학철학에 대해서는 다분히 해체적 관점을 취한다고도 할 수 있다.

로티는 종래의 합리성 개념이 강한 의미의 합리성 개념이라고 할 수 있다면, 좀 더 약한 의미의 합리성 개념을 제시한다. 첫 번째 합리성 개념은 "방법적으로 된다는 것, 즉 앞으로 주어질 성공에 대한 기준을 갖는 것"[44]을 의미하고, 특정 목적을 달성하기 위한 절차에 순응할 때가 이 경우에 해당한다고 할 수 있다. 두 번째 의미의 합리성은 "'분별 있는', '일리 있는' 정도의 의미를 가지"[45]며, 설득하고 경청

---

42) 리처드 로티, 앞의 책(1996A), 388쪽.
43) 같은 곳.
44) Richard Rorty, 앞의 책(1991), p. 36.
45) Ibid., p. 37.

하는 반성적 태도 등을 칭찬할 때가 이 경우에 속한다. 로티가 긍정적 의미를 부여하는 것은 두 번째 의미의 합리성 개념이라고 할 수 있다. 합리성 개념에 대한 이러한 이해를 바탕으로 종래의 '강한' 의미의 합리성 개념을 대신하여, '약한' 의미의 합리성이 발휘되는 '대화'(conversation)를 제시한다. '대화' 개념은『철학과 자연의 거울』에서 '대면'(confrontation)과 대비되어 소개된다. 종래의 인식론 중심의 기초주의적 관점에서는 진리의 발견과 관련하여 '사물과의 일치'라는 '대면'의 측면을 중시했다면, 로티는 반기초주의적 관점에서 사회적 실행을 통한 정당화에 연결되는 '대화'를 강조한다. 로티는 종래의 대부분의 철학이 근거를 제시하는 데 골몰했던 '체계적' 철학을 지향했다면, 그와는 대비되는 '교화적인' 철학을 새로운 지향점으로 제시하기도 한다. 결국 로티가 긍정적으로 평가하는 합리성은 종래의 합리성과는 구별되는 "대화적 합리성"[46]이 아닐까 한다. 이 대화는 해석학에서 다양한 해석의 가능성이 무한히 열려 있는 개방성을 강조하고 있듯이, 철저히 관용적인 태도와 연결된 열려 있는 대화를 지향한다. 궁극적인 진리에 도달할 수 있으리라는 목표가 없이도, 대화가 지속된다는 것 자체만으로도 충분히 의미를 갖는 그런 대화를 로티는 지향한다. 이는 자유로운 논의와 비판, 끊임없는 불일치의 연속이 허용되는 자유로운 사회와 불가분하게 연결될 수밖에 없을 것이다. 로티는 '진리의 승리'라는 목적 없이 끊임없이 계속되는 대화의 중요성을 이렇게 역설한다.

    "실용주의자는 대화를 지속하는 것이 우리의 도덕적 의무라고 보며, 오

---

46) 리처드 번스타인, 앞의 책, 320쪽. 번스타인은 기존의 합리성 모델과는 달리, 이 '대화적 합리성' 모델은 '실천적'이고 '공동적' 성격을 갖는다고 본다.

직 대화 〈그것만이〉 우리의 프로젝트이고 서구 지성인의 생활양식이라고 말해준다. 그것은 성공을 담보해주는 아무런 형이상학적 보증도 인식론적 보증도 갖고 있지 않다. 게다가 (이것이 중요한 점인데) 〈우리는 단순히 '지속하는 것' 말고는 '성공'이란 것이 무엇을 의미하는지도 알지 못한다〉. 우리는 목표를 갖고 있기 때문에 대화를 해나가는 것이 아니다. 소크라테스적인 대화는 그 자체가 목적인 활동이기에 우리는 대화를 한다."[47]

2) 과학에서의 메타포

우리는 앞에서 로티가 반(反)철학 또는 탈(脫)철학적 특징을 가진 철학을 지향한다는 것을 살펴보았다. 기존의 철학이 궁극적인 기초와 근거를 제공하는 모든 문화영역의 최종 심판자의 역할을 자임해왔다면, 이제 철학은 그러한 엄청난 소명의식을 버리고 좀 더 겸손해질 필요가 있다는 것이 로티의 생각이다. 철학 역시 문예비평의 하나에 지나지 않으며, 이때의 문예비평은 문학의 전문가들이 행하는 좁은 의미의 것이 아니라, 언어를 통해 표현되는 모든 활동들을 비판하는 작업을 가리킨다고 할 수 있다. 또한 로티는 인간의 모든 활동이 언어적인 것이기에, 언어에 대한 비판 작업은 문화 활동 전반에 대한 비판 작업과 연결된다고 본다. 과학 활동 역시 언어를 통해 이루어지는 문화적 장르 중 하나이다. 그런데 언어를 통해 이루어지는 문화적 작업은 부단히 새로운 어휘와 메타포를 창출해냄으로써 끊임없이 새로운 재서술(re-description)을 이루어내는 것이 그 본령이라고 할 수 있

---

47) 리처드 로티, 앞의 책(1996A), 355쪽.

다.[48] 과학에서 혁명적인 새로운 이론을 창조해내는 것은 참신한 메타포를 제기하는 것이라고 할 수 있다. 처음에 새로운 메타포는 단지 "낯선 소음"[49]과 같이 들리지만, 그것이 기존의 이론들이 해결하지 못한 난제를 해결하거나 새롭게 해명하게 되면, 이것은 훌륭한 재서술을 해낸 것이라고 할 수 있다. 이렇게 보면 기존의 낡은 메타포가 '통상과학'이나 '통상담론'이라고 할 수 있다면, 새로운 메타포는 '비통상과학'이나 '비통상담론'이라고 할 수 있을 것이다.

새로운 메타포를 창출하거나 평가하는 데에는 어떤 논리적 기준도, 법칙도 있을 수 없다. 새로운 메타포를 창출하기 위한 하나의 길로써 로티는 '강한 오독'을 권한다. 우리가 자유롭게 참신한 메타포를 만들어내고 그로써 과감하게 재서술할 수 있으려면, 텍스트를 대담하게 오독할 필요가 있다는 것이다. 로티는 자연과학의 대상이 되는 물질적 사물 덩어리조차 텍스트로 본다. 「텍스트와 덩어리」(Texts and Lumps)라는 논문에서 로티는 "견고한 대상과 부드러운 대상 간의 느껴진 차이"는 "한 제도(화학)의 규칙과 다른 제도(문학비평)의 규칙 사이의 차이"[50]일 뿐이라고 한다. 다시 말해 과학(화학)의 대상과 문학

---

48) 로티는 우리 인간의 문화적 삶에서 메타포가 차지하는 중요한 의미를 이렇게 서술하고 있다. "메타포는 본질적으로 신념과 욕망을 재직조하는 과정상의 필수적인 도구이다. 그것이 없이는 과학혁명이나 문화적 단절 같은 것은 있을 수 없고, 단지 영원히 불변하는 어휘로 정식화된 언명의 진리치의 변화과정만이 있을 뿐이다. (……) 예술에서뿐만 아니라 과학, 윤리, 정치에서 우리는 분명히 거짓임에도 불구하고 무언가를 드러내주고 풍부한 결실을 가져다주는 것으로 보이는 언명을 발화하게 되는 자신을 발견한다. 그런 언명은 처음 발생할 때는 '단순한 메타포'이다. 그러나 어떤 메타포는 우리가 그것이 매우 강력해서 신념에 대한, 문자적 진리에 대한 대리물로 삼으려고 한다는 의미에서 '성공적'이다."(Richard Rorty, 앞의 책(1991), p. 124.)

49) Ibid., p. 166.

50) Ibid., p. 84.

비평의 대상을 구분하는 것에 반대할 뿐만 아니라 딜타이식의 오래된 정신과학과 자연과학 간의 이분법에도 반대한다. 과학 역시 문예의 한 장르이기에 우리에게는 문학이나 예술에서와 마찬가지로 창조적인 해석이 요구되며, 이는 '강한 텍스투얼리스트'가 되기를 권하는 로티의 입장에서 두드러지게 나타난다. 그러나 메타포의 창출이나 재서술은 아무렇게나 제멋대로 이루어져도 괜찮은가? 아무리 객관주의나 합리주의에 반대하여 방법을 불신한다고 해도 '모든 것이 허용된다.'는 파이어아벤트식의 무정부주의나 허무주의적 입장을 따를 수는 없는 것이 아닌가 하는 의문이 제기될 수 있다. 여기서 로티는 참신한 어휘나 메타포의 창출을 통한 재서술 역시 아무것도 없는 무의 상태에서 출발하지는 않는다고 본다. 그 어떤 해석도 무전제에서 출발할 수 없기 때문이다. 마치 가다머에게서 선입견이나 전통의 권위가 강조되듯이, 로티에게서는 '우리'에게 주어진 조건, 즉 기존의 언어, 기존의 문화, 기존의 사회적 실행이 강조된다. 간단히 말해 '우리'에게 주어진 조건은 '우리에게 주어진 문화'이며, 따라서 우리의 연대성을 바탕으로 한 '자문화중심주의'에서 출발할 수밖에 없다는 것이다. '자문화중심주의'는 필연성이 아닌 우연성을 전제하며, 객관성이 아닌 연대성을 지향한다.

3) 연대성으로서의 과학

로티는 인간이 삶에 의미를 부여하는 방식을 두 가지로 나누어서 이야기하는데, 첫 번째는, "연대성을 향한 욕구"와 관련된 것이고 두 번째는 "객관성을 향한 욕구"와 관련된 것이다. 전자는 "공동체에 대한 인간들의 헌신의 이야기를 하는 것"이고 후자는 "그들 자신을 인간 아닌(nonhuman) 실재와 직접적인 관계에 있는 것"으로 서술하는 것이다. 특히 후자는 대문자 진리(Truth)를 추구하는 전통적인 서양 문화의 전통으로서, 객관성을 향함으로써 우리 현존의 의미를 찾으려는 시도라고 할 수 있다. 그리고 이 전통의 중심에는 진리란 그 자체로서 추구되어야 할 어떤 것이라는 관념이 자리 잡고 있다.[51]

이러한 객관주의자들에 따르면, 우리는 우리 공동체를 초월하는 어떤 것으로 끊임없이 나아가야 한다. 이들은 진리를 실재와의 일치라고 해석하며, 참된 믿음과 거짓된 믿음을 구별할 믿음과 대상 사이의 특별한 관계를 위한 여지를 주는 형이상학을 구성하며, 믿음의 자연적인 정당화 절차가 있으며 이를 위한 인식론을 구성한다. 그리고 어떤 정당화의 절차가 참으로 합리적일 수 있으려면, 그것은 진리에로, 실재와의 일치에로, 사물의 본질적인 본성에로 이끌어야 한다는 것이 객관주의자의 생각이다.[52]

이에 반해 연대성을 객관성에 근거 짓는 것이 아니라, 객관성을 연대성으로 환원하고자 하는 사람들, 즉 로티와 같은 프래그머티스트는 형이상학이나 인식론이 불필요하다고 한다. 그들이 보기에, 진리란 "우리가 믿기에 좋은 것"(제임스)이기에, '일치'라고 불리는 믿음과 대상 간의 관계에 대한 설명은 불필요하다. 또한 "우리가 지금 믿기에 합리적인 것은 참이 아닐 수도 있다고 말하는 것은, 누군가가 더 좋은 생각을 찾아낼 수도 있다고 말하는 것일 뿐이다. 그것은 항상 개선된 믿음을 위한 여지가 있다고 말하는 것이다. 왜냐하면 새로운 증거나 새로운 가설, 또는 전혀 새로운 어휘가 나타날 수도 있기 때문이

---

51) Ibid., p. 21 참조.
52) Ibid., p. 22 참조.

다."[53] 프래그머티즘에서 지식과 의견을 구분한다면, 그것은 단지 상호주관적인 동의를 상대적으로 쉽게 얻는 주제들이냐 아니면 상대적으로 얻기 어려운 주제들이냐를 구분하는 것일 뿐이다.

로티는 객관주의자들이 자기와 같은 프래그머티스트들을 일러 상대주의자라고 부르는 것에 대해 이의를 제기하면서, 상대주의에 들어 있는 세 가지 함의를 분석한다. "첫째는 모든 믿음이 다른 믿음만큼 좋다는 입장이다. 두 번째는 정당화 절차들이 많은 것만큼 많은 의미를 갖기에, '참'은 애매한 용어라는 입장이다. 세 번째는 주어진 (우리) 사회가 이런저런 탐구영역에서 사용하는 친근한 정당화 절차에 대한 서술과는 별도의 진리나 합리성에 관해서는 아무것도 말해질 수 없다는 입장이다."[54] 이러한 상대주의가 갖는 의미에 대해, 로티는 앞의 두 가지는 부정하지만 세 번째 것은 긍정한다. 왜냐하면 그것은 자신이 서 있는 자문화중심주의의 입장이기 때문이다. 자문화중심주의는 사물의 본성과의 일치 여부를 따지는 실재론이나 객관주의의 입장보다 우월하다는 것이 로티의 생각이다. 그와 동시에 프래그머티즘은 결코 상대주의가 아니라는 것이 로티의 한결같은 주장이다. 왜냐하면 프래그머티즘은 상대주의를 논할 수 있는 인식론이나 진리론을 전혀 갖고 있지 않기 때문이다.

로티는 과학이 문화의 한 장르이며, 또한 과학은 여타의 장르에 비하여 우월하거나 특권적이지 않다고 본다. 그런데 그동안 우리 문화는 과학을 진리를 제공하는 가장 탁월한 영역으로 간주하고, 진리는 "실재와의 일치로서의 진리이고 진리라는 이름에 합당한 유일한 종류

---

53) 같은 곳.
54) Ibid., p. 23.

의 진리"[55]라고 여겨왔다. 과학은 당연히 '합리성', '객관성'과 연결되며, '확고하고, 객관적인' 진리를 추구하고 제공하는 자연과학이야말로 '이성적, 합리적 활동'의 모범이자 전형이 된다. 또한 언어 사용의 측면에서 우리는 '합리성'의 개념을 '미리 정해진 절차를 따르는' 것으로서, 즉 '방법적인' 것으로 보기에, '과학적'이라 함은 자연스럽게 '방법적'이고 '합리적'이며 '객관적'인 것과 동의어인 것처럼 사용하게 된다.[56]

여기서 우리는 '객관성'이나 '합리성'이라는 개념의 의미가 위와 같이 사용되는 것을 당연시할 것인가? 아니면 이 개념 역시 변화된 철학적 형세 속에서 달리 해석하고 달리 의미부여할 수 있는가? 로티에 의하면, 우선 '객관성'은 문화가 세속화되는 과정에서, 즉 과거의 성직자의 지위를 과학자가 대신하게 되면서 부각된 것이다. 과거와 달리 우주는 더 이상 어떤 신비로운 인격적 힘을 갖지 않은 것이 되는 '탈인격화'의 과정에서, 과학자의 객관적인 인식의 대상이 되며 객관적인 진리의 대상이 된다. 이에 비해 '아름다움'과 '선'은 '주관적인 것'으로 간주된다. 이로써 다양한 형태의 이분법, 이를테면 사실과 가치, 진리와 쾌락, 객관성과 주관성의 구분이 자리 잡게 된다. 그러나 이러한 구분의 구도 자체에 대해 로티는 의문을 제기한다. 이런 구분은 "어색하고 조잡한 도구"라는 것이 그의 판단이다.[57] 왜 그런가? 그런 식의 구분은 "문화를 나누는 데 부적합"하기 때문이고, 따라서 "새로운 출발을 위해서는 다른 용어를 발견"하는 것이 가장 좋을 것이라고 로티

---

55) Ibid., p. 35.
56) 같은 곳 참조.
57) Ibid., pp. 35-36. 참조.

는 제안한다.[58]

새로운 출발을 위한 첫걸음으로서, 로티는 '합리성'이라는 용어의 두 가지 의미를 구분한다. 합리성의 첫 번째 의미는 위에서 보았듯이, '방법적'이라는 의미이다. "합리적이라는 것은 미리 정해진 성공의 기준들을 갖고 있다는 것이다. 합리적이라는 것이 미리 기준을 정할 수 있는 것을 의미한다면, 자연과학을 합리성의 전형으로 간주하는 것은 그럴 듯하다."[59] 이런 견지에서 보면, 자연과학과는 달리 인문학은 합리적이지 않은 것이 되고 만다. 왜냐하면 인문학은 "수단보다는 목적에 관심을 가지며", 따라서 "미리 적시된 성공의 기준에 따라 평가할 어떤 방식도 없기 때문"이다.[60] 인문학이 합리적 활동이 될 수 있고, 그렇게 간주되려면, 위에서 말한 합리성의 의미와는 다른 의미가 제기되어야 한다.

또 다른 의미의 '합리성'은 첫 번째보다 '약한' 의미를 갖는다. 이것은 '방법적'이라기보다는 '건전한' 또는 '합당한'(reasonable)과 같은 의미를 갖는다. 이것은 "도덕적 덕성, 즉 관용, 주변 사람들의 의견에 대한 존중, 폭력보다 설득에 의존하기 등을 뜻한다. 그렇게 생각하면, 합리적과 비합리적 사이의 구분은 예술과 과학 사이의 차이와는 특히 무관하다."[61] 우리는 여전히 첫 번째 의미의 합리성 개념을 추구하고자 하여, 진리 대 비진리, 또는 참된 지식 대 단순한 의견으로 나누는 대립구도를 고집하지만, 이것은 결코 바람직하지 않으며 오히려 '강한' 의미의 합리성 개념은 제거되어야 하고, '약한' 의미의 합리성 개념

---

58) Ibid., p. 36.
59) 같은 곳.
60) 같은 곳.
61) Ibid., p. 37.

에 만족해야 한다는 것이 로티의 생각이다.

그렇다면 과학의 궁극적 목적은 어떻게 되는가? 통상적으로, 과학은 완전하고 객관적이고 참된 자연에 대한 설명을 목적으로 한다고 여겨진다. 과학은 이러한 목적을 얼마나 성취했는가에 따라 그 업적이 평가된다. 하지만 로티는 쿤과 더불어 여기서 과연 그러한 객관적이고 참된 설명에 접근한다는 생각이 어떤 도움이 되는지에 대해 되묻는다. 이 과정에서 '객관성'이라는 개념은 재규정될 필요가 있다. 로티는 '객관성' 개념을 "강제되지 않은 합의"(unforced agreement)라는 개념으로 대체하고자 한다.[62] 하지만 '강제되지 않은 합의'라는 개념에는 자칫 오해의 소지가 있을 수 있다. 우선 이것은 계속적으로 로티를 따라다니는 '상대주의'라는 혐의를 뒤집어쓸 수 있기 때문이다. 흔히 들을 수 있는 반론은, 과연 그 합의란 누구들 사이의 합의인가? 나치들 사이의 합의도 허용될 수 있는가? 하는 식의 이의 제기이다. 물론 여기서의 합의란 우리들 사이의 합의이며, '우리'의 범위는 더 확장될 수 있다는 것이 '자문화중심주의적'인 입장을 취하는 로티의 대답이다. 또한 "있는 그대로의 실재와의 일치 같은 어떤 것으로 끌어올릴 수 있는 스카이 훅(sky hook)"[63]과 같은 것도 없으며, 이는 유한한 우리가 '신의 관점'을 가질 수 없는 것과 같다.

이제 로티는 '객관성을 향한 욕망'을 대신하는 다른 욕망을 제시한다. 이 다른 욕망은 바로 '공동체와의 연대성을 향한 욕망'이다. 연대성을 향한 욕망은 "다른 믿음을 가진 사람들과의 자유롭고 열린 만남의 장 속에서 결국 강제되지 않은 합의를 얻게 될 믿음들을 획득하려

---

62) Ibid., p. 38.
63) 같은 곳.

는 욕망"이다.[64] 우리는 문화의 어떤 영역에서든 최종적으로 도달할 어떤 진리를 기대하고, 그로부터 안식과 구원을 얻기를 바라서는 안 된다. 우리는 다양한 생각, 이론들이 자유롭고 열띠게 경연을 벌이는 그런 장을 바라야 한다. 이를 위해 당연히 요구되는 것이 자유롭고 민주적인 공동체이다. 충분히 짐작할 수 있는 것이지만, 연대성은 결코 "인간성 자체"와 동일시될 수 없는 것이며, 그런 동일시는 불가능하다는 것이 로티의 생각이다. "그것은 철학자의 고안물이며, 신과 같이 된다는 생각을 세속화하려는 조야한 시도이다."[65]

---

(64) Ibid., p. 41.

(65) 리처드 로티, 『우연성 아이러니 연대성』, 김동식 · 이유선 옮김(민음사, 1996B), 359 쪽. 아우슈비츠의 간수나 이웃의 유태인을 끌고 가는 게슈타포를 보고 "비인간적" 이라고 말할 때, 이것은 그들이 인간이라면 응당 갖추어야 할 필수적인 어떤 구성 성분을 결여하고 있다는 발상이지만, 이는 우연성을 주장하고, '본질', '본성', '정초' 등의 개념을 반대하며 '핵심적인 자아' 같은 것의 존재를 부정하는 로티와 같은 철 학자들에게는 받아들여질 수 없다. 로티는 "역사와 제도를 넘어서는 어떤 것을 원 하려고 해서는 '안 된다.'"고 주장한다.(같은 책, 344쪽 참조.)

4

로티의 과학철학에 비추어본
하이데거의 과학관: 과학주의 비판

1) 근대 과학의 특징과 본질

로티는 과학이 문화의 다른 영역들에 비해서 진리에 대해 유일하게 우월한 특권적 지위를 갖는다고 보는 견해에 반대한다. 그는 과학과 기술이 이루어낸 엄청난 성과들에 대해서는 프래그머티즘적 관점에서 긍정하지만, 과학만이 진리에 대한 독점적 접근권을 갖는다는 생각에는 동의하지 않는다. 과학 역시 문학, 예술, 철학, 종교 등과 같은 다양한 문화적 장르들 중의 하나일 뿐이고 단지 다양한 이야기들 중의 하나에 불과할 뿐이라는 입장이다.

하이데거 역시 근대 과학이 누려온 진리에 대한 독점권과 이를 지지하려는 철학적 입장에 대해서는 단호하게 반대하며, 자신의 '존재 사유'의 바탕 위에서 과학·기술의 '일면적인 사유' 또는 '무사유'에 대한 비판을 감행한다. 따라서 하이데거의 과학에 대한 비판적인 관점을 종래의 과학관에 대한 로티의 입장에 견주어 검토해보는 것은 의미가 있다.

로티는 대체로 『존재와 시간』을 중심으로 펼쳐진 하이데거의 전기 사유에 대해서는, 그 안에서 엿보이는 프래그머티즘적 성격을 높이 평가하고, 또한 기초주의적 입장, 주관–객관의 이원론적 관점을 비판하고 넘어설 수 있는 계기를 훌륭하게 제공하고 있다는 점에서 높이 평가한다. 그러나 상대적으로 후기 사유에서는 '존재 역사적 사유'라는 이름하에 또다시 '존재'를 '실체화'하는 우를 범하고 있으며, 또한 시간과 우연성을 외면하려는 비역사적 태도를 보이고 있다고 비판한다. 하지만 하이데거가 전·후기 사유를 통틀어서 과학·기술의 성과와 위력에 압도되어 사유의 올바른 방향을 찾지 못하고 있는 현 시대 상황의 문제를 진단하고 이를 극복하기 위한 대안적 사유를 제시하려고 했던 점만은 분명하다.

하이데거는 『존재와 시간』에서 '손안의 것'(도구존재자, Zuhandenes)이 '눈앞의 것'(사물존재자, Vorhandenes)에 존재론적으로 우선함을 보여줌으로써, 데카르트 이후의 인식론적 관점을 돌파할 수 있는 단초를 마련해주었다. 단순화해서 말하자면 이는 실천적인 영역이 이론적인 영역보다 앞선다는 말이며, 이론적인 것은 실천적인 것에서 파생되는 것이라는 프래그머티즘의 기본 입장과 상통하는 관점이라고 할수 있다. 이러한 견지에서 보면, 과학 역시 다양한 실천적 관심 중의 하나로부터 비롯된 것이기에, 그것이 다른 모든 실천을 근거 지을 수있다는 생각은 의심스러운 것이 된다. 그렇다면 현대 문명에서 과학의 특권적인 지위 주장에 대해 이의를 제기해볼 수 있는 여지는 충분해 보인다.

하이데거가 과학을 주요한 주제로 삼아 본격적인 논의를 펼친 대표적인 작품은 「세계상의 시대(Die Zeit des Weltbildes)」이다. 이 작품에서 하이데거는 시대로서의 근대를 대표하는 다섯 가지 현상 중의 첫 번째 것으로서 과학을 꼽고 있다. 그 다섯 가지는 근대 과학(학문), 기계 기술, 예술의 미학으로의 편입, 인간 행위가 문화로서 파악되고 수행되는 것, 탈신성화이다. 그런데 과학은 기술과 더불어 우리의 현대적 삶의 절대적 조건이며, "본질적 차원"을 구성한다.[66] 그리고 이 현상들의 근저에는 근대의 존재론적 전제와 진리 해석이 놓여 있다고 본다.[67] 하이데거는 과학을 기술과 본질적인 연관을 가진 것으로 보아, 양자의 관계에 대해서 "기계 기술 자체는 실천의 하나의 독자적인 변형이고, 실천은 이러한 변형을 통해 비로소 수학적 자연과학의 적용을 요구한다."고 한다.[68]

대개 우리는 과학이 끊임없이 진보해왔으며, 이 진보의 과정이 미래에도 지속될 것으로 믿어 의심치 않는다. 또한 이러한 신념을 바탕으로 근대의 과학은 과거의 학문보다 더 나은 것으로, 더 우월한 것으로 평가하기도 한다. 지속적인 성장과 발전의 역사를 보여주는 과학은 더욱더 많은 현상들을 포괄하고 사물에 관한 진리에로 꾸준히 우리를 인도할 것으로 믿는다.[69] 이러한 믿음에 따르면, 무엇이 진정

---

66) Joseph J. Kockelmans, *Heidegger and Science*(University Press of America, 1985), pp. 1-3. 아울러 코켈만스는 과학은 근대 서양의 위대한 업적임은 분명하지만, 다른 모든 인간의 업적들처럼 과학도 유한성, 시간성, 그리고 인간의 역사성을 공유한다는 점을 깨닫는 것이 중요하다고 강조한다.

67) Martin Heidegger, "Die Zeit des Weltbildes", *Holzwege*, GA 5, pp. 75-76. 참조.

68) 앞의 책, p. 75. 그리고 여기서 하이데거는 근대 기술을 기계 기술이라고 명명하며, 이 "기계 기술은 근대 형이상학의 본질과 동일한 근대 기술의 본질이 오늘날까지 가장 눈에 띄게 드러난 분과"라고 특징짓는다. 하이데거는 근대 기술의 본질을 형이상학의 본질과 동일한 것으로 본다.

69) 물론 과학이 단지 누적적인 발전, 축적의 과정에 의해서 성장한 것이 아니라는 점은 이미 토마스 쿤(Thomas Kuhn)이 보여준 바 있다. 그 두드러진 예로 들 수 있는

한 지식(진리)일 수 있는지를 판정하는 최종심급은 바로 과학이며, 모든 형태의 지식들은 과학에 의해 과학을 위해 설정된 규범에 비추어 평가되어야 한다는 것이다. 하이데거는 이와 같은 선입견을 여지없이 허물어버리는 과감한 주장을 한다. 근대 과학을 고대의 과학(학문)과 비교하여 단지 정도의 차이에 따른 진보의 관점에서 구별하려는 습관을 버리라는 것이다. 이는 철학의 역사에서 헤겔의 철학을 플라톤의 철학보다 진보한 것으로, 플라톤의 철학을 파르메니데스의 철학과 견주어 더 나은 것으로 평가할 수 없는 것과 마찬가지이다.[70]

흔히 근대 과학과 과거의 과학을 나누는 중요한 변별 기준으로서 사용되는 것은 정밀성(정확성, Exaktheit)의 기준이다. 근대 과학은 이전의 과학보다 훨씬 더 정밀하기 때문에 우월하고 진보된 것으로 평가된다. 그러나 하이데거는 이런 식의 생각은 무의미하다고 본다. 왜냐하면 "고대 그리스 시대의 과학(학문)은 결코 정밀하지 않았고, 본질상 정밀할 수 없었을 뿐더러 정밀할 필요도 없었기 때문"이라는 것이다.[71] 플라톤이나 아리스토텔레스 같은 고대철학자의 자연관은 근대의 자연관과 상이하며, 따라서 정밀성이라는 획일적인 기준을 적용하여 존재자에 대한 근대적인 파악이 고대의 그것보다 더 올바르다고 하는 것은 타당할 수 없다는 말이다.

하이데거는 이미 『존재와 시간』에서 근대의 과학적인 연구가 이루어지는 실존론적인 가능 조건에 대해 언급한 적이 있다. 『존재와 시간』에서는 과학 이론의 기본 구성 요소인 진술(명제)이 해석으로부터

것이 바로 상대성 이론과 양자 역학이다.

70) Martin Heidegger, "Das Ende der Philosophie und die Aufgabe des Denkens", *Zur Sache des Denkens*, GA 14, pp. 63-64 참조.

71) Martin Heidegger, "Die Zeit des Weltbildes", *Holzwege*, GA 5, pp. 76-77 참조.

파생된 것임을 보여주었는데, 진술은 아직 이론에 이르지 못한 것이다. 진술은 어떻게 과학 이론으로 형성될 수 있는가? 하이데거는 과학의 존재론적 발생에 대한 예로서 수학적 물리학의 생성을 거론한다.[72] 물리학 이론을 형성하는 데 결정적으로 중요한 것은 "자연 자체의 수학적인 기투"[73]이다. 기투를 통해 선행적으로 물질이 발견되고 그 물질을 이루는 양적으로 규정 가능한 계기들, 즉 운동, 힘, 시간, 공간에 대한 시야가 열리게 되며 이 속에서 비로소 '사실'도 발견되고 기투에 의해 규제되는 '실험'도 이루어지게 되는데, 이러한 기투 전체를 하이데거는 '주제화'(Thematisierung)라고 부른다.[74]

「세계상의 시대」에서도 과학의 생성을 보는 관점은 위와 유사하다. 하이데거에 의하면 근대 학문의 본질은 연구(Forschung)[75]이고, 연구의 본질은 "인식이 그 자신을 존재자 즉 자연 또는 역사의 영역 안으로의 선행적 진입(Vorgehen)으로 자리매김하는 데 있다."[76] '선행적 진입'

---

72) Martin Heidegger, *Sein und Zeit*, Max Niemeyer(Tübingen, 1972), p. 362 참조.
73) 같은 곳.
74) Ibid., p. 362 이하 참조. 모든 과학을 구성하는 일차적인 것이 주제화이다. 현 존재에게 전(前) 과학적으로 알려져 있는 것이 특수한 존재로 기투되고, 이 기투에 의해 존재자의 영역이 한정되고, 존재자에 이르는 통로에 대한 방법적 '지시'가 이루어진다.(같은 책, p. 393 참조.)
75) 하이데거는 『세계상의 시대』 말미에서 "연구로서의 학문은 근대가 그 참여자에게 알려지지 않은 속도로 자신의 본질 성취를 몰아치는 궤도들 중의 하나"라고 덧붙인다.(Martin Heidegger, "Die Zeit des Weltbildes", *Holzwege*, GA 5, p. 94 참조.)
76) 같은 책, 77쪽. 여기서 '선행적 진입'(Vorgehen)은 일반적인 의미로는 '처치', '수단', '방책' 정도의 의미를 지니지만, 하이데거는 Vorgehen이 '방법'이나 '처리 방식'을 의미하지 않는다고 하기에 '선행적 진입'이라는 말로 옮긴다. 『존재와 시간』에서는 '선행적 진입'을 대신하는 표현으로 '주제화'라는 말이 나온다. "모든 학문은 일차적으로 주제화에 의해서 구성된다. 개시된 세계-내-존재로서의 현 존재에서 학문 이전의 방식으로 잘 알려져 있는 것이 그 특수한 존재로 기투되는 것이다. 이러한 기투에 의해서 존재자의 영역이 한정된다. 이 존재자에 이르는 통로는 그 방법적인 '지시'를 얻게 되며, 해석의 개념성의 구조는 그 앞선 그림을 획득하게 된다."

은 위에서 말한 주제화와 같은 개념이다. 연구가 선행적으로 진입해 들어갈 때, 우리 눈앞에 있는 존재자 전체를 향해 들어가는 것이 아니라, 미리 기본적인 윤곽이 잡힌 방향으로 들어가게 되는데, 이때 방향을 잡아주는 역할을 하는 것이 "기투"이다. 기투는 연구가 행해질 해당 연구의 영역을 확보해준다. 기투에 의해 확보된 영역은 한정된 대상 영역이고 따라서 근대 자연과학은 각각의 고유한 대상 영역을 가진 개별 과학의 성격을 갖게 된다. 선행적 진입은 기투에 의해 확보된 영역으로 들어가 거기에 자신을 붙들어 맨다. 이렇게 기투에 의해 제시된 자신의 연구 영역에 자신을 구속하는 것을 엄밀성(Strenge)이라고 한다.[77] 연구로서 모든 과학은 엄밀성이라는 성격을 띠고, 기투에 의해 확보된 대상 영역에 어김없이 자신을 구속하는데, 수학적 자연과학이 갖는 엄밀성은 특히 "정밀성(정확성)"[78]이라고 부른다.

연구의 본질을 이루는 두 번째 성격으로서 하이데거는 '처리 방식(Verfahren)'을 든다. 처리 방식 안에서 기투와 엄밀성은 비로소 그들 자신인 것으로 펼쳐진다는 것이다.[79] 여기서 처리 방식은 기투된 구역을 대상화하여 표상하는 것을 말한다. 선행적 진입은 변화하는 것을 그의 변화함에 있어 표상하여, 멈춰 세움에로 이끌고, 동시에 운동을 하나의 운동으로 존재하도록 해야 한다. 이러한 과정을 통해 규칙 및 법칙의 설정이 가능해지며, 규칙과 법칙을 제출하고 확증하는 일은 자연 연구의 본연의 과제라고 할 수 있다. 이때 규칙이란 "사실들을 멈춰 세우는 것, 그리고 이 사실들의 변동 그 자체의 지속성"이며,

---

(Martin Heidegger, *Sein und Zeit*, Max Niemeyer(Tübingen, 1972), p. 393.)

77) Martin Heidegger, "Die Zeit des Weltbildes", *Holzwege*, GA 5, p. 77 참조.

78) Ibid., p. 79.

79) Ibid., pp. 79-80.

법칙이란 "변화에 있어서 그 과정의 필연성 안에 있는 지속적인 것"을 말한다.[80] 하나의 대상 구역이 그를 통해 표상되게 되는 처리 방식은 "설명"의 성격을 갖는다. 설명은 근거 지음과 확증함이라는 이중적인 측면을 갖는다. 즉 알려진 것을 통해 알려지지 않은 것을 근거 짓고, 알려지지 않은 것을 통해 알려진 것을 확증하는 것이다. 또한 설명은 조사(Untersuchung) 속에서 실행되는데, 자연과학에서 조사는 조사 분야 및 설명 의도의 방식에 따라 실험에 의해 이루어진다. 여기서 실험에 의해 자연과학이 비로소 연구가 되는 것이 아니라, 역으로 자연 인식이 연구로 바뀐 바로 거기에서 비로소 그리고 오직 거기에서만 실험이 가능해진다고 하이데거는 강조한다.[81]

연구의 본질을 이루는 세 번째 특징은 '경영(Betrieb)'이다. 경영에 대해 우리가 흔히 떠올리게 되는 현상은 학문이 연구소에 의해 이루어지는 현상이다. 연구가 경영이 되는 까닭은 연구 작업이 연구소에서 수행되기 때문이 아니라, 학문이 연구로서 경영의 성격을 갖기에 연구 기관들이 필수적이 되기 때문이다.[82] 경영에 대해 말하기 전에 하이데거는 학문의 특수화와 전문화에 대해서도 언급한다. 연구로서의 모든 학문이 개별 학문이 되는 것은 필연적이며, 모든 개별 학문은 특정한 분야에로 특수화된다는 것이다. 이때 "특수화는 필요악이 아니라 연구로서 학문의 본질적 필연성이다. 전문화는 모든 연구의 결과가 아니라, 진보를 위한 근거가 된다."[83]

이렇게 학문들이 특수화, 전문화되고 연구소적인 성격이 확장되고

---

80) Ibid., p. 80.
81) 같은 곳.
82) Ibid., pp. 83-84 참조.
83) Ibid., p. 83.

강화됨으로써 연구의 처리 방식은 그때그때 연구의 대상이 되는 존재자 — 자연과 역사 — 에 대한 우위를 확보하게 된다. 이는 곧 사태(Sache)에 대한 연구 방법(Methode)의 우위를 뜻하며, 진리에 대한 배타적인 권리가 방법에 귀속하게 된 것으로 볼 수 있다.[84] 그리고 학문의 근대적인 경영적 성격은 학문하는 인간의 모습도 바꾸어 놓는다. "학자는 사라진다. 그는 연구 사업들에 관여하는 연구자에 의해 대치된다. 학식의 보호 육성이 아니라 연구 사업들이 작업에 강렬한 바람을 불어넣는다. 연구자는 더 이상 집에 장서를 필요로 하지 않는다. 뿐만 아니라 그는 항상 도상에 있다. 그는 학회 모임에서 토의하고 대회에서 정보를 얻는다."[85]

2) 근대 과학의 수학적, 실험적 성격의 의미

앞에서 우리는 근대 과학이 갖는 본질적인 특징들, 즉 기투 및 엄밀함, 처리 방식, 그리고 경영이라는 세 가지를 검토하였다. 위의 본질

---

84) 프랑크(Frank)는 바로 뒤에서 살펴보게 될 "수학적 특성과 본래적인 의미의 방법적 처리는 서로 밀접하게 연관되어 있다."고 한다. 그리고 근대 학문의 방법과 관련하여 이렇게 부연한다. "학문은 지속적으로 고정되어 있는 사물의 객관성을 확보하기 위한 방법이 되어야 한다. (……) 판단은 제한된 수의 판단 형식의 척도에 따라 형성되며, 이러한 형식은 똑같은 수의 표상 이행 규칙을 만들어낸다. 이행 규칙은 고대 그리스 단어 메토도스(méthodos)의 의미로 말해지는 방법이다. 메토도스를 문자 그대로 옮기면 이행과 여행이다. 말하자면 나침반이나 지도의 도움으로, 그리고 선험적으로 측정된 틀 안에서 규칙화된 방식의 도움으로 여행하는 것이다. 따라서 객체(대상)는 오로지 그 객관성이 학문적 법칙을 통해 확증되고 인증된 것이다."(만프레드 프랑크, 『현대의 조건(Conditio moderna)』, 최신한 옮김(책세상, 2002), 20~21쪽.)
85) Martin Heidegger, "Die Zeit des Weltbildes", *Holzwege*, GA 5, p. 85 참조.

적인 특징들과 더불어, 근대 과학을 생각할 때 '과학'이라는 명칭 앞에 붙는 형용어로서 우리는 '수학적', '실험적'이라는 결정적인 특성들을 떠올린다. 왜 근대 과학은 이전 시대의 과학과는 달리 수학적, 실험적 이 되었는가? 수학적, 실험적인 근대 과학은 앞에서 살펴본 근대 과학의 본질 특징들과 어떤 관계가 있는가?

근대 과학을 이전의 과학과는 선명하게 구별되도록 만들었고, 가장 일찍 등장하여 근대 과학 전반에 걸쳐 척도로서의 구실을 담당한 모범적인 역할을 한 분야는 근대 물리학이다.[86] 근대 물리학은 수학을 응용하기 때문에 수학적이며, 따라서 수리 물리학(mathematische Physik)이라는 칭호를 얻게 되었다. 이것이 근대 수리 물리학에 대해 우리가 통상 갖는 생각이다. 그러나 하이데거에 따르면, 근대 물리학 자체는 "보다 깊은 의미에서 이미 수학적이기 때문에 그렇게 수학적으로 행해질 수 있다."는 것이다.[87]

수학적인 것을 뜻하는 그리스어 '타 마테마타'(Ta mathemata)의 원래 의미는 인간이 존재자(사물)를 고찰하거나 관계함에 있어서 '미리 알고 있는 것'을 뜻한다. 따라서 마테마타는 "비로소 사물들로부터 데려오는 것이 아니라, 어떤 방식으로든 이미 함께 가져오는 것"이다.[88] 즉 우리는 '의자가 3개 있다.' 또는 '사과가 3개 있다.'고 할 때, 의자나 사과를 통해 3이라는 수를 알게 되는 것이 아니라, 이미 3을 알고 있기 때문에 그렇게 말하는 것이다. 이렇게 미리 알려져 있는 것에는 수

---

86) 물리학이 다른 어떤 경험과학보다도 특권적인 지위를 누리는 이유는, 물리학이 이룩한 수 세기 동안의 인상적인 성과뿐만 아니라, 경험과학의 전형적인 과학성 (scientificity)이 무엇인지를 잘 보여준 데 있다.(Joseph J. Kockelmans, 앞의 책, p. 6 참조.)

87) Martin Heidegger, "Die Zeit des Weltbildes", *Holzwege*, GA 5, p. 78.

88) Martin. Heidegger, *Die Frage nach dem Ding*, GA 41, p. 74.

이외에도 물체적인 것, 식물적인 것, 동물적인 것, 인간적인 것 등이 있다. 이러한 마테마타 중에서도 가장 잘 알려져 있는 것이 바로 수이고, 따라서 마테마타라는 이름이 수적인 것에 보존되었다는 것이다. 그러나 마테마타적인 것의 본질을 규정하는 것이 결코 수적인 것은 아니라고 하이데거는 강조한다.[89] 마테마타는 우리가 사물을 만나기 위해 마련하는 만남의 장이라고 할 수 있으며, 또 수는 그러한 장의 하나의 좋은 예라고 볼 수 있을 것이다.[90] 그런데 문제는 만남의 하나의 장인 수적인 마테마타가 모든 만남을 규정하는 지배적인, 절대적인 장이 되어버린다는 데서 발생한다. 즉 사물과의 모든 만남이 수적인 계산의 만남으로 축소되어 버린다는 것이다.

그렇다면 근대 자연과학 중에서도 가장 두각을 나타낸 물리학을 수리 물리학이라고 부를 경우 이는 무엇을 의미하는가? 이것은 "수리 물리학을 통하여, 그리고 그것을 위해 하나의 비상한 방식으로 어떤 것이 이미 알려진 것으로서 미리 확정된다는 것을 의미한다. 이러한 확정이란 자연에 대한 인식 추구에 있어 장차 무엇이 자연으로 간주되어야만 하는가에 대한 기투 이외의 것이 아니다. 자연은 시공간적으로 서로 관련되어 있는 질점(質點)들이 자체 안에서 완결하는 운동 연관성으로 간주된다."[91] 우리는 이러한 자연에 대한 기투를 뉴턴(Newton)으로 대표되는 고전 물리학에서 확인할 수 있다. 주지하듯이, 고전 물리학은 공간과 시간을 절대화해서 관측자와는 독립하여

---

89) Martin Heidegger, "Die Zeit des Weltbildes", *Holzwege*, GA 5, p. 78 참조.

90) 이승종, 「과학기술의 역사철학 ― 하이데거로부터」, 《철학연구》 제56집(철학연구회, 2002), 111쪽 참조. 이승종 교수는 또한 하이데거에서 수학적인 것은 "일상적 경험을 넘어서는 과학적 경험을 가능케 하고 그 테두리를 결정하는 보이지 않는 손"이라고 지적하고 있다.

91) Martin Heidegger, "Die Zeit des Weltbildes", *Holzwege*, GA 5, p. 78.

객관적으로 존재하는 범주로 보고, 그 전제 아래 모든 물리적인 현상을 거시적으로 다룬다. 자연을 위와 같은 식으로 기투함으로써 형성된 자연에 대한 근본 구도에 따라 다음과 같은 역학적 규정들이 뒤따르게 된다. 운동은 장소의 이동을 의미하고, 모든 운동 및 운동 방향, 모든 장소는 동질적이다. 또한 모든 시간 역시 동질적이다. 모든 힘은 하나의 시간 단위 안에서 얼마나 큰 장소의 이동을 초래하는가에 따라 규정된다.

자연 현상은 위와 같은 구도 하에서 보이게 되며, 물리학적 연구의 확실성은 그 탐구 과정에서 이러한 기투에 철저히 따르는 것을 통해 확보되는 것이다. 이렇게 "구속"하는 것, 즉 연구의 "엄밀함"은 "기투에 따라서 그때그때 자신의 고유한 성격을 갖는"데, 수학적 자연과학의 엄밀함은 바로 "정밀성(정확성)"을 뜻한다. 자연의 현상들은 그것들이 표상될 경우, 미리 시공간적인 운동량으로서 규정되어야 하는 것이다. 이때 그와 같은 규정은 수와 계산의 도움을 빌린 측정을 통해 이루어진다. 그러나 여기서 주목해야 할 점은 "수학적인 자연 연구가 정밀한 것은 그것이 정확히 계산하기 때문이 아니라, 그 연구가 자신의 대상 구역에 자신을 구속하는 것이 정밀함이라는 성격을 갖기 때문에 정확하게 계산해야만 한다."는 점이다.[92]

근대 자연과학은 또한 실험 과학이라고 불린다. 근대 과학이 이전 시대의 과학(학문)과는 달리 실험적일 수 있게 된 것은, 자연에 대한 인식이 연구로 전환됨으로써 가능해진 것이고, 또한 근대 물리학

---

92) Ibid., p. 79. 이에 덧붙여 하이데거는 역설적으로 "이에 반해 모든 정신과학들 심지어 생명체에 대한 모든 학문조차 그야말로 엄밀한 학이 되기 위해서는 필연적으로 부정밀(unexakt)해야 한다."고 한다. 그리고 「형이상학이란 무엇인가?」의 후기에서 하이데거는 "정확한 사고가 결코 가장 엄밀한 사유는 아니"라고 한다.(Martin Heidegger, "Nachwort zu《Was ist Metaphysik?》", *Wegmarken*, GA 9, p. 308.

이 실험적일 수 있는 것은 그것이 본질적으로 수학적 물리학이기 때문이다. 이전의 고대의 자연 인식이나 중세의 교설은 연구로서의 학문이 아니기에 결코 실험이 나타나지도 않았고 실험에서의 결정적인 면을 결여하고 있었던 것이다.[93] 하이데거는 여기서도 사태의 진상을 담고 있는 언어의 원래적 의미를 캐물어 들어간다. 실험(Experiment)과 관련된 라틴어 엑스페리멘툼(experimentum)이나 엑스페리엔티아(experientia)는 연구로서의 근대과학에 속하는 연구 실험과는 본질적으로 다른 것이다. 엑스페리멘툼은 아리스토텔레스가 말하는 바 엠페이리아(empeiria)를 목적으로 하는 관찰 행위를 말한다. 이때 엠페이리아는 사물 자체 및 사물의 속성과 변화를 변동하는 조건들 속에서 관찰하는 것, 따라서 규칙 안에서 사물들이 처해 있는 방식에 대한 앎을 가리킨다는 것이다.[94]

실험에서 결정적인 면은 법칙의 정초와 더불어 시작된다. 하나의 실험을 시도한다는 것은 하나의 조건을 표상하는 것이고, 그 표상에 따라서 특정한 운동 연관을 그것의 진행의 필연성에서 추적할 수 있게끔 하는 것, 다시 말해서 계산하기 위해 미리 통제할 수 있게끔 만드는 것이다. 주관의 조작과 통제(방법)를 통해 반복이 가능해지며, 이를 통해 보편타당한 인식, 즉 법칙에 이를 수 있다고 본 것이 근대과학의 기본입장이다. 그러나 법칙의 설정은 대상 구역의 근본 윤곽에 대한 관점에 의거하여 수행된다.[95] 이 근본 윤곽 내지 근본 구도는 결코 임의적인 표상 행위를 허용하지 않는다. 근본 구도는 척도를 제공하고, 선행적으로 포착하는 표상 행위를 거기에 얽어매는 것이

---

93) Martin Heidegger, "Die Zeit des Weltbildes", *Holzwege*, GA 5, pp. 80-81. 참조.
94) Ibid., pp. 80-81. 참조.
95) Ibid., p. 81. 참조.

다. 이러한 표상 행위를 통해 그리고 그 안에서 실험이 시작된다. 그렇기에 뉴턴은 "근거로 설정하는 것은 임의적으로 고안되지 않는다." (hypotheses non fingo)고 말했던 것이다. 실험은 근본 법칙을 확증하거나 반박하는 사실들을 도출해내는 데에서 그것의 고유한 수행적 특징을 갖는다. 그리고 자연에 대한 근본 구도가 보다 정밀하게 기획되면 될수록, 실험의 가능성은 더욱더 정밀해진다. 따라서 근대의 연구 실험은 고대의 실험과는 다른 것이다. "근대적 연구 실험은 그 정도와 범위에 있어 더 정확한 관찰 행위일 뿐 아니라, 자연에 대한 정밀한 기투의 틀과 그 기투에 철저히 따름으로써 법칙을 확증하는, (아리스토텔레스의 엠페이리아와는) 본질적으로 다른 종류의 처리 방식이다."[96]

3) 근대 과학의 형이상학적 근거

앞에서 근대 학문의 본질적 현상으로서의 연구를 검토한 것은 결국 근대 학문의 형이상학적 근거를 인식하기 위함이고, 더 나아가서는 근대의 본질 조건을 규정하는 것을 규명하기 위해서이다. 즉 근대 학문의 본질에 대한 물음은, "존재자에 대한 어떠한 파악과 어떠한 진리 개념이, 학문이 연구가 되는 것을 근거 짓는가?"[97] 그리고 "근대를 규정하는 본질은 과연 무엇인가?"라는 물음으로 귀결된다.

하이데거는 『세계상의 시대』의 첫머리에서 형이상학을 이렇게 규정한다. "형이상학이란 존재자의 본질에 대한 숙고와 진리의 본질에 대한 결단을 수행한다. 형이상학은 존재자에 대한 하나의 특정한 해석

---

96) Ibid., p. 82.
97) Ibid., p. 86.

과 진리에 대한 하나의 특정한 파악을 통해 하나의 시대에 그의 본질 형태의 근거를 부여함으로써 그 시대를 근거 짓는다."[98]

그렇다면 형이상학은 근대라는 시대를, "존재자의 본질에 대한 숙고와 진리의 본질"에 대한 어떤 결단을 수행함으로써 근거 짓는가? 미리 그 대답을 구하자면, 존재자의 본질을 대상성(Gegenständlichkeit)에서 찾고, 진리의 본질을 표상 작용을 통해 얻어지는 표상의 확실성에서 찾으려는 결단을 수행함으로써 근대를 근거 짓는다고 볼 수 있다. 여기서 "표상은 재현(repraesentare)"이며, "어떤 것을 인간에게 현재화해주는 것이다."[99] 그런데 '재현하는 이성'(rationem reddere)의 어법으로 사용되는 이성적 사고는 독일어로는 설명(Rechenschaft)으로 번역되며 '계산하다', '산정하다', '어떤 것을 계산적으로 처리하다'라는 의미를 포함하는 것이다.[100] 표상 행위(repraesentatio)는 그리스의 인지행위(Vernehmen)와는 전혀 다른 것으로서, 표-상함(Vor-stellen)이란 "마주 서 있는 것으로서의 눈앞에 있는 것을 자신 앞으로 가져옴, 눈앞에 있는 것을 자신 즉 표상하는 자와 관련시킴, 그리고 눈앞에 있는 것을 척도를 부여하는 영역인 자신과의 관련 속으로 다시 강제함"[101]을 의미한다. 이러한 표상 행위

---

98) Ibid., p. 75.

99) Martin Heidegger, *Der Satz vom Grund*, GA 10, p. 195.

100) 만프레드 프랑크, 앞의 책, 67쪽.

101) Martin Heidegger, "Die Zeit des Weltbildes", *Holzwege*, GA 5, p. 91. 표상 행위가 현존자(Anwesenden)의 인지 행위와 다른 것은 다음의 이유에서이다. 표상 행위는 자신으로부터 어떤 것을 자기 앞에 세우는 것, 그리고 이 세워진 것 자체를 확보하는 것이다. 그리고 확보란 계산일 수밖에 없는데, 왜냐하면 계산 가능성만이 표상되어야 할 것에 대한 선행적이고 지속적인 확신을 보장하기 때문이다. 이에 반해 인지 행위는 이미 현존자의 비은폐성에 속해 있으며 그것도 현존의 고유한 방식으로서 비은폐된 현존자에 속한다. 즉 인지 행위가 '…… 에 대해 자신을 열어놓음'이라면 표상 행위는 '…… 에 대한 포착과 개념 파악'이다. 표상 행

를 통해 인간은 "대상적인 것이라는 의미의 존재자를 재현하는 자(der Repräsentant)가 된다."[102]

이와 더불어 연구로서의 인식은 존재자를 어떤 식으로든 표상과 연결시켜, 존재자를 마음대로 처리할 수 있게끔 계산해낸다. 이때 계산은 두 가지 양상을 띠는데, 하나는 미래적인 진행과 관련한 예산(豫算, Vorausrechnen)이고, 다른 하나는 지나간 것과 관련된 추산(追算, Nachrechnen)이다. 예산에서는 자연이, 추산에서는 역사가 대상으로서 마주 세워지게 되는 것이다. "자연과 역사는 설명하는 표상의 대상이 된다. 이 표상은 자연을 계산하고 역사를 평가한다. 이와 같이 대상이 되는 것, 대상으로 존재하는 것만이 존재하는 것으로 간주된다."[103] 이렇게 존재자의 존재가 대상성에서 추구됨으로써 비로소 연구로서의 학문이 등장하게 되는 것이다.

존재자를 대상화한다는 것은 존재자를 인간 자신 앞에 세운다는 것(vor-stellen)이며, 이는 계산하는 인간이 존재자를 확보하여, 확신할 수 있게끔 모든 존재자를 자신의 앞으로 가져오는 것을 목표로 삼는 것이다. 연구로서의 학문은 이렇게 진리가 표상의 확실성으로 변했을 때 비로소 그리고 그때에만 등장할 수가 있는 것이다.

존재자가 표상의 대상성으로, 진리가 표상의 확실성으로 규정되는 것은 언제부터인가? 하이데거에 의하면, 데카르트의 형이상학에서 그렇게 되었고 이후의 모든 근대 형이상학은 데카르트에 의해 마련된

위에서는 현존자가 주재하는 것이 아니라, 공격(Angriff)이 지배한다. 한마디로 말해 표-상 행위는, "앞으로-나아가면서, 지배하는 대-상-화"(vor-gehende, meisternde Ver-gegen-ständlichung)이며, "함께 몰아넣음"(coagitatio)으로서 모든 것을 대상적인 것의 통일성 안으로 몰아넣는 것이다.(Ibid., p. 108 참조.)

102) Ibid., p. 91.
103) Ibid., p. 87.

존재자 및 진리 해석을 답습한다고 본다.[104] 그리고 근대를 "세계상의 시대"라고 규정 짓는데, 세계상이란 "세계 자체, 즉 우리에게 규준을 제공하고 우리를 구속하는 존재자 전체로서의 세계"[105]를 뜻한다. 이 때 세계상이란 세계에 대해 모사된 상을 의미하는 것이 아니다. 근본적으로 세계상은 세계에 대한 하나의 상이 아니라, 세계를 상으로 파악하는 것이다. 이제 존재자 전체는, 앞에-세우고 만들어 세우는 인간에 의해 세워지는 한에 있어서만, 비로소 존재하는 것으로 받아들여진다. 존재자 전체가 세계상으로 나타나는 곳에서 존재자 전체에 대한 근본적인 결정이 이루어진다. 존재자의 존재는 표상됨(존재자의 앞에 세워짐) 안에서 찾아지고 발견된다.[106] 이와 같이 존재자를 표상으로부터 해석하는 근대적 해석에 본질적인 것으로서 하이데거는 '체계'와 '가치의 표상'을 든다. 존재자가 표상(앞에-세움)의 대상이 되면, 존재자는 자신의 고유한 존재를 일정 부분 상실하게 되며, 사람들은 이렇게 상실된 존재를 대체하기 위해 대상으로 해석된 존재자에게 가치를 부여하게 된다. 즉 모든 존재자를 가치에 따라 평가하고, 가치 자

---

104) 같은 곳 참조. 또한 하이데거는 데카르트와 더불어 서양 형이상학의 완성이 시작되었다고 본다. 데카르트의 극복은 단지 데카르트 자신이 근거 지은 것을 극복함으로써만, 그리고 동시에 서양 형이상학을 극복함으로써만 가능하다고 한다. 종국적으로 서양 형이상학을 극복하기 위해서는 "존재의 의미에 관한, 즉 존재의 기투 영역에 관한, 따라서 존재의 진리에 관한 물음을 근원적으로 물어"야 한다는 것이다. 이때 존재의 진리에 관한 물음은 동시에 진리의 존재에 관한 물음이기도 하다.(Ibid., pp. 99-100. 참조.)

105) Ibid., p. 89. 하이데거는 세계가 상이 되는 것은 인간이 주체가 되는 것과 동일한 과정이라고 한다.(같은 책, p. 92. 참조.)

106) Ibid., pp. 89-90. 참조. 근대의 또 하나의 현저한 특징 중의 하나인 체계(System)도 상의 본질에 속한다. 체계는 "앞에-세워진 것(표상된 것) 그 자체 안에서 존재자의 대상성을 기투함으로써 전개되는 접합된 총체의 통일성"을 가리킨다. 이렇게 보면 체계는 근대만의 특징으로서 고대나 중세에는 없었던 것이라고 할 수 있다.(Ibid., p. 100. 참조.)

체를 모든 행동과 활동의 목표로 삼게 됨으로써, 마치 가치 자체가 즉자적 대상이 되어버린다는 것이다.[107]

근대의 본질을 특징짓는 것은 바로 세계가 상이 되었다는 사실에 있으며, 이는 고대나 중세에서는 찾아볼 수 없는 것이다.[108] 그렇다면 세계가 상이 되는 사건에는 어떤 사태가 그 중심에 놓여 있는가? 통상적으로 우리는 근대의 본질을 중세적 속박으로부터의 인간의 자기 해방에서 찾고, 근대의 두드러진 특징들로서 주관주의, 객관주의, 개인주의 등을 떠올린다. 그러나 결정적인 것은 인간의 자기 해방이 아니라, 인간이 주체(Subjekt)가 됨으로서 인간 일반의 본질이 변화했다는 데 있다. 주체(Subjectum)는 그리스어 휘포케이메논(基體, hypokeimenon)을 라틴어로 번역한 것으로서, 휘포케이메논은 근거로서 모든 것을 자신에게로 모으는, 즉 앞에-놓여 있는 것(das Vor-liegende)이다. 이렇게 보면 주체의 원개념인, 휘포케이메논에서는 인간이나 자아와의 관련이 전혀 강조되지 않았다는 점이 드러난다. 비로소 인간이 제일의 본래적인 주체가 됨으로서 인간은 모든 존재자를 존재 방식 및 진리 방식에서 근거 짓는 존재자, 즉 "존재자 자체의 관련 중심"이 되는 것이다.[109]

근대(Neuzeit)는 문자 그대로 "새로운 시대"이다. 도대체 무엇이 근

---

107) Ibid., p. 101. 참조.

108) 세계가 상이 되는 곳에서 비로소 휴머니즘도 발흥하는 것이고, 따라서 고대 그리스 시대에는 세계상이 불가능한 것처럼 휴머니즘도 불가능했다. 또한 세계가 상이 될 때, 인간의 입장은 세계관(Weltanschauung)으로서 파악된다. 그러나 하나의 예외적인 경우로서, 고대의 다른 철학자들과는 달리 "플라톤의 에이도스(eidos)는 세계가 상이 될 수밖에 없도록 오래 전에 이미 주어지고 오랫동안 은폐된 채 간접적인 힘을 행사한 전제"로 작용한 것으로 하이데거는 본다.(Ibid., p. 91, p. 93. 참조.)

109) Ibid., p. 88. 참조.

대를 이전 시대와는 확연히 구별되는 '새로운' 시대이도록 하는가? 이전 시대와 다른 변화는 어디서 나타나며, 이러한 변화에 적합한 근대의 본질은 무엇인가? 근대에야 비로소 인간은 인간성의 전개가 가능한 지반으로서 자신의 위치를 확보하게 된다. 다시 말해 존재자의 한복판에 있는 위치를 "자신에 의해 완성된 것으로 관련짓고, 이 지위를 자신에 의해 관련된 것으로 내면화하고", "인간 능력의 영역을 존재자 전체를 장악하기 위한 척도와 이행의 공간으로 확보하는 인간존재의 양식이 시작"되는 것이다. 바로 이러한 사건을 통해 규정되는 시대가 "새로운 시대"인 것이다.[110] 이 새로운 시대에 세계는 상이 되고, 인간은 주체로서 여타의 존재자에 대한 지배권을 갖게 된다. 무제약적이고 탁월한 주-체(Sub-jectum)로서의 인간의 우월함은 "확실성이라는 의미를 갖는 진리의 절대적인 확고부동한 근거(fundamentum absolutum inconcussum veritatis)에 대한 인간의 요구"에서 나오는 것이다.[111] 그런데 이러한 요구가 효력을 발휘할 수 있기 위한 조건은 근대의 인간이 기독교의 계시 진리와 교리의 속박으로부터 벗어나 자기자신을 위한 독립적인 법칙을 스스로 부여하고 해방됨으로써 성립되는 것이다. 바로 이 점에서 데카르트의 형이상학적 작업의 의미가 드러나게 된다. 계시적 진리로부터의 해방은 또한 계시를 통한 구원의 확실한 보장으로부터의 해방을 의미한다. 이제 인간은 다른 구원의 가능성을 모색해야만 한다. 즉 "자신의 고유한 앎에 의해 알게 된 것만을 참된 것으로 안전하게 확보하는 확실성에로의 해방"을 도모해야만 했던 것이다.[112] 여기서 데카르트에게 부여된 형이상학적 과제는

---

110) Ibid., p. 92.
111) Ibid., p. 106.
112) Ibid., p. 107.

"스스로 확실한 자기규정으로서의 자유를 향한 인간의 해방에 대하여 형이상학적 근거를 부여하는 것"이 된다.[113] 이때 그 근거는 다른 외부로부터 척도가 주어진 것이 아니라 그 자체로 확실한 것이어야 했기에, 근거를 형성하고 또 근거를 부여하는 확실한 것으로서 "나는 생각한다. 그러므로 나는 존재한다(cogito ergo sum)."가 부동의 기초(fundamentum)로서 확립되는 것이다. 외부로부터의 척도 부여가 금지되어 있기에, 그 자체로서 확실한 것이어야 했고, 동시에 요구된 자유의 본질이 그 근거를 통해 자기 확실성으로 정립되는 그런 근거이어야 했다. 이제 근본적 확실성은 의심의 여지없이 항상 표상 가능하고 표상되는 '나는 생각한다. = 나는 존재한다(me cogitare = me esse).'가 되고, 이것은 자기 자신을 안전하게 하는 표상 행위의 모든 계산의 근본 방정식(Grundgleichung)이 된다.[114]

이제 생각하는 자아는 모든 주체(allen Subjecta) 중에서도 제1의 참된(확실한) 존재자이자 우월한 주체로서 자리매김된다. 인간은 주체로서 자아의 '함께-몰아넣음(co-agitatio)'이다. 인간은 확실한 것, 참된 것, 존재하는 것에 대해 측량하고 계산하는 모든 척도들의 표준 척도로서 자신의 위치를 확고히 한다. "'함께-몰아넣음'에서 표상 행위는, 모든 대상적인 것을 표상되어 있음의 결집에로 집약한다. 사유하는 자아는 이제 표상되어진 것을 자신 안에 확실히 함께 모음, 즉 con-scientia에서 표상되어진 것의 본질을 발견"한다.[115] con-scientia란, "표상하는 인간에 의해 간직된 표상되어짐의 권역 안에, 대상적인 것

---

113) 같은 곳.
114) Ibid., p. 109. 참조.
115) Ibid., p. 110.

을 표상하는 인간과 더불어 표상하면서 함께 세우는 것"을 뜻한다.[116] 이제 모든 현존자는 con–scientia로부터 그 현존성의 의미와 유형을, 즉 재현(repraesentatio)에서 현재성의 의미를 받아들인다. coagitatio의 주체인 자아의 con–scientia는 그런 탁월한 주체의 주관성으로서 존재자의 존재를 규정하게 되는 것이다.[117]

주체가 된 인간은, 자신을 스스로 개념 파악하고 의욕함에 따라, 주관성의 본질을 규정하고 충족시킬 수 있게 된다. 계몽주의 시대의 이성적 존재자로서 인간은 마침내 전 지구의 주인으로서의 권한을 부여받는다. "기술적으로 조직화된 인간의 지구적 제국주의 속에서 인간의 주관주의는 그 정점에 도달하며, 이로부터 인간은 조직화된 동형성(단조로움, Gleichförmigkeit)의 수준으로 전락한다. 이러한 동형성은 지구에 대한 완전한, 즉 기술적인 지배의 가장 확실한 도구가 된다."[118]

근대의 인간은 세계관을 갖고서 모든 존재자를 자신의 삶 안에 편입시키고 소급시킨다. 이렇게 삶으로 이끌어지고 체험되지 않는 것은 심지어 존재하지 않는 것으로 간주되기까지 한다. 따라서 "근대의 근본과정은 상으로서의 세계를 정복하는" 과정이며, "상은 이제 표상하면서 산출하는 행위의 총체적 상(Gebild)을 뜻한다." 이 속에서 "인간은 모든 존재자에게 척도를 제공하고 표준을 이끌어내는 그러한 존재자가 될 수 있는 입장(지위)을 쟁취하기 위해 투쟁"한다. 이러한 인간의 입장은 세계관으로서 나타나며, "인간의 극단적인 근본 입장과 관련된 세계관들 사이의 대결"이 벌어지게 된다. "세계관들의 투쟁을 위

---

116) 같은 곳.
117) 같은 곳 참조.
118) Ibid., p. 111.

하여, 이 투쟁의 의미에 걸맞게 인간은 모든 사물들을 계산, 계획, 사육하기 위해 무제한의 폭력을 행사하게 된다." "이러한 세계관들의 투쟁과 함께 근대는 가장 결정적이고 지속력 있는 역사적 국면에 돌입"하게 되는 것이다.[119]

하이데거는 이러한 과정의 증거로서 "거대한 것"(das Riesenhafte)의 출현을 든다. 이 거대한 것은 다양한 형태와 위장된 모습으로, 경우에 따라서는 거대한 것이 동시에 더욱더 작아지는 모습으로 나타난다는 것이다. 이렇게 거대한 것의 출현을 결코 단순히 '아메리카니즘'이라는 용어로 해석해서는 안 된다고 한다.[120] 왜냐하면 그렇게 되면 우리는 거대한 것에 대해 아무런 사유도 하지 않은 것이 되어버리기 때문이다. "거대한 것"은 "양적인 것이 하나의 질로 변하고, 하나의 탁월한 종류의 크기(위대함)로 변한 것"이다. "양적인 것으로부터 나온 계획, 계산, 채비, 확보의 거대함이 하나의 질로 변하자마자 그것을 통해 거대한 것과 겉보기에는 철저하게 그리고 언제라도 계산되어질 듯한 것이 계산될 수 없는 것이 된다."[121] 세계상의 시대에, "계산될 수 없는 것"은 "모든 사물들 주위의 도처에 드리워져 있으나 볼 수

---

119) Ibid., p. 94.

120) 충분히 짐작할 수 있지만, 하이데거는 미국적인 것을 매우 비판적으로 평가한다. 아니 어떤 면에서는 일방적인 폄하 내지는 경멸에 가깝다고도 할 수 있다. 아메리카니즘과 관련하여 하이데거는 다른 작품에서도 언급하고 있는데, 『형이상학 입문』에서 그는 아메리카와 러시아를 형이상학적인 견지에서 보면, 똑같은 것이라고 말한다. 둘 다 "눈을 뜨고 볼 수 없는 쇠사슬이 끊긴 기계문명의 발광 그리고 규격화된 인간들의 바탕 없는 조직"이라고 단언한다. 그리고 둘 다에서, 양적인 것이 질적인 것으로 되고, 정신의 힘을 쇠약하게 만드는 어떤 악마적인 것(das Dämonische)의 출현을 본다.(Martin Heidegger, *Einführung in die Metaphysik*, GA 40, pp. 40-41., pp. 48-50. 참조.)

121) Martin Heidegger, "Die Zeit des Weltbildes", *Holzwege*, GA 5, p. 95.

는 없는 그림자로 존재한다."[122] 하이데거는 그러나 이 그림자가 "우리의 앎을 거부했던 하나의 다른 것을 암시한다."고 한다.[123] 여기서 그림자라는 비유를 통해, 하이데거가 의도하는 바는 바로 "빛의 부재"이다. 그림자는 "은폐된 빛의 비춤"에 대한 뚜렷한 증거가 되는 것이다. 즉 우리는 그림자가 드리워져 있어 계산할 수 없는 것을, 표상할 수도 없지만 그럼에도 존재자 안에서 명백히 존재하고 은폐된 존재를 지시하는 것으로 경험해야 한다는 것이다. 이런 맥락에서 "우리의 앎을 거부하는 것" 역시 "존재의 은폐된 본질"로서 이해되며, 이때 거부(Verweigerung)로서 나타나는 존재는 "순전한 비존재자(Nicht-Seiende)"로서, "무(das Nichts)"로서 드러나는 것이다. 이때 무는 아무 것도 아닌 것이 아니고, 대상적인 어떤 것도 아니다. 무는 존재 자체이며, 만일 인간이 주체로서의 자신을 극복한다면, 즉 인간이 존재자를 더 이상 객체(대상)로서 표상하지 않는다면, 인간은 그 존재의 진리를 부여받게 된다.[124]

우리는 근대 학문의 형이상학적 근거에 대한 하이데거 사유의 자취를 뒤밟아보았다. 하이데거는 로티와는 달리 과학의 존재론적 근거를 캐묻고, 근대 과학이 오히려 진리의 다양하고 진정한 모습을 은폐하는 측면을 부각시켰다. 이에 비해 로티는 과학의 형이상학적, 존재론적 근거를 묻는 작업은 별로 필요치 않다고 보며, 모든 인간의 활동을 언어활동에 연결시켜 과학이 객관적이고 보편적인 진리의 대표성을 갖지 못할 뿐만 아니라 '진리 문제' 자체가 오히려 해소해야 할 문제라고 치부하였다. 또한 과학이나 기술이 인간의 삶을 더 낫게 만

---

122) 같은 곳.
123) 같은 곳.
124) Ibid., pp. 112-113 참조.

드는 데 기여한다는 점에서 그 긍정성을 일정하게 인정했던 로티와는 달리, 지금까지 서술된 내용만을 보면, 하이데거는 근대 과학에 대해 철저히 비판적일 뿐만 아니라, 심지어 반(反)과학주의적 입장을 취하는 것은 아닌가 하는 의심을 갖게 한다. 그러나 하이데거는 반과학주의자, 반시대적인 사상가, 전통으로의 회귀를 꿈꾸는 복고주의자가 결코 아니다. 그는 위와 같은 혐의를 염두에 두고서 이렇게 말한다. "인간은 그 시대를 단순히 부정하는 것에서 표류하는 한, 이렇게 거부된 것을 경험하거나 숙고조차 할 수 없게 된다. 비하와 불손함이 뒤섞여 전통으로 도피하는 것은, 그 자체로 볼 때 역사적 순간에 대하여 눈을 감고 눈을 멀게 하는 것을 제외하고는 아무것도 할 수 없다."[125]

---

125) Ibid., pp. 95-96. 코켈만스는 완전한 과학화의 시대에 처한 우리의 상황에서, 과학에 대한 하이데거의 존재론적 사유를 매우 긍정적으로 평가한다. 왜냐하면 현대 과학의 본질을 이루는 '이론'도 구체적인 역사적 상황들에서 정식화될 수 있으며, 논리적 인식론적 분석에만 기초해서는 현대 과학의 진정한 의미를 이해하기란 불가능하기 때문이다. 그에 의하면, 보편적인 과학화가 보증되지 않은 그리고 위험한 것이라고 주장하는 것이 결코 반(反)합리주의를 부추기는 것이 아니라는 것이다. 또한 하이데거는 과학에 대해 근본적으로 불신한 것이 아니라, 오히려 과학의 긍정적인 가능성들을 분명히 표시하려고 진지하게 노력했다고 본다. 따라서 하이데거가 비판하는 것은 과학 자체가 아니라 과학주의(scientism)라는 것이다.(Joseph J. Kockelmans, 앞의 책 pp. 3-14. 참조.)

5

과학주의를 넘어선 새로운 대안으로서의 문학 문화 그리고 민주주의

　인간의 지적인 발달은 일정한 단계를 거쳐왔다. 이를테면, 종교의 시대에서 형이상학의 시대, 그리고 과학의 시대로 발전해왔다. 그렇다면 인간의 지적인 발전 과정에서 이루어진 진보의 최종적 단계인 과학 기술의 시대는 인간에게 과연 과거에 종교와 철학이 그러했듯이 구원의 약속을 충실히 이행할 수 있는가? 과학 기술의 발전을 통해 우리 인간이 과거와는 달리 누리게 된 수많은 이점들이 있다. 그러나 과연 그 수많은 이점들이 우리 인간을 더욱더 자유롭고 행복하게 하였는가? 이런 물음에 대해서는 다양한 형태의 답변들이 나올 것이다. 근대라는 역사의 시기에 등장한 '새로운' 과학은 이전에 그 어떤 지식으로도 설명하지 못했던 많은 문제들을 해결해내었다. 그러나 그만큼 인간은 더 성장하였는가?

　루소는 일찍이 아무리 학문이 발전하고 지식이 확장되어도 인간의 본질이 나아질 것은 없다는 비관적인 전망을 내놓기도 했다. 과학은 물질적인 발전이나 성장에는 기여하는 바가 크지만, 인간의 인간성을 고양시키고 향상시키지는 못한다는 것이 그의 통찰이다. 그 후 물리학을 중심으로 한 자연과학의 비약적인 성장과 더불어 많은 철학자들이 과학을 어떻게 볼 것인가를 둘러싸고 다양한 의견들을 내놓았다. 대부분의 주류 철학자들은 과학의 긍정성을 높이 평가하고, 과학이 이룩한 성과에 압도되어 철학 역시 과학의 뒤를 따라 과학적이 되어야 한다고, 과학을 철저히 모방하며, 더 나아가 과학의 가장 충실한 동반자 내지는 조력자가 되어야 한다는 입장에 경도되었다. 이러한 와중에 철학의 영역에서 '과학철학'이라는 새로운 분야가 생겨나기도 하였다. 우리가 살펴본 20세기의 위대한 철학자 두 사람, 로티와 하이데거는 과학철학이라는 분야에 전문적으로 헌신한, 이른바 과학철학자는 아니다. 하지만 과학에 대해 그 누구보다도 근본적으로 사유한 철학자라고 할 수 있다.

우리가 살펴보았듯이, 과학에 관한 두 사람의 생각은 상당한 차이를 보인다. 우선 로티는 프래그머티스트답게 과학이나 기술에 대해 근본적으로 부정적인 평가를 내리지는 않는다. 왜냐하면 그것은 우리가 살아가는 현실을 잘 대처해 나갈 수 있는 훌륭한 도구의 역할을 하기 때문이다. 그가 과학 기술을 비판적으로 바라보는 대목은 그것이 진리와 결부될 경우이다. 하지만 하이데거는 근대라는 역사 시대를 규정하고 있는 중요한 요소인 과학과 기술이 오히려 우리 인간에게는 전대미문의 큰 위험을 가져왔다는 진단을 내린다. 그럼에도 양자 모두 과학이 지나치게 숭배되고, 과학이 지닌 뛰어난 예측력과 설명력을 바탕으로 여타의 문화 영역을 식민화하는 것, 이른바 '과학주의'에 대해서는 심각한 우려를 갖고 있다.

우리 앞에 놓인 많은 난제들을 풀기 위해서는 새롭고 창조적인 발상을 필요로 하는 경우가 많다. 또한 우리 인간의 자아를 확장하고 충실히 하기 위해서는 다른 사람들의 삶을 잘 이해하고 끊임없이 자아를 새롭게 창조해 나가는 작업을 해야 한다. 이런 삶의 양식을 꾸려나가는 데에는 과학과 과학이 추구하는 보편적이고, 초역사적이고, 객관적인 진리가 해줄 수 있는 역할은 그다지 없다. 이러한 상황에서 로티가 기대를 거는 것은 과거에 종교가 했던 역할처럼 "진리가 너희를 구원하리라."라고 약속하는 '구원적인 진리'의 추구가 아니라, 자유민주주의 사회의 건강한 개인으로서 살아갈 수 있도록 도움을 주는 문화의 영역이 요구되며, 그것은 바로 '문학 문화'라는 것이다. 지난 200여 년 동안 새롭게 부상한 문학 문화는 로티가 보기에 분명한 진보의 징표이다. 문학 문화에서는 과거의 철학에서 주도적인 물음이었던 '이것이 참인가?'라는 물음은 그 상층의 자리에서 밀려나고 '새로운 것이 무엇인가?'라는 물음으로 대체된다. "이러한 진보는 '존재란 무엇인가?', '실제로 존재하는 것은 무엇인가?', 그리고 '인간이란 무엇인가?'와 같은 나쁜 물음이 '우리 인간이 어떠한 삶을 살 수 있는가에 대한 어떤 새로운 생각을 누가 지니고 있는가?'와 같은 재치 있는 물음으로 대치되는 바람직한 변화를 보여준다."[126] 이제 문학 문화에서 가장 강조되는 것은 상상력이다. 문학 문화에서 사람들은 "현재 인간이 지닌 상상력의 한계와 접촉을 유지함으로써 구원을 성취"하며 "항상 참신함을 추구"한다.[127]

  문학 문화가 발흥한 것이 진보인 까닭은, "인간이 점차적으로 자립을 증진시켜가는 과정에서 철학을 하나의 과도기적인 단계로 이해하기 때문"이며, "문학 문화의 위대한 미덕은 (……) 구원의 유일한 원천

---

126) 리처드 로티, 「구원적 진리의 쇠퇴와 문학 문화의 발흥: 서구 지식인이 걸어간 길」 (대우석학연속강좌 특별강연, 2001), 11쪽.
127) 같은 글, 15쪽.

이 인간의 상상력이라는 점, 이러한 사실이 절망보다는 자부심을 갖게 하리라는 것을 알려주는 데 있다."[128]

　자, 다시 문제는 상상력이다! 참신하고 발랄한 메타포의 창출이다! 지금 상상력과 창조성은 더 많은 물질적 부를 창출해내는 컨텐츠에 대한 관심에서만 일방적으로 강조되고 있다. 그러나 그것은 바로 인간의 인간성을 풍요롭게 하는 데 직결되는 것이다. 인간의 인간성, 인간다움은 그것을 가꾸어갈 수 있는 바탕과 틀, 제도를 필요로 한다. 모두가 자유롭게 상상할 수 있는 사회, 민주주의가 온전하게 운영되는 사회가 그것이다.

---

128) 같은 글, 17쪽.

제5장

로티의 종교철학*

김용준

* 이 글은 다음의 논문을 수정·가필한 것임을 밝힌다. 〈김용준, 「종교와 프래그머티즘」, 《신학과 철학》 제14호(서강대학교 신학연구소, 2009)〉.

1

종교와 프래그머티즘

1) 종교를 대하는 로티의 태도

로티는 다신론자(polytheist) 혹은 무신론자(atheist)를 자처했지만 그
렇다고 해서 그가 종교를 단지 플라톤주의의 잔재 정도로 가볍게 여
기지 않은 것은 분명하다. 그는 인류 역사와 더불어 존속해왔던 종교
가 여전히 인간의 삶에서 중요한 의미를 가질 수 있고 또 그에 합당한
역할을 할 수 있다고 생각한다.

프래그머티스트들은 믿음을 행동의 습관이라고 간주한다. 이런 관
점은 종교적 믿음에 대해서도 그대로 적용된다. 그래서 프래그머티스
트에게 있어서 종교적 믿음은 행동의 습관에서 비롯된 것으로 여겨진
다. 그런데 인간 사회에서 이러한 믿음은 매우 다양하다. 습관으로 굳
어진 행동의 습관들은 나름대로 합당한 역사적, 실제적 근거들을 가
지고 있을 것이다. 우리가 갖게 된 믿음 가운데 단적으로 어떤 것만이
유일하게 타당하다고 말할 만한 믿음은 존재하지 않을 것이다. 단일

한 믿음으로 세상을 바라보는 것은 위험한 것일 수 있다. 프래그머티즘은 단일한 믿음을 거부한다. 제임스가 『프래그머티즘』이라는 그의 명저에 "옛날부터 내려오는 사고방식에 대한 새로운 이름(*a new name for some old ways of thinking*)"이라는 부제를 내건 이유도 우리가 가지게 된 습관적인 믿음들을 철학적으로 검토해보는 것이 의미 있는 일이라 여겼기 때문일 것이다. 종교라고 하는 옛날부터 내려오는 사고방식이 새로운 과학적 사고방식과 만났을 때 우리는 어떤 믿음에 우리의 삶을 의존해야 할 것인가? 제임스가 보기에 이러한 문제는 당시 철학이 당면한 딜레마로 여겨졌고, 따라서 그에게 종교적 믿음은 중요한 철학적 논제가 된다.

1980년경부터 네오프래그머티즘의 기치를 높이 들고 나타난 철학자 로티는 과연 종교와 프래그머티즘의 관계를 어떻게 풀어 나가고 있을까? 다원론자인 그는 제임스와 마찬가지로 어느 한 극단의 입장에 서서 상대방을 철저히 논박하고자 하는 입장을 취하지 않았다. 종교와 과학은 그에게 대립적인 사고방식이 아니며, 어떤 의미에서는 둘 다 '옛날부터 내려오는 사고방식'인 것이다. 물론 종교와 과학의 갈등이 발생한 것은 '옛날부터 내려오는 사고방식'인 '종교'가 '새로운 사고방식'인 '과학'과 대립하는 것으로 보였기 때문이다. 그러나 과학의 언어도 역사에 따라 바뀌고 시대적인 맥락에 의해서 의미변화를 겪는다는 점을 고려하면 양자의 본질적인 차이를 논하는 것은 그다지 의미있는 시도가 아니라는 점을 알 수 있다. 심리철학자이자 진화생물학자인 데닛과 자신의 접점에 대해 말하고 있는 다음의 글은 그의 관점을 매우 함축적으로 보여준다.

"데닛(Daniel Dennet)과 나는 심오성을 믿지 않는다. 우리는 철학적 문제들이란(초역사적이라고 이해된) 인간 정신 속에 있는 심오한 어떤 것의 표현이 아니라 오히려 우연하고도 일시적인 지적 정체상태의 징후라고 간주한다. 그러한 정체상태는 새로운 용어와 슬로건으로 인해 변화하는 길목에 놓인 낡은 용어와 슬로건으로 의해 야기된다. 달리 말해서 이전 시대의 필요에 부응하면서도 새롭고도 예견되지 않았던 상황들을 다루기 위해 창안된 어휘를 사용하려는 시도에 의해서 말이다. (……)

예를 들자면 서구 사회가 낡은 신학적 언어를 과학적 탐구를 위한 목적에서 사용하려 했을 때 (예컨대 갈릴레오와 종교재판 사이에) 갈등이 일어났다. 이것은 교회와 태동 중인 세속의 문화라는 사회제도들 사이의 갈등이자 동시에 우주를 서술하는 (대략 말해서, 아리스토텔레스와 데모크리토스 사이의) 방식들 간의 갈등이었다. 이 중 후자의 갈등이 17세기와 18세기 유럽의 철학적 문제들을 만들었다. 다른 예를 들자면 도덕적 책임에 대한 전통적인 언어를 프로이트 심리학의 언어와 결합시켜 사용하고자 할 때에도 갈등이 일어난다. 서로 다른 일을 하는 데에는 둘 다 아주 적절하지만 동일한 일을 하는 데에는 서로 경쟁적인 도구들을 우리가 갖고 있는 셈이다. 여기서 프로이트는 예전에 갈릴레오와 뉴턴이 수행했던 역할을 수행한다. 말하자면 창의적 정신들은 한 문화에 이미 익숙하게 길들여진 언어와 쉽게 조화되지 않는 언어로 새롭고도 유용한 것을 말한다.

듀이적인 관점에서 볼 때 철학자의 일이란 낡은 말하기 방식에서 새로운 말하기 방식으로의 전환에 필요한 것들을 매끄럽게 해주는 일로 이루어진다. 바꿔 말해서 우리가 그 두 방식을 굳이 대척적인 것이 아니라 상보적인 것으로 보게 해주는 일로 이루어진다. 듀이, 데닛 그리고 나를 비롯한 실용주의자들은 항상 다음과 같이 말한다. 상이한 어휘들을 실재의 본성에 대한 표상이 아니라 도구로 취급하라! 그러면 당신은 양자가 서로 결합되지는 못할망정 여전히 제각기의 목적을 위해 쓰일 수 있다고 보게 될 것이며 그들 사이에 추정된 양립 불가능성은 환상으로 보이게 될 것이다."[1]

　로티는 여기서 신학적 언어와 과학적 언어를 듀이의 도구주의를 좇아서 어떤 문제 해결을 위한 하나의 도구로서 간주하고 있다. 신학적 언어는 꽤 오랫동안 인간의 삶의 문제를 해결해주는 중요한 언어였다. 그러나 인간과 세계를 서술하는 새로운 서술 방식으로서 과학적 언어가 등장하게 되었을 때 각각의 언어 영역에서 형성된 습관을 갖게 된 사람들은 같은 대상에 대한 서로 다른 서술에서 발생하는 모순을 해결하지 않으면 안 된다고 생각하게 되었을 것이다. 로티는 그런 상황을 '지적 정체상태의 징후'라고 간주한다. 물론 새롭게 등장한 서술 방식을 따라야 할 필연적인 이유는 없다. 새롭게 등장하는 서술 방식이 이전에 발견하지 못했던 진리를 발견한 것으로 간주할 수는 없기 때문이다. 다만 그런 서술 방식을 통해서 어떤 문제들이 더 간편하고 용이하게 해결된다면, 우리에게 더 명료하게 여겨지는 답을 제시해주고 있다면 그런 서술을 애써 외면할 필요도 없을 것이다. 문제는 어떤 목적을 위해서 우리가 어떤 언어적 서술을 채택하느냐 하는 것이며, 이렇게 보면 전통적인 신학적 언어와 새로운 과학적 언어의 서술 방식이 양립할 수 없다고 보아야할 어떤 이유도 없는 것이다.

　로티는 '합리성'이라는 관념 자체가 역사적 우연성에 의해서 판정되는 것이라고 본다. 모든 사람들이 종교적 믿음을 하나의 합리적인 사고방식으로 받아들인 시대라면 아마도 과학적 서술은 매우 비합리적인 것으로 여겨질 것이다. 오늘날과 같은 과학기술의 시대에서는 낡은 종교적 사고방식이 거꾸로 비합리적인 것으로 여겨진다. 로티는

---

1)　리처드 로티, 『실용주의의 결과』, 김동식 옮김(민음사, 1996A), 6~7쪽.

초역사적인 이성 혹은 합리성이라는 관념을 거부하고 그것을 철저하게 역사적인 맥락에서 고찰할 것을 제안한다. 그에게 있어서 종교든 과학이든 어떤 시대에 등장했건 새로운 서술 방식은 처음에는 낯설고 비합리적인 것으로 여겨지는 어떤 것이며, 중요한 것은 그런 서술 방식을 만들어내는 상상력이다. 로티는 『우연성 아이러니 연대성』의 한국어판 서문에서 다음과 같이 말하고 있다.

"만일에 당신이 지식인의 기능이란 합리적인 것을 비합리적인 것과 구별 짓는 것이라고 생각하며 또한 자유민주주의 사회가 전체주의 사회보다 더 합리적이라고 생각한다면 당신은 이 두 유형의 필요성들 간에 모종의 연관성이 있다고 보게 될 것이다. 왜냐하면 당신은 지식인들의 궁극적인 목표를 더 큰 합리성의 추구로 볼 것이며 합리성의 옹호자로서 지식인들의 역할이 민주주의 사회를 전체주의로부터 구출하여 지켜가는 데에서 중요하다고 볼 것이기 때문이다.

하지만 나는 이것이 지식인들의 궁극적인 목표라고 보지 않으며 앞의 그 제안에 가정된 '합리성'이라는 관념을 불신한다. 그러한 관념은 인간의 욕구들이 한편으로는 유일한 선에 의해 고취되고 수렴될 합리적인 것들과 다른 한편으로는 우리가 짐승들과 공유하는 것들로 준별될 수 있다는 플라톤의 주장으로 거슬러 올라간다. 이성을 사용함으로써 모든 인간 존재들이 신념과 욕구들의 동일한 묶음에 도달하게 될 것이라는 플라톤의 견해는 그로 하여금 사회 정의란 이성의 규칙과 긴밀히 연관되어 있다고 즉 사회가 지식인들에 의해 이끌어질 때 그리고 오직 그때에만 사회 정의가 실현될 거라고 주장하게 하였다. 이 결론은 이상국가에서도 시인들이 반드시 추방되어야 한다는 보조 정리를 이끌었다. 무릇 시인들이란 나쁜 동물적인 정서와 욕구들에 빠져들기 때문이란 이유에서.

철학과 시학 간의 기나긴 싸움을 플라톤이 시작한 이래로 시인들의 편을 들었던 철학자들은 뚜렷이 인간적인 정신 기능은 이성이 아니라 상상력이라고 말해왔다. 이 책『우연성 아이러니 연대성』의 제1장은 이 친숙한 주장을 재진술하고 있다. 플라톤은 모든 인간에게 공통된 선천적인 언어(우리가 갖고 있는 현상에 대한 공통된 출생 이전의 비전을 통해 가능하게 되는 어떤 언어)가 존재한다고 가정한 반면에 이 책의 1장에서 주장된 것은 우리의 언어는 사실상 역사적 우연성들의 산물이라는 것이다. 내가 제안하는 견해에 의하면 합리성이란 현재 손안에 있는 언어에서 논증들을 함께 엮어 배열하는 일이다. 반면에 상상력은 그러한 언어를 넘어서는 능력, 바꿔 말해서 새롭고 낯설며 패러독스적이고 '비합리적인' 것들을 나타내는 낱말들과 이미지들을 꿈꾸는 것이다."[2]

로티가 여기서 말하는 관점에 입각해보자면 종교와 과학의 대립을 본질적인 것으로 심각하게 간주하는 것은 '모든 인간에게 공통된 선천적인 언어'가 존재한다는 플라톤주의적인 견해를 받아들이기 때문

---

2) 리처드 로티, 『우연성 아이러니 연대성』, 김동식·이유선 옮김(민음사, 1996B), 10~11쪽. 1982년과 1989년에 각각 발간된 로티의 두 저서 *Consequences of Pragmatism*과 *Contingency, Irony, and Solidarity*의 한국어 번역판이 1996년에 나왔다. 로티는 이 번역판에 〈한국어판 서문〉을 각각 1996년 9월 2일자 및 1996년 11월 1일자로 보내왔다. 보통 번역판에 부치는 필자의 서문은 자기의 글이 한국어로 번역돼서 매우 기쁘다는 정도에 그치는 것이 상례이다. 그런데 로티의 경우는 인사치레의 글이 아니라 각각 저서의 내용을 요약한 정성 들인 글이었다. 물론 1996년 12월 5일부터 14일까지 10일 간의 한국 방문을 앞둔 한국에 대한 특별 배려도 있었겠지만 저서가 발행된 지 각각 14년과 7년이라는 세월이 흐른 다음의 번역판 서문이라는 사정도 십분 고려된 글이라고 생각되었다. 물론 필자가 로티의 전 저술을 충분히 살피지는 못했지만 그의 주저들을 거의 윤독한 기억을 더듬어보더라도 이 두 서문 속에 로티의 전 사상이 간결하지만 거의 빠짐없이 요약되어 있다는 결론을 내릴 수 있겠다고 생각되어 이 글의 도입부로서 로티의 글을 인용하게 되었다.

이다. 우리가 앞으로도 우리 자신과 세계에 대해 끊임없이 새로운 서술을 만들어내고, 처음에는 비합리적이고 낯설게 보이는 어휘들을 우리의 상상력을 동원하여 만들어낼 것이라고 생각한다면 종교적 언어와 과학적 언어 중 어떤 것이 과연 최종적으로 옳은 언어냐를 두고 다투는 것이 의미 없는 일이라는 것은 무척 자명하다.

2) 제임스의 견해에 대한 로티의 비판

루스 안나 퍼트남(Ruth Anna Putnam)이 엮은 *Cambridge Companion to William James*에 기고한 로티의 "종교적 신앙, 지적 책임 그리고 로맨스(Religious Faith, Intellectual Responsibility, and Romance)"[3]라는 논문은 윌리엄 제임스에 대한 로티의 견해를 잘 보여주고 있다.

로티는 제임스가 어떤 현상이 존재할 수 있는 이유는 그런 현상이 현실적으로 바람직스럽기 때문이라고 보았다고 요약하고 있다. 그가 볼 때 제임스의 가장 진심 어린 확신 중 하나는 한 주장이 다른 어떤 주장들과 어긋나는지를 물을 필요가 있다는 것이다. 진리와 지식에 관한 제임스의 설명은 공리주의적 믿음의 윤리이며 그러한 대체를 용이하게 하기 위해 의도된 것이다. 물론 이런 생각의 출발점은 믿음을 실재를 표상하는 어떤 것으로 보기보다는 행위의 습관으로 취급한 퍼스의 견해이다. 이러한 견해에서 출발해서 제임스는 공리주의적 종교철학은 종교적이라는 것(being religious)을 행위의 습관으로(as

---

3) Richard Rorty, "Religious Faith, Intellectual Responsibility, and Romance", *Philosophy and Social Hope*(Penguin, 1999), pp. 149-167.

a habit of action)으로 다루어야 한다고 생각했다. 그런데 제임스는 한 개인 혹은 집단에게 참인 것이 또 다른 개인 혹은 집단에게는 참이 아닐 수 있다는 반직관적 결과(counterintuitive consequence)를 피하는 방법을 확신하지 못했다. 따라서 그는 이상적인 조건하에서 믿어지는 것과 진리를 동일시한 퍼스와 진리라는 주제를 피하고 대신 정당화(justification)에 관해서 말하는 전략을 구사하는 듀이 사이에서 흔들렸던 것이 사실이다. 진리의 문제를 실재론적인 관점에서 바라볼 것인지 아니면 정당화의 맥락으로 환원시킬 것인지를 두고 혼란을 겪었던 제임스가 선택한 공리주의적이고 프래그머티스트적인 종교철학의 기본 전략이란 종교를 사적으로 만드는 것(privatize)이었다.

프래그머티스트의 설명에 따르면, 과학적 탐구는 세계에 관한 단일하고 통합적이며 일관된 서술(description), 다시 말해 사건과 행위의 결과들을 예측하는 것을 더 용이하게 하고 그럼으로써 인간의 어떤 욕구들의 충족을 더 용이하게 만드는 서술(description)을 발견하려는 시도로서 가장 잘 이해될 수 있다. 그러나 종교는 예측하고 통제하려는 우리 필요의 충족과는 다른 목적들을 갖기 때문에 종교가 정통과학과 싸울 필요가 있는지는 분명치 않다. 더 나아가서 신과의 사적(私的) 관계가 하나님의 섭리(divine will)에 관한 지식을 주장하는 큰 욕구와 크게 상치되지만 않는다면 종교와 공리주의적 윤리 사이에 구태여 다툼이 필요한지도 잘 모르겠다.

『믿으려는 의지(The Will to Believe)』라는 저서에서 제임스가 자기의 적수(敵手)로 택한 클리포드(W.K. Clifford)는 우리가 행복을 추구하는 의무와는 별도로 진리를 추구하는 의무도 가지고 있다고 생각하고 있다. 이와 같은 의무를 기술하는 그의 뜻은 어떤 실재(reality)를 정당화하려는 의무라기보다는 아무런 증거도 없이는 믿어서는 안 된다는 의무를 부각하고자 하는 데 있다. 결국 이 말은 다음과 같은 물음이 된다. 즉 증거라는 것은 인간사와는 관계없는 것인가 아니면 인간사에 있어서 다른 사람들과의 협력을 위해 다른 사람들에 의하여 요구되는 것인가?

여기서 인간사와 관계없다는 말은 소위 실재론과 토대주의(realism and foundationalism)의 입장을 가리키는 것이고 실재론에 대한 프래그머티스트의 반론은 가장 추상적인 우리의 이론적 작업으로부터도 인간적 요소를 벗겨내는 일은 불가능하다는 입장이다. 따라서 인간사를 떠난다는 것은 『실용주의의 결과』의 한국어판 서문에서 로티가 언급한 다음과 같은 구절을 상기시킨다. "데닛과 나는 심오성을 믿지 않는다. 우리는 철학적 문제들이란 (초역사적이라고 이해된) 인간 정신 속에 있는 심오한 어떤 것의 표현이 아니라 오히려 우연하고도 일시적인 지적 정체상태의 징후라고 간주한다." 또한 이 같은 입장은 "프래그머티스트에게 문제가 되는 것은 인간의 고통을 감소시키고 평등을 증가시키며 모든 아이들이 동등한 행복의 기회를 부여받은 상태에서 삶을 시작할 수 있는 가능성을 증가시킬 방법을 고안해내는 일이다. 이런 목표는 하늘의 별에 쓰여 있지도 않고 더 이상 칸트가 '순수 실천 이성'이라고 부른 것으로 표현될 수도 없으며 신의 의지의 표현이라고 할 수도 없다. 이 목표는 그것을 위해 죽을 만한 가치를 갖는 것이지만 초자연적인 힘에 의해 지지될 필요는 없는 그런 것이다."[4]라고 프래그머티스트들의 당면한 문제점을 지적한 로티의 글과도 상통되는 대목이다. 로티는 종교적 믿음을 인간사를 초월한 '진리'나 '실재'와 같은 추상적인 차원에서 정당화하고자 하는 태도에 대해 비판적이

---

4) Richard Rorty, "Relativism: Finding and Making", *Philosophy and Social Hope*(Penguin, 1999), p. xxix.

라고 할 수 있다.

여기서 우리는 제임스에 대한 로티의 비판을 살필 필요가 있다. 종교에 대한 제임스의 정의는 우리 스스로 좋은 것을 하리라는 희망보다는 우리 자신이 아닌 힘이 상상할 수 없을 만큼 큰 선을 행할 것이라는 확신과 종교를 결합시키고 있다는 것이다. 그러나 로티가 보기에는 공리주의와 프래그머티즘 양자의 매력 배후에 놓여 있는 종류의 종교적 신앙이란 도덕적 인간들의 가능성에 대한 믿음, 다시 말해 인간 공동체에 대한 사랑 및 희망으로부터 구분하기 힘든 믿음이라는 것이다. 로티가 말하는 '로맨스'란 바로 이와 같은 신앙, 희망 그리고 사랑의 모호한 오버랩을 가리킨다. 여기서 로티는 저 유명한 앨리슨(Dorothy Allison)의 『문학에 대한 믿음(Believing in Literature)』이라는 뛰어난 에세이를 소개하고 있다. "문학 그리고 나 자신의 저술의 꿈은 나의 믿음의 체계를 형성해왔다. 그것은 일종의 무신론자의 종교이다. (……) 나의 확신의 뼈대는 문학의 허구 속에서 입증된 인간 사회의 진보에 대한 믿음이다."[5] 중요한 것은 로맨스 다시 말해 압도적인 힘 혹은 신앙 혹은 사랑 또는 분노를 경험하는 능력이다. 과거에는 우리가 살아가는 상태가 너무 비참했기 때문에 인간사를 뛰어넘는 그 어떤 힘을 바라보지 않을 수 없었지만 오늘에 있어서 사태는 많이 발전했다. 다시 말해 비종교적인 로맨스가 번성해서 사후의 세계에서 인간의 현재를 넘어선 인간사를 초월한 저 너머의 어떤 힘을 필요로 하는 시대는 지났다는 것이다. 그래서 오늘날 우리는 인간의 역사 안에서 현재를 넘어선 미래를 그릴 수 있게 되었다. 비종교적인 형태의 로맨스가 번성하는 시대에 우리는 살고 있는 것이다.

---

5) Dorothy Allison, *Skin: Talking about Sex, Class and Literature*(Firebrand books, 1994), p. 166.(리처드 로티, 앞의 책(1999), p. 167에서 재인용.)

그러나 제임스는 마음의 두 상태를 오락가락하고 있었다. 하나는 미래로 멀리 뻗어가는 다원적이고 민주적인 휘트먼(Walt Whitman)적인 꿈이다. 그러나 다른 한편에서는 제임스는 비종교적인 로맨스가 번성한 상태에서도 여전히 공포 상태를 무시해 버릴 수가 없었다. 그래서 제임스는 전지전능한 신의 완전함이 영원히 보전되는 '종교적 가설'에 의지하지 않을 수 없었다. 그러나 다른 한편으로 로티는 이렇게 우왕좌왕하는 제임스를 자신의 편으로 끌어들이기 위해 애쓴다. 제임스는 그의 저서 『종교적 경험의 다양성』의 마지막 부분에서 "신적 존재는 단일한 성질을 뜻하지 않는다. 그것은 변화 속에서 상이한 여러 사람 모두가 발견한 가치 있는 사명의 권위자가 됨으로써 일련의 집단적 성질을 의미하게 된다."[6]라고 말한다. 로티는 제임스의 이러한 언급이 종교를 인간사의 역사적 맥락에서 바라보고자 했던 프래그머티스트적 관점이라고 해석한다.

로티는 다음과 같이 요약되는 말로서 『종교적 신앙, 지적 책임 그리고 로맨스』라는 글을 끝맺는다. "우리는 가능한 인간의 미래에 대한 낡은 이름으로서의 신과 어떤 미래에 대한 외적인 보증인으로서의 신 사이에서 동요한다. 듀이처럼 그들의 옛 종교적 믿음을 인간의 미래에 대한 믿음으로 바꿈으로써 서로 자신들의 시대를 연결시키기를 좋아하는 사람들은 신을 심판자나 구세주로 부르기보다는 친구로 부르기를 좋아한다."[7] 그러나 로티가 보기에 제임스는 "구원의 경험이 이루어지는 넓은 자아"를 듀이의 "가장 넓고 심오한 상징"과 동일시하

---

6) 윌리엄 제임스, 『종교적 경험의 다양성』, 김재영 옮김(한길사, 1999), 577쪽.

7) Richard Rorty, "Religious faith, intellectual responsibility, and romance", *The Cambridge Companion to William James*, ed. Ruth A. Putnam(Cambridge University Press, 1997), p. 98.

는데 항상 만족한 것은 아니었다. 휘트먼적인 분위기 속에서 제임스는 이런 넓은 자아를 민주주의의 전망이 최고에 달한 미국화된 인간성과 동일시할 수 있었다. 그러나 워즈워드적인 분위기 속에서 그는 이 넓은 자아를 민주주의적 동료의식(democratic fellowship)의 일시적 영광보다는 자연과 훨씬 더 깊이 혼합된 어떤 것에 대한 "과도한 믿음"(over-belief)이라고 부를 것을 주장했다. 이런 점은 아마도 제임스가 듀이만큼 철저한 세속주의적인 관점을 채택하는 데 실패했다는 것을 보여주는 것으로 간주해도 좋을 것이다.

2

로티의 종교관

1) 실용주의 종교철학의 논제들

뉴욕시립대학교의 석좌교수인 딕슈타인(Morris Dickstein)이 1998년에 편집한 『프래그머티즘의 부활(Revival of Pragmatism)』[8]이라는 책에 로티는 첫 논문으로서 「낭만적 다신론으로서의 실용주의(Pragmatism as Romantic Polytheism)[9]라는 글을 기고하고 있다. 이 글은 서강대학교의 남기창 박사가 번역하여 『로티와 사회와 문화』[10]라는 책에 수록되어 있다. 딕슈타인은 이 책의 서문(Introduction : Pragmatism Then and Now)에서 프래그머티즘의 근본적 텍스트의 하나라고 말할 수 있는 퍼스(Charles Sanders Peirce)의 유명한 논문 「관념을 명석하게 하는

---

8) Morris Dickstein(Ed.), *Revival of Pragmatism: New Essays on Social Thought, Law, and Culture*(Duke Univ. Press, 1998).

9) Richard Rorty, "Pragmatism as Romantic Polytheism", *Philosophy as Cultural Politics: Philosophical Papers* 4(Cambridge University Press, 2007), pp. 27-41.

10) 김동식 엮음, 철학과현실사, 1997

방법(How to Make Our Ideas Clear)」[11] 중에서 다음과 같은 요약문을 소개하고 있다.

"믿음의 본질은 습관의 확립이고 다른 믿음들은 그것들이 야기하는 상이한 행동양태들에 의해 구별된다. (……) 표현양태만 다른 믿음들 간에 종종 가상의 구별이 이루어지기도 한다. (……) 사고의 온 기능이 행위의 습관을 산출하는 것이라는 점 (……) 그 의미를 전개하기 위해 우리는 그것이 어떤 습관을 산출하는지 결정하면 된다. 왜냐하면 한 사물이 의미하는 바는 그것이 어떤 습관과 관련되어 있는가와 같기 때문이다."[12]

이 대목은 제임스가 종교적 믿음을 행위의 습관으로 간주하게 된 연원을 보여주고 있다. 애초에 프래그머티즘의 시작은 퍼스가 '프래그머티즘의 격률(pragmatic maxim)'을 통해 의미론의 기준을 새롭게 제시한 것이었다. 제임스는 퍼스의 기본적인 아이디어를 받아들였을 뿐 아니라 나름대로 그의 관점을 확장시켜 나갔다. 종교에 대한 제임스의 견해는 퍼스의 과학적 탐구의 방법과 관련된 아이디어를 종교적 믿음에 적용한 것이라고 보아도 좋을 것이다.

한편, 로티는 자유주의 문화를 다음과 같이 서술하고 있다.

"그 이념대로 따르자면 자유주의 문화란 철두철미하게 계몽되고 세속화된 문화일 것이기 때문이다. 자유주의 문화는 신격화된 세계나 신격화

---

11) Charles S. Peirce, *Peirce on Signs: Writings on Semiotics*, ed. James Hoopes (University of North Carolina Press, 1992)., 한국어판 『퍼스의 기호학』, 김동식 · 이유선 옮김(나남, 2008), 277~305쪽.
12) 같은 책, 287~289쪽.

된 자아 등 신적인 것의 자국이라고는 하나도 남아 있지 않는 문화가 될 것이다. 그러한 문화에는 인간들이 책임져야 할 어떠한 비인간적인 힘이 존재한다는 관념이 들어설 여지라곤 없을 것이다. 그 문화는 신성하다는 관념뿐만 아니라 '진리에의 헌신'이나 '영혼의 가장 심오한 요구의 성취' 따위의 관념도 폐기하거나 철저하게 재해석 해버릴 것이다."[13]

로티가 여기서 말하는 자유주의 문화란 듀이가 꿈꾸는 세속 종교로서의 민주주의가 실현된 문화라고 할 수도 있겠고, 철학적 문화를 대체하는 문학적 문화라고 보아도 좋을 것이다. 이런 문화에서 인간들이 의지할 것은 오로지 서로 간의 대화밖에는 없으며, 인간의 영역을 넘어서는 어떤 초월적인 힘, 진리, 실재, 신성 등은 더 이상 문제해결을 위한 어휘로 작동하지 않는다. 로티의 집요하고도 끈질긴 반유신론(antitheism)적 입장을 나타내는 대표적인 글의 하나로 꼽히는 위의 글을 소개하면서, 딕슈타인은 자기가 편집한 『프래그머티즘의 부활』에 기고한 로티의 논문 「낭만적 다신론으로서의 실용주의」에서는 로티의 이전에 발표한 어느 논문보다 적어도 레토릭상으로는 종교에 대단히 우호적인 로티의 모습을 엿볼 수 있다고 평하고 있다.

어떻든 로티는 이 논문에서 실용주의적 종교철학의 다섯 개의 논제를 다음과 같이 정리하고 있다.

"(1) 제임스가 베인(Alexander Bain)과 퍼스로부터 받아들였던 믿음의 반표상주의적 견해, 즉 믿음은 행동의 습관이라는 견해의 한 가지 장점은 그것이 모든 믿음들을 하나의 세계관으로 통합하는 책임으로부터 우리를

---

13) 리처드 로티, 앞의 책(1996B), 101쪽.

자유롭게 한다는 것이다.

(2) 아놀드(Matthew Arnold)와 밀(John Stuart Mill)이 종교를 시로 대치한 것처럼 '과학을 예술의 시각을 통해서, 예술을 삶의 시각을 통해서 보려는' 니체의 시도는 정통적 일신론 또는 진리의 근원으로서 과학을 종교의 자리에 놓으려는 계몽주의의 시도가 제공할 수 있는 것보다 더 많은 개별성의 공간을 만들어주려는 시도이다.

(3) 실용주의를 이용해서 우리는 새로운 구분을 말할 수 있게 됐다. (⋯⋯) 그것은 사회적 협력의 계획(projects of social cooperation)과 개인적 자기 개발의 계획(projects of individual self-development) 사이의 구분이다. 전자의 계획을 위해서는 간주관적인 동의(intersubjective agreement)가 필요하지만 후자의 계획을 위해서는 필요하지 않다. (⋯⋯) 낭만적 예술은 개인적 자기 개발을 시도하는 또 다른 패러다임이다. 만일 종교가 과학과 도덕 둘 모두로부터, 달리 말해 우리의 행동들의 결과를 예측하려는 시도와 인간의 욕구들의 순서를 매기는 시도 둘 모두로부터 떨어질 수 있다면, 종교는 아마도 또 다른 그런 전형이 될 수 있을 것이다.

(4) 종교적 믿음은 "지적으로 무책임하다."는 생각은 대체로 사람들은 절대적 진리(Truth)를 사랑해야 한다는 생각 때문에 생긴 것이다. 하지만 절대적 진리의 사랑 같은 것은 없다.

(5) 진리를 사랑하려는 그리고 그것을 일자(the one)로서 그리고 인간들의 필요들(needs)을 통약해서 순서를 매길 수 있는 것으로서 생각하려는 시도는 크고 강하며 비인간적인 그 무엇에 대한 충성을 통해 그가 강한 존

재를 설득해서 당신이 다른 사람들과 투쟁할 때 그 강한 존재가 당신의 편을 들어주도록 할 것이라는 전통적인 종교적 희망이 세속적 형태로 나타난 것이다. 니체는 그런 희망 일체를 나약함의 표시로서 경멸하였다. 민주주의자이기도 한 프래그머티스트는 힘과 동맹하려는 그런 희망을 갖는 것에 다른 이유로 반대한다."[14)

이상 로티가 서술한 다섯 가지의 종교적 믿음에 관한 견해는 로티의 종교관을 단적으로 요약해 놓은 것으로 간주해도 대과는 없을 것이다. 지안니 바티모(Gianni Vattimo)와의 대화로 엮어진 『종교의 미래』[15)라는 소책자와 파스칼 엥겔과의 대화로 엮어진 『진리의 용도는 무엇인가(What is the use of truth?)』[16) 라는 소책자는 이상의 로티의 종교적 믿음에 관한 서술을 이해하는 데 큰 도움을 줄 것이다.

2) 신의 권위에 대한 로티의 견해

로티의 마지막 철학 논문집이라 할 수 있는 『문화정치로서의 철학』 제4권(Philosophy As Cultural Politics : Philosophical Papers Vol. 4)에 첫 논문으로 게재한 「문화정치와 신의 존재에 관한 문제("Cultural

---

14) Richard Rorty, "Pragmatism as Romantic Polytheism", 앞의 책(2007), pp. 34-35. 또는 『로티와 사회와 문화』, 김동식 엮음(서울: 철학과 현실사, 1997), 158~160쪽.

15) Richard Rorty and Gianni Vattimo, The Future of Religion, ed. Santiago Zabara(Columbia University Press, 2005).

16) Richard Rorty and Pascal Engel, What's the Use of Truth?, ed. Patrick Savidir, trans. William McCuaig(Columbia University Press, 2007).

Politics and the Question of the Existence of God")[17]는 프란켄베리 (Nancy K. Frankenberry)가 엮은 『종교에 있어서의 급진적 해석(*Radical Interpretation in Religion*)』[18]이라는 책에 게재된 논문이다. 로티가 2007년에 세상을 떠났기 때문에 신에 관한 로티의 마지막 논문이라고 할 수 있다.

로티는 이 논문을 한때 그의 제자이기도 했던 브랜덤(Robert Bran-dom)[19]의 사회추론주의(Social Inferentialism)의 재해석으로 채웠다. 우선 브랜덤은 사회적인 것이 무엇보다도 우선권을 가지고 있다고 주장한다. 그는 인간 사회란 '실재'(reality), '경험'(experience), 및 '진리'(truth)의 '권위'(authority)에 종속되어 있다고 본다. 그런데 위에 열거된 세 가지 항목의 권위가 사회의 권위보다도 우위권을 갖는 것은 허용되지 않는다. 즉 인간 사회의 권위보다 더 우월한 권위에 이름을 붙이려는 모든 시도는 문화정치의 게임 속에서 이루어지는 속임수인 것이다. 신이 인간사회보다 우월한 권위를 가지고 있다고 말할 때 무신론자나 다른 경전을 가지고 있는 사람들의 입장에서 본다면 의도적으로 신의 이름을 찬양하는 것은 특정한 이익집단 예컨대 어떤 종파나 교회를 위한 것에 다름 아니다. 즉 신에 대한 호소도 '율법'에 대한 호소와 마찬가지로 언제나 잉여적(superfluous)이라는 것

---

17) Richard Rorty, "Pragmatism as Romantic Polytheism", 앞의 책(2007), pp. 3-26.

18) Nancy K. Frankenberry(ed.), *Radical Interpretation in Religion*(Cambridge University. Press, 2002).

19) 브랜덤(Robert B. Brandom)은 로티가 서거한 다음 해(2008년)에 출판한 *Between Saying & Doing: Toward Analytic Pragmatism*(Oxford University Press, 2008)의 첫 장에 "In fond of loving memory, this book is dedicated to a great man, a great teacher and a great friend, Richard Rorty, for whom I am still rewriting my dissertation"이라는 헌사를 바치고 있다.

이다.[20]

감각을 통해서 실재와 직접적으로 접촉한다는 생각은 명제 사이에서 유지되는 정당화(justification)의 관계와 사건들 사이에서 유지되는 인과적 관계를 혼동하는 것이라는 브랜덤의 주장은 셀라스(Wilfrid Sellars)의 생각을 수용한 결과이다. 브랜덤은 "모든 인식은 언어적 사건이다."라는 셀라스의 말에 동의한다. 모든 비추론적 지각적 보고는 이러저러한 공동체의 언어로 이루어지며 그 언어는 그 공동체의 요구에 맞게 채택되었다. 공동체가 그런 보고에 권위를 부여하는 이유는 실재와 인간의 감각기관 사이의 특별한 관계를 믿기 때문이 아니라 그런 보고가 믿을 만한 것이라는 경험적 증거를 가지고 있기 때문이다. 사물이 실제로 어떻게 존재하는지를 발견할 수 있는 감각을 사용함으로써 공동체의 언어적 실천을 우회하기란 불가능한 것이다. 경험은 우리가 '무엇에 관해서 이야기해야 하느냐.'라는 문화정치적 문제와 '무엇이 실제로 존재하는가.'라는 문제를 분간할 수 있는 어떠한 방법도 우리에게 제공하지 않는다. 즉 경험에 대한 경험주의의 호소는 그러한 호소를 심각하게 여기는 공동체의 경향에 대한 보충설명 없이는 아무런 효력을 발휘하지 못한다는 것이다. 이는 신의 경우도 마찬가지다. 내가 아무리 신에 대하여 말하더라도 내가 속해 있는 공동체 안에서 신이라는 용어가 어떤 대접을 받고 있느냐에 따라서 각각 다른 반응에 직면하게 될 것이다. 만약에 내가 본(경험한) 하나님은 여자였다고 말하면 기독교의 청중들은 그저 웃으면서 나의 말을 흘려버리고 말 것이다. 그러나 부활절 새벽에 빈 무덤의 설화가 아니라 "나는 동트는 햇빛 속에서 부활하신 예수님을 만났다."고 외친다면

---

20) 같은 글, pp. 9-10.

아마도 많은 기독교도들은 나를 선망에 찬 눈으로 바라볼 것이다.

요컨대 새로운 종교나 새로운 교회가 옛 종교나 옛 교회를 대체할 때도 새로운 천체를 발견할 때와 똑같은 패러다임을 따르게 될 뿐이다. 문화정치라는 개념이 새로이 제기되는 것도 같은 맥락이라고 할 수 있다. 하나님이 그리스도로 성육신되셔서 전 유럽에 기독교가 전파된 것은 예수의 사도들의 빈 무덤 설화 주장에 기인된 것이 아니라 사도 바울이 유럽 각 지방의 구체적인 사정과 충분히 소통하여 발송한 그의 서신들이 그 효력을 발휘한 것이라고 생각되는 것이다. 같은 맥락으로 전 유럽사회에서 아리스토텔레스와 프톨레마이오스의 우주론이 무너진 것은 목성이라는 행성 표면의 어떤 반점을 발견한 갈릴레오의 보고에서 기인했다고 보기보다는 달의 천체 운행의 발견으로 천동설이 지동설로 대전환을 하게 된 그의 제자인 코페르니쿠스의 문화정치 혁명이 있었기에 가능했다고 보아야 마땅할 것이다.[21]

로티의 이 논문을 이해하는 데 가장 큰 난관은 그가 말하는 브랜덤의 '표준적 지시자'(canonical designator)[22]라는 개념의 이해이다.[23] 브랜덤은 칸트(그리고 후기 프레게)가 '사물'(thing)과 '대상'(object)을 그가 '진정한 소탈'(genuine sortals)이라고 부르는 것으로 생각함으로

---

21) 같은 글, pp. 10-11.
22) Robert B. Brandom, *Making It Explicit: Reasoning, Representing, and Discursive Commitment*(Harvard University Press, 1994), pp. 440-449.
23) 내 생각으로는 브랜덤의 철학을 이해하려면 1994년도에 출판된 총 716쪽에 이르는 그의 거작 *Making It Explicit*을 이해하여야만 한다. 몇몇이 모여서 책 읽는 모임에서 한 번 윤독한 것은 사실인데 현재 내 머리에 남아 있는 것은 거의 없다. 로티 생전에 그 밑에서 1년 간 박사후 연구과정을 마치고 돌아온 이유선 박사가 우리의 독서 모임에서 발표한 요약문을 중심으로 이 글을 마무리해보겠다. 이유선 박사에게 이 자리를 빌려서 고마운 뜻을 전한다.

써 오류를 범했다고 생각한다는 것이다. 즉 동일성(identity)을 사물들이 속하는 특정 종(sort)에 대한 상세한 설명 없이 사물들에 귀속시킬 수 있는 성질로 간주함으로써 실수를 범했다는 것이다.[24] 즉 사물은 그 자체로서 항상 똑같은 동일성을 보존하고 있다는 잘못된 생각에 빠졌다는 것이다. 브랜덤에게 어떤 사물이 존재한다는 것은 그것으로 하나의 불변한 동일성을 보존하고 있는 하나의 사물로 그치는 것이 아니라 존재관여(existential commitments)[25] — 특정하게 서술된 어떤 것이 존재한다는 믿음 — 는 "그 내용을 규정하는 옹호적 관여(vindicating commitments)가 표준적 지시자(canonical designator)에 제한되는 특정한 양화(量化)적 관여(particular quantificational commitment)"라는 것이다.[26]

브랜덤이 "표준적 지시자"로 의미하는 것을 이해하는 가장 좋은 방법은 '자기중심적 시공간 좌표 서술(egocentric spatio-temporal coordinate descriptions)'이라는 전형적인 사례를 생각해보는 것이다. 이 지시자는 화자가 현재 0에 위치하게 되는 눈금 위의 시공간적 위치에 대한 서술이다. 물리적 대상이 존재한다고 말하는 것은 문제된 대상이 그 점의 하나를 차지하고 있다고 말하는 것이다. 즉 그 눈금 좌표의 참조부호가 달린 주소를 차지하고 있는 것이다. 비유적으로 말하면 어떤 대상이 물리적으로가 아니라 "셜록 홈스 이야기 속에" 존재한다고 말하는 것은 표준적 지시자의 집합으로서 그 이야기 속에 언급된 사람과 사물에 대한 서술 혹은 그 이야기에 언급됨으로써 함축된 것에 대한 서술만을 선택하는 것이다.

---

24) Richard Rorty, "Pragmatism as Romantic Polytheism", 앞의 책(2007), p.18.
25) Robert B. Brandom, 앞의 책(1994), p. 440.
26) Richard Rorty, "Pragmatism as romantic Polytheism", 앞의 책(2007), p. 18.

틸리히는 과학적이고 상식적인 믿음이 문자적인 진리를 가질 수 있지만 종교적 진리는 '상징적'인 진리만을 가질 수 있다고 생각한다. 그러나 브랜덤식의 추론주의자는 문자적–상징적인 것의 구분을 사용하지 않는다. 유일한 적절한 구분은 특정 의도를 위해 구성된 논리적 공간과 다른 의도를 위해 구성된 다른 논리적 공간의 차이다. 이렇게 보면 종교적 언명과 과학적 언명은 상징적이냐 실재적이냐, 은유적이냐 문자적이냐의 문제에서 차이를 보이는 것이 아니라 다만 그것이 어떤 의도를 위해 구성된 논리적 공간 위에 있느냐에 따라서 차이를 보이는 것이다.

3) 종교적인 삶 ― 로티와 함석헌

인간적인 것을 초월하는 어떤 거대한 힘, 진리, 신성, 실재 등의 권위를 인정하지 않는 프래그머티스트에게 있어서 그렇다면 종교적인 삶이란 무엇을 의미하는 것일까? 듀이와 같은 경우에는 공동체의 목표에 대한 관심을 공유하고 모든 사람이 각자의 개성을 존중받으며 살 수 있는 민주적 공동체를 이루고자 하는 공통의 열망이 곧 종교적인 것이라고 한 적이 있지만, 로티의 경우에는 종교적 삶을 이웃에 대한 사랑과 봉사의 삶으로 간주하고 있다. 다음은 로티가 '종교와 과학 사이에 진정한 대립이 있는가?'라는 제목의 강연에서 로티가 종교적인 삶에 대해 서술하고 있는 대목이다.

"그러나 '종교적인 것'(being religious)이라는 말의 보다 더 넓은 그리고 보다 더 적절한 정의가 있다. 예컨대, 기독교 신자의 경우에는 이는 사랑이 유일법이라는 말로 표현된다. 이와 같은 기독교의 관점에서 본다면 사랑이 담긴 친절로 각자의 이웃이 어려울 때 그들의 도움이 되는 의무에 앞서는 그 어떤 법도 있을 수 없다. 그 어떤 신앙고백도 그리고 예배의식도 이 압도적인 의무에 비하면 모두 이차적인 것이 될 수밖에 없다. 신학이 기독교 신앙의 본질이 될 수는 없다. 다만 크리스천의 삶이란 나 이외의 다른 사람들을 위하여 봉사하는 일이다. 바로 이와 같은 봉사가 하나님에 대한 봉사이기 때문이다. 이와 같은 헌신적인 봉사의 삶을 사는 일이 바로 크리스천이 되는 일이며 더 나아가서 '기독교적'이나 '종교적'이라는 용어가 지닐 수 있는 가능한 모든 의미에서 종교적이라는 말이 된다."[27]

종교적인 믿음은 인간이 자신의 삶의 문제를 해결하기 위해 간직해 온 습관이다. 신의 실재, 초인간적인 신성을 인정할 만한 근거를 찾기 어려운 시대를 살아간다고 해서 그러한 습관을 일거에 버려야 할 이유는 없다. 신에 대한 봉사의 의미가 바로 내 이웃과 동료에 대한 사랑과 헌신이며, 그것을 통해 우리의 삶의 문제가 해결된다면 그것이 바로 종교적인 삶을 사는 것이 아니고 무엇이겠는가? 이런 의미에서 로티가 자유주의를 위한 정치적 실천을 말할 때 언급하기 좋아하는 문장, 즉 "최선은 차선의 적이 될 수 있다(The Best Can Be an Enemy of the Better)."[28]는 말은 종교적인 삶을 살아가는 자세에도 마찬가지로 적용해볼 수 있을 것이다. 우리는 궁극적인 신성, 초월적인 존재와 조우할 수 없다고 하더라도 우리의 이웃을 사랑하는 차선의 행위를

---

27) Richard Rorty, "Is there a conflict between Religion and Science"(1996년 5월 리치몬드대학교에서 발표된 로티 교수의 강연 논문).

28) Richard Rorty, *Take Care of Freedom and Truth Will Take Care of Itself, Interviews with Richard Rorty* ed. Eduardo Mendieta(Stanford University Press, 2006), pp. 104, 105–113.

통해서 종교적 믿음의 의미를 찾을 수 있을 것이다.

이러한 로티의 종교적 태도는 '하늘나라'만 찾다가 그릇된 길로 들어선 한국의 기독교를 질타했던 함석헌 선생의 말과도 일맥상통하는데가 있다.

"그놈의 천당이 나라를 망쳤다. 감히 못할 말인 줄을 나도 안다. 그렇지만 이 말 하다가 스데반처럼 돌탕에 맞아 죽어도 좋다. 별을 바라다가 도랑에 빠졌다. 도랑이나 되면 좋게, 발목을 다치는 정도가 아니다. 빠진 다음에는 나올 수가 없는 수렁이다.

절대로 하늘나라가 없다는 말 아니요, 하늘나라 찾는 것이 잘못이란 말 아니다. 그렇게 하는 것이 결코 하늘나라 바라는 일 아니라는 말이다. 내가 하는 말이 아니다. 주의 기도에 보라. 하늘에 계신 아버지만 찾는 것으로는 기도가 되지 않는다. 나라가 임하라 했지 임한다니 공중에서 떨어지는 감 먹으려는 듯 입만 벌리고 있으라는 것 아니었다. "뜻이 땅에서 이루어지이다."했지. 이루어진다니 굿이나 보고 떡이나 먹으란 말 아니다. 그렇기 때문에 오늘날 양식 달라고 했다. 일하겠단 말이다. 단번에 무한량을 주지 않고 날마다의 양식을 구하는 것은 날마다 일해 벌어먹는 것이 진리임을 알기 때문이다. 더구나 그 담 구절을 보면 알지 않나? 우리가 우리에게 잘못한 사람을 용서하듯이 우리의 잘못을 용서해 달라고 한 것을 보면 핑계의 여지가 없다. 사회 없고 공동 역사 건설의 책임 없는데 우리가 어디 있으며 잘못은 무슨 잘못이며 용서는 무슨 용서인가?

허공에 있는 것이 햇빛이 아니요 땅에 내려와야 빛이요 열이듯이 하늘은 무한 막막한 허공에 있지 않고 땅에 와 있다. 땅 중의 땅, 흙 중의 흙이 어디냐? 네 가슴이요 내 가슴 아닌가? 하늘나라 너의 안에(혹은 속에, 혹은 너의 사이에) 있다는 말은 왜 그렇게 쑥 빼놓는가? 저도 모르게 책임지기 싫어서 그저 노는 것이 좋아서 한 생각 아닐까? 그것이 천당 아닐까?"[29]

나는 지금 1996년 12월 7일 38선 비무장 지대에서 두루미 한 쌍을 망원경으로 하염없이 바라보고 있던 로티 교수를 회상하면서 위에서 인용한 로티 교수의 두 글과 함석헌 선생님의 인용문으로 이 글의 결론을 대신하고자 한다.[30]

---

29) 함석헌, 「한국기독교의 설 자리」, 『함석헌 전집』 3권(한길사, 1983), 7∼19쪽.
30) 김용준, 「로티의 종교관」, 《지식의 지평》 제4호, 한국학술협의회 편(아카넷, 2008년 6월 27일 발행), 190∼203쪽 중 197∼203쪽 부분을 수정 · 인용.

1장

김우창, 「자아의 기술, 전통의 의미, 되돌아오는 진리」, 《지식의 지평》 제5호,
　　한국학술협의회, 아카넷, 2008.
리처드 로티, 「문화정치로서의 철학」, 《지식의 지평》 제5호, 한국학술협의회,
　　아카넷, 2008.
리처드 로티, 『미국 만들기』, 임옥희 옮김, 동문선, 2003.
리처드 로티, 『우연성 아이러니 연대성』, 김동식 · 이유선 옮김. 민음사, 1996.
위르겐 하버마스, 『현대성의 철학적 담론』, 이진우 옮김, 문예출판사, 2002.
존 듀이, 『민주주의와 교육/철학의 개조』, 김성숙 · 이귀학 옮김. 동서문화사,
　　2008.

Critchley, Simon, "Deconstruction and Pragmatism—Is Derrida a Private
　　Ironist or a Public Liberal", *Deconstruction and Pragmatism*, ed.,
　　by Chantal Mouffe, Routledge, 1996
Dewey, John, *Common Faith*, Yale University Press, 1934.
＿＿＿＿＿, *Reconstruction in Philosophy*, A Mentor Book, 1950.
＿＿＿＿＿, *The Public and Its Problems*, Athens, Ohio: Swallow Press,
　　1954.
Geras, Norman, "Progress without Foundations?", *Richard Rorty, Critical
　　Dialogues*, ed. by M. Festenstein and S. Thompson, Polity, 2001.
＿＿＿＿＿, *Solidarity in the Conversation of Humankind*, Verso, 1995.

Habermas, Jürgen, "The Limits of Neo-historicism", interviewed by Jean-Marc Ferry, *Philosophy & Social Criticism*, vol. 22 no. 3, 1996.

Laclau, Ernesto, "Deconstruction, Pragmatism, Hegemony", *Deconstruction and Pragmatism*, ed., by Chantal Mouffe, Routledge, 1996.

Mouffe, Chantal, "Deconstruction, Pragmatism and the Politics of Democracy", *Deconstruction and Pragmatism*, ed., by Chantal Mouffe, Routledge, 1996.

Niznik J. and Sanders, J. T. ed., *Debating the State of Philosophy*, Praeger, 1996.

Rorty, Richard, "A Spectre is Haunting the Intellectuals: Derrida on Marx", *Philosophy and Social Hope*, Penguin Books, 1999.

_____, "Kant vs. Dewey: The current situation of moral philosophy," *Philosophy as Cultural Politics*, Cambridge University Press, 2007.

_____, "Looking Backwards from the Year 2096", *Philosophy and Social Hope*, Penguin Books, 1999.

_____, "Postmodernist bourgeois liberalism," *Objectivity, Relativism, and Truth*, Cambridge University Press, 1991.

_____, "Remarks on Deconstrutction and Pragmatism", *Deconstruction and Pragmatism*, ed., by Chantal Mouffe, Routledge, 1996.

_____, "Response to Ernesto Laclau", *Deconstruction and Pragmatism*, ed., by Chantal Mouffe, Routledge, 1996.

_____, "Response to Norman Geras", *Richard Rorty, Critical Dialogues*, ed. by M. Festenstein and S. Thompson, Polity, 2001.

_____, "Response to Simon Critchley", *Deconstruction and*

Pragmatism, ed., by Chantal Mouffe, Routledge, 1996.

_____, "Unger, Castoriadis, and the romance of a national future," *Essays on Heidegger and Others*, Cambridge University Press, 1991

_____, "Universality and Truth", *Rorty and his Critics*, ed., by R. Brandom, Blackwell Publishers Ltd., 2000.

_____, *Achieving Our Country: Leftist Thought in Twentieth-Century America*, Havard University Press, Cambridge, Massachusetts, London, England, 1998.

_____, *Philosophy and the Mirror of Nature*, Princeton University Press, 1979.

_____, *Philosophy as Cultural Politics*, Cambridge University Press, 2007.

_____, *Truth and Progress*, Cambridge University Press, 1998.

Schusterman, Richard. "Reason and Aesthetics between Modernity and Postmodernity: Habermas and Rorty", *Richard Rorty: Critical Dialogues*, ed., by M. Festenstein and Simon Thompson, Polity Press, 2001.

2장

김동식, 『로티의 신실용주의』, 철학과현실사, 1994.

김비환, 「로티의 자유주의 정치사상」, 『로티와 사회와 문화』, 김동식 엮음, 철학과현실사, 1997.

이유선, 『실용주의』, 살림, 2008.

황설중, 「로티의 프래그머티즘에 대한 몇몇 실천적 물음들」, 《철학연구》 제51

집, 철학연구회, 2000.

Apel Karl—Otto, Diskurs und Verantwortung: Das Problem des Über-
gangs zur postkonventionellen Moral, Suhrkamp Verlag, 1990.

Bernstein J. Richard, 『객관주의와 상대주의를 넘어서』, 정창호 · 황설중 ·
이병철 옮김, 보광재, 1996.

_____, The New Constellation: The Ethical-Political Horizons of
Modernity/Postmodernity, Polity Press, 1991.

Davidson Donald, "A Nice Derangement of Epitaphs", The Essential
Davidson, Oxford University Press, 2006.

_____, "A Coherence Theory of Truth and Knowledge" The
Essential Davidson, Oxford University Press, 2006.

_____, "Belief and the Basis of Meaning" Inquires into Truth and
Interpretation, Oxford University Press, 2001.

Derrida Jaques, Margins of Philosophy, trans. Alan Bass, The University
of Chicago Press, 1982.

Descartes Rene, The Philosophical Writings of Descartes, Vol Ⅱ,
trans. John Cottingham, Robert Stoothoff, and Dugald Murdoch,
Cambridge University Press, 1984.

Diggins P. John, The Promise of Pragmatism: Modernism and the Crisis
of Knowledge and Authority, The University of Chicago Press,
1994.

Gadamer Hans—Georg, Wahrheit und Methode, J. C. B. Mohr, 1986.

Hegel W. F. Georg, Phänomenologie des Geistes, Suhrkamp Verlag,
1986.

_____, Grundlinien der Philosophie des Rechts, Suhrkamp Verlag,
1986.

Heidegger Martin, "Nietzsches Wort 《Gott ist tot》" Holzwege, Frankfurt am Main, 1977.

Hume David, *A Treatise of Human Nature*, ed. L. A. Selby–Bigge, Clarendon Press, 1960.

Kant Immanuel, *Kritik der reinen Vernunft*, Felix Meiner Verlag, 1998.

_____, *Kritik der praktischen Vernunft*, Felix Meiner Verlag, 1974.

_____, Logik [Jäsche], *Gesammelte Schriften*, hrsg. der (Königl.) Preußischen Akademie der Wissenschaften, Berlin und Leipzig, 1923.

Long A. Anthony, 『헬레니즘 철학』, 이경직 옮김, 서광사, 2000.

Nietzsche Friedrich, *Ecce homo*, hrsg. Giorgio Colli und Mazzino Montinari, Walter de Gruyter, 1988.

_____, *Nachgelassene Fragmente 1887-1889*, hrsg. von Giorgio Colli und Mazzino Montinari, Walter de Gruyter, 1988.

Popkin H. Richard, *The History of Scepticism: From Savonarola to Bayle*, Oxford University Press, 2003.

_____, "Scepticism and Modernity" *The Rise of Modern Philosophy: The Tension between the New and Traditional Philosophies from Machiavelli to Leibniz*, ed. T. Sorell, Oxford: Clarendon Press, 1993.

Putnam Hilary, *Realism with a Human Face*, Harvard University Press, 1990.

Rorty Richard, *Philosophy and the Mirror of Nature*, Princeton University Press, 1979.

_____, 『실용주의의 결과』, 김동식 옮김, 민음사, 1996a.

_____, 『우연성 아이러니 연대성』, 김동식·이유선 옮김, 민음사, 1996b.

_____, *Philosophy and Social Hope*, Penguin Books, 1999.

_____, *Objectivity, Relativism, and Truth: Philosophical Papers*,

Volume 1, Cambridge University Press, 1991a.

_____, *Essays on Heidegger and Others: Philosophical Papers*, Volume 2, Cambridge University Press, 1991b.

_____, *Truth and Progress: Philosophical Papers*, Volume 3, Cambridge University Press, 1998.

_____, *Philosophy as Cultural Politics: Philosophical Papers*, Volume 4, Cambridge University Press, 2007.

_____, 「반(反)권위주의로서의 실용주의」, 『로티와 철학과 과학』, 김동식 엮음, 1997.

Schacht Richard, 『근세철학사: 데카르트에서 칸트까지』, 정영기 · 최희봉 옮김, 서광사, 1993.

Sextus Empiricus, *Outlines of Pyrrhonism*, trans. R .G. Bury, Harvard University Press, 2000.

Stroud Barry, *The Significance of Philosophical Scepticism*, Oxford University Press, 1984.

3장

김동식 엮음, 『로티와 철학과 과학』, 철학과현실사, 1997.

_____, 『로티와 사회와 문화』, 철학과현실사, 1997.

네하마스, 알렉산더, 『니체 — 문학으로서의 삶』, 김종갑 옮김, 책세상, 1994.

듀이, 존, 『경험으로서의 예술』, 이재언 옮김, 책세상, 2003.

로티, 리처드, 『철학과 자연의 거울』, 박지수 옮김, 까치, 1998.

_____, 『실용주의의 결과』, 김동식 옮김, 민음사, 1996a.

_____, 『우연성 아니러니 연대성』, 김동식 · 이유선 옮김, 민음사, 1996b.

바디우, 알랭, 『철학을 위한 선언(*Manifesto pour la philosophie*)』, 서용순 옮김, 도서출판길, 2010.

슈스터만, 리처드, 『프라그마티즘 미학』, 김광명 · 김진엽 옮김, 북코리아, 2009.

이유선, 『리처드 로티』, 이룸, 2003.

_____, 「로티의 반표상주의」, 《철학》 제54집, 한국철학회, 1998, 173~196쪽.

_____, 『실용주의』, 살림지식총서, 2008.

임건태, 「아이러니스트로서의 니체 — 리처드 로티의 니체 비판에 대한 한 가지 대응」, 《니체연구》 제13호, 한국니체학회, 2008, 223~261쪽.

파스칼, 블레즈, 『팡세(Pensées)』, 최현 · 이정림 옮김, 범우사, 1992.

하버마스, 위르겐, 『현대성의 철학적 담론』, 이진우 옮김, 문예출판사, 1994.

황설중, 「로티의 프래그머티즘에 관한 몇 가지 실천적 물음들」, 《철학연구》 제51호, 철학연구회, 2000, 235~256쪽.

Brandom, R. (ed.), *Rorty and his Critics*, Oxford: Blackwell, 2000.

Deleuze, Gilles, *Nietzsche and Philosophy*, trans. by Hugh Tomlinson, London 1983.

Guignon, C. and Hilley, D. (eds), *Richard Rorty*, Cambridge: Cambridge University Press, 2003.

Habermas, Jürgen, "Die Philosophie als Platzhalter und Interpret", *Moralbewußtsein und kommunikatives Handeln*, Frankfurt am Main 1983.

Hall, D., *Richard Rorty*, Albany: State University of New York Press, 1994.

Lynch, Sterling , "Romantic Longings, Moral Ideals, and Democratic Priorities: On Richard Rorty's Use of the Distinction Between the Private and the Public", *International Journal of Philosophical Studies* Vol. 15(1), 2007, 97-120쪽.

MacIntyre, A., "Richard Rorty", *Common Knowledge* 14:2, Duke University Press 2008, 183-192쪽.

Malachowski, A. (ed.), *Reading Rorty*, Oxford: Blackwell, 1990.

Malachowski, A. (ed.), *Richard Rorty*, 4 volumes, London: Sage, 2002.

McCarthy, M., *The Crisis of Philosophy*, Albany: State University of New York Press, 1990.

Mouffe, C. (ed.), *Deconstruction and Pragmatism*, London and New York: Routledge, 1996.

Nietzsche, Friedrich, *Nietzsche Werke Kritische Gesamtausgabe* in 30 Bände, VI-1, hrsg. von G. Colli und M. Montinari, München/ Berlin/New York 1967ff.

Piercey, R., *The Uses of the Past from Heidegger to Rorty*, Cambridge: Cambridge University Press, 2009.

Rorty, Richard, *Philosophy and the Mirror of Nature*, Princeton, NJ: Princeton University Press, 1979.

_____, *Consequences of Pragmatism*, Minneapolis: University of Minnesota Press, 1982.

_____, *Contingency, Irony, and Solidarity*, Cambridge: Cambridge University Press, 1989.

_____, *Objectivity, Relativism and Truth: Philosophical Papers*, vol. 1, Cambridge: Cambridge University Press, 1991.

_____, *Essays on Heidegger and Others: Philosophical Papers*, vol. 2, Cambridge: Cambridge University Press, 1991.

_____, *Truth and Progress: Philosophical Papers*, vol. 3, Cambridge: Cambridge University Press, 1998.

_____, *Achieving our country*, Cambridge: Harvard University Press 1998.

_____, *Philosophy and Social Hope*, London: Penguin, 1999.

_____, *Take care of freedom and truth will take care of itself, interviews with Richard Rorty*, Stanford: Stanford University Press, 2006.

_____, *Philosophy as Cultural Politics: Philosophical Papers*, vol. 4, Cambridge: Cambridge University Press, 2007.

Saatkamp, H. (ed.), *Rorty and Pragmatism*, Nashville, TN: Vanderbilt University Press, 1995.

Schärfer, T. Tietz U. und Zill R. (hg.) Hinter den Spiegeln, *Übersetzungen aus dem Amerikanischen von Joachim Schulte*, Frankfurt am Main: Suhrkamp, 2001.

Tartaglia, J., *Rorty and the Mirror of Nature*, London and New York: Routledge, 2007.

4장

김동식, 「로티의 신실용주의적 과학관」, 《哲學》 제42집, 한국철학회, 1994.

김동식 엮음, 『로티와 철학과 과학』, 철학과현실사, 1997.

리처드 로티, 「구원적 진리의 쇠퇴와 문학 문화의 발흥: 서구 지식인이 걸어 간 길」, 대우석학연속강좌 특별강연, 2001.

리처드 로티, 「리처드 로티 교수와의 대화: 합리성에 관하여」, 이유선 대담 · 옮김, 《사회와 철학》 제3호, 사회와철학연구회, 2002.

_____, 「상대주의: 발견하기와 만들기」, 『로티와 철학과 과학』, 김동 식 엮음, 철학과현실사, 1997.

_____, 『실용주의의 결과』, 김동식 옮김, 민음사, 1996.

_____, 『우연성 아이러니 연대성』, 김동식 · 이유선 옮김, 민음사, 1996.

_____, 『철학 그리고 자연의 거울』, 박지수 옮김, 까치글방, 1998.

이승종, 「과학기술의 역사철학 ― 하이데거로부터」, 《철학연구》 제56집, 철학 연구회, 2002.

이유선, 「합리성의 두 가지 의미」, 《사회와 철학》 제3호, 사회와철학연구회, 2002.

_____, 『리처드 로티』, 이룸, 2003.

_____, 『실용주의』, 살림, 2008.

토마스 쿤, 『과학혁명의 구조』, 김명자 옮김, 까치출판사, 2001.

Bernstein, Richard J., 『객관주의와 상대주의를 넘어서(*Beyond Objectivism and Relativism*)』, 정창호·황설중·이병철 옮김, 보광재, 1996.

_____, Frank, Manfred, 『현대의 조건(*Conditio moderna*)』, 최신한 옮김, 책세상, 2002.

Heidegger, Martin, "Die Zeit des Weltbildes", in *Holzwege*, GA 5.

_____, "Nachwort zu 《Was ist Metaphysik?》", *Wegmarken*, GA 9.

_____, *Der Satz vom Grund*, GA 10.

_____, *Die Frage nach dem Ding*, GA 41.

_____, *Einführung in die Metaphysik*, GA 40.

_____, "Das Ende der Philosophie und die Aufgabe des Denkens", *Zur Sache des Denkens*, GA 14.

_____, *Sein und Zeit*, Max Niemeyer, Tübingen, 1972.

Kockelmans, Joseph J., *Heidegger and Science*, University Press of America, 1985.

Rorty, Richard, *Philosophy and the Mirror of Nature*, Princeton University Press, 1979.

_____, *Philosophy and Social Hope*, Penguin Books, 1999.

_____, *Objectivity, Relativism, and Truth: Philosophical Papers*, Volume 1, Cambridge University Press, 1991.

_____, *Essays on Heidegger and Others: Philosophical Papers*, Volume 2, Cambridge University Press, 1991.

_____, *Truth and Progress: Philosophical Papers*, Volume 3, Cambridge University Press, 1998.

_____, *Philosophy as Cultural Politics: Philosophical Papers*, Volume 4, Cambridge University Press, 2007.

_____, "Pragmatism, Relativism, Irrationalism", *Consequences of Pragmatism*, The Harvester Press, 1982.

5장

김동식 외, 『로티와 사회와 문화』, 김동식 엮음, 서울: 철학과현실사, 1997.
로티, R. 『실용주의의 결과』, 김동식 옮김, 서울: 민음사, 1996.
_____, 『우연성 아이러니 연대성』, 김동식·이유선 옮김, 서울: 민음사, 1996.
제임스, W. 『종교적 경험의 다양성』, 김재영 옮김, 서울: 한길사, 1999.
퍼스, Ch. S. 『퍼스의 기호학』, 김동식·이유선 옮김, 서울: 나남, 2008.
함석헌, 「한국기독교의 설 자리」, 『함석헌 전집』 3권, 서울: 한길사, 1983.

Allison, Dorothy, *Skin: Talking about Sex, Class and Literature*, Firebook, 1994.

Brandom, Robert, B., *Between Saying & Doing: Toward Analytic Pragmatism*, Oxford Univ. Press, 2008.

_____, *Making It Explicit: Reasoning, Representing, and Discursive Commitment*, Harvard Univ. Press, 1994.

Dickstein, Morris (Ed.), *Revival of Pragmatism: New Esssays on Social Thought, Law and Culture*, Duke Univ. Press, 1998.

Frankenberry, N. K. (Ed.), *Radical Interpretation in Religion*, Cambridge Univ. Press, 2002.

Hoops, James (Ed.), *Peirce on Signs: Writings on Semiotics* by Charles Sanders Peirce, The University of North Carolina Press, 1992.

Mendieta, E. (Ed.), *Take Care of Freedom and Truth will take care of itself: Interviews with Richard Rorty*, Stanford Univ. 2006.

Rorty, Richard, "Pragmatism as romantic Polytheism", *Philosophy as Cultural Politics: Philosophical Papers*, Cambridge Univ. Press, 2007.

_____, "Relativism: Finding and Making", *Philosophy and Social Hope*(Penguine Books, 1999).

_____, "Religious Faith, Intellectual Responsibility and Romance", *Philosophy and Social Hope*, Penguine Books, 1999.

_____, "Is there a conflict between Religion and Science", 1996, 5.

Rorty, Richard and Vattimo, Gianni, *The Future of Religion*, edited by Santiago Zabara, Columbia Univ. Press, 2005.

Rorty, Richard and Engel, Pascal, *What's the Use of Truth*, ed. by Patrick Savidir, trans. by William McCuaig, Columbia Univ. Press, 2007.

| 찾아보기 |

저서

지은이

김용준 Kim Yong Joon
고려대학교 명예교수. 서울대학교 화학공학과를 졸업하고 미국 텍사스 A&M대학교에서 유기화학 전공으로 박사학위를 받았다. 고려대학교 화학공학과 교수 및 한국학술협의회 이사장 등을 역임했다. 저서로 『과학과 종교 사이에서』, 『갈릴레오의 고민』, 『내가 본 함석헌』, 『사람의 과학』 등이 있으며, 역서로 『부분과 전체』, 『인간을 묻는다』 등이 있다.

이유선 Lee Yu Sun
서울대학교 기초교육원 강의교수. 고려대학교 철학과 및 동 대학원을 졸업하고 철학박사 학위를 받았다. 버지니아주립대학교에서 박사후 과정을 마쳤다. 저서로 『사회철학』, 『아이러니스트의 사적인 진리』, 『실용주의』, 『듀이&로티』, 『리처드 로티』 등이 있으며, 역서로 『철학자 가다머 현대의학을 말하다』, 『철학의 재구성』, 『우연성 아이러니 연대성』(공역), 『퍼스의 기호학』(공역), 『프래그머티즘의 길잡이』(공역) 등이 있다.

황설중 Hwang Sul Joong
대전대학교 교양학부대학 교수, 고려대학교 철학과 및 동 대학원 졸, 철학박사. 고려대학교 철학연구소 연구조교수와 원광대학교 학술연구교수를 역임했다. 주요 논문으로 〈얼굴과 폭력 그리고 사랑〉, 〈피론주의와 칸트의 비판 철학〉, 〈헤겔 정신현상학에서 죽음과 의식의 경험〉 등이 있고, 저서로 『인식론』, 역서로 『믿음과 지식』, 『변증법과 회의주의』 등이 있다.

임건태 Lim Gun Tae
고려대학교 및 순천향대학교 강사, 고려대학교 철학과 및 동 대학원을 졸업하고 철학박사 학위를 받았다. 역서로는 『감정』, 『논변의 사용』(공역), 『윤리의 기원과 전통』(공역), 『규범윤리의 전통』(공역) 등이 있고, 공저로 『서양근대미학』 등이 있다.

이병철 Lee Byung Chul
전주교육대학교 겸임교수. 고려대학교 철학과 및 동 대학원을 졸업하고 철학박사 학위를 받았다. 역서로는 『객관주의와 상대주의를 넘어서』(공역), 『응용윤리』(공역), 『메타윤리』(공역), 『셰익스피어라면 어떻게 했을까』 등이 있고, 논문으로는 〈하이데거의 존재 사유와 기술에 대한 물음〉 등이 있다.

로티의 철학과 아이러니

대우학술총서 610

1판 1쇄 찍음 | 2014년 5월 16일
1판 1쇄 펴냄 | 2014년 5월 26일

지은이 | 김용준 · 이유선 · 황설중 · 임건태 · 이병철
펴낸이 | 김정호
펴낸곳 | 아카넷

출판등록 2000년 1월 24일(제2-3009호)
100-802 서울 중구 남대문로 5가 526 대우재단빌딩 16층
전화 | 6366-0511(편집) · 6366-0514(주문) / 팩시밀리 | 6366-0515
책임편집 | 박병규 손주현
www.acanet.co.kr

ISBN 978-89-5733-367-9 94100
ISBN 978-89-89103-00-4(세트)

「이 도서의 국립중앙도서관 출판시도서목록(CIP)은 서지정보유통지원시스템 홈페이지(http://seoji.nl.go.kr)와
국가자료공동목록시스템(http://www.nl.go.kr/kolisnet)에서 이용하실 수 있습니다.
(CIP제어번호: CIP2014015194)」